道 元 伝

道元伝　第一作第二作合冊版

圭室諦成

書肆心水

道元伝　目次

道元〔第一作〕

道元〔第二作〕

道元伝

凡　例

一、本書は圭室諦成著『道元』（一九三五年、日本評論社刊行）『道元』（一九四一年、三笠書房刊行〔初版、一九三七年、楽浪書院刊行〕）の合冊版である。（日本評論社版の『道元』は、著者歿後の一九七一年に新版が圭室静枝のあとがきを付して新人物往来社から刊行されたが、そこに掲載された文章は、新漢字・新仮名遣いに変更されただけでなく、日本評論社版のものとは文章表現において異なっている。）

一、本書では新漢字、新仮名遣いで表記した。但し文語引用文においてはそれが原文でなくても仮名遣いは元のままにした。

一、踊り字は「々」を除き文字にして記した。二の字点は「々」に置き換えた。「々」の使用と不使用が混在している語では「々」を使用した。但し引用文中の踊り字の使用／不使用は不統一なものも全てそのままにした。

一、送り仮名を現代風に加減した語がある。引用文ではそれが原文でなくても元のままとした（一つの引用中で送り仮名がまちまちであるものもそのままにした）。

一、読み仮名ルビを加減した。文語文中のそれは旧仮名遣いで表記した。

一、「亦」「抑々」「印度」のように現在漢字表記することがまれな語は平仮名に置き換えて表記した。

一、「兎に角」「矢張り」のような当て字は仮名に置き換えて表記し、「坐禅」と「座禅」の混在は「坐禅」に統一して表記した。

一、二行割の注記は本書刊行書によるものである。

一、二書のあいだにおける用字の不揃いは統一せずそのままに表記したが、「懐奘」と「懐弉」については用例の多い「懐弉」に統一した。（第一作では「懐弉」が使用され、第二作では伝記本文末尾（「精進の一生」の章末尾）の一か所だけ「懐弉」であり、「著作の要旨」と「道元年譜」では「懐奘」の表記が使用されている。）

一、巻末の年譜には元号に添えて西暦と皇紀が記されているが、本書ではその皇紀は省いた。

道元

〔第一作〕

道元禅師画像　越前宝慶寺所蔵

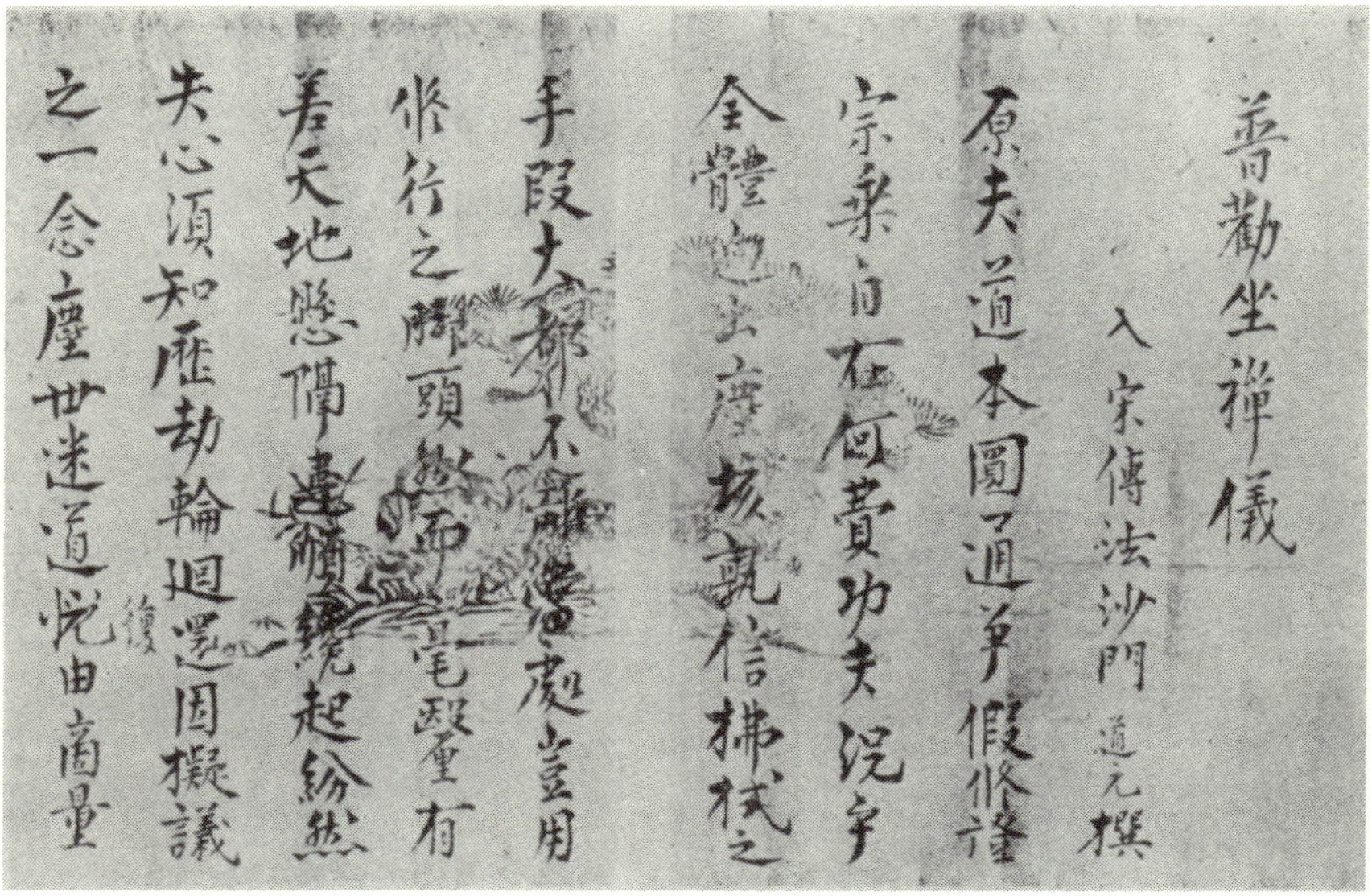

道元禅師筆蹟（普勧坐禅儀）　越前永平寺所蔵

序

私は現在日本宗教史を専攻している。私がかように日本宗教史を専攻するようになった最初の動機は、道元禅師を正しく把握しようとする希望にもとづいている。今を去る十数年前、私は岸沢惟安師の正法眼蔵提唱の席に列する喜びを持った。これは私が提唱を聴いた最初であり、そしてまた道元禅師を正しく識った最初でもあった。私はそのとき、禅師の真理体得に対する真剣な努力に非常に感激し、その座でひそかに禅師の研究を自分の一生の仕事としようと決意したのであった。そして禅師の全面的の理解のために、私は最初仏教学を選んだ。しかし当時の仏教学は、結局私の要求に応じ得ないことを知ったとき、私は転じて史学に移った。史学に移った私は、禅師を中心として禅宗史を解明しようと努力した。しかしそのためには、その前提として仏教史を、更にひろく宗教史を研究することが、まず必要であることを知らねばならなかった。かくて禅師の研究を企図した私は、宗教史の研究にまでその手を拡げたのであった。その日本宗教史の研究も、日本の社会の発展と緊密に結び付けようとしたため、結局日本社会の展開という問題にまで溯らねばならなかった。畢竟私はまず日本宗教史を組織し、次に日本仏教史を体系づけ、更に禅宗史を吟味し、最後にそれらの知識の上に立って禅師の風貌を描き上げようと意図した。つまり私は、私の一生の終点に入る直前に道元禅師伝を完成しようと企図したのであった。そしてその第一歩としてこの数年来、及ばずながら日本宗教史の組織に全力を傾注して来た。しかしままにならぬのが人間の一生というものか、研究の生活に入ると早速私を脅かしたものは病魔、それも悪質の呼吸器病であった。しかし第一回続いて第二回とも幸いに全く治癒した。が、油断したのがいけなかった、去年の暮にはまたしても第三回目の病床に呻吟せねばならなかった。病状はかなり危険な状態にまですすんでいた。そして自分には再起不可能というような気持すらした。かように病床に倒れる直前のこと、友松円諦師から道元禅師伝を執筆するようにとの命を受けていた。道元禅師伝の完成が、私の一生の希望ではあったにしても、他の研究に逐われこの数年来全く手をつけていないので、確答を保留していた。その時たまたま上に述べたような再起不能の重態に見舞われたのである。かくて一生の終点に物しようとかつて思っていた道元禅師伝を、意外にも早く迫って来た終点を前にして、とにかく体の続く限り書いてみようと決意し、病院の寝台の上から、お受けするという回答をしたのであった。しかし幸いにその後身体の具合はめきめきとよくなり、現在では全く健康をとり戻している。私は必ずしもここで奇蹟を持ち出そうとしているのでは勿論ない。しかしたまたま病中禅師の言葉に親しむことが多く、ともすれば失望に陥り勝ちな私の気持が、そのために常に引き立てられていたので、そのことが健康の恢復を著しく促進したことは、否定出来ない事実だと思っている。そして去年の暮最後の著述に取りかからねばならぬと思って、漸くのことペンをとり上げて書き初めたこの伝記が、今では私の新生活の首途の著述となろうとさえしている。

ところで本書は必ずしも従来の伝記の型を踏襲していない。それは従来の道元禅師伝が、多く専門家としての僧侶を対象として述べられているのに対して、本書は、知識大衆に禅師の真面目を伝えることを目的としたためである。資料も後の人の編纂したものを避けて、出来得る限り禅師の著述によった。そして煩わしいまでに禅師の言葉を引用した。しかしその一句一句がことごとく、真理を思慕される読者諸賢の琴線に必ず触れるであろうことを確信するものである。なおこうした言葉は、禅師の著述の随所に散見するところであることを附け加えて置く。幸いに読者諸賢がこれを機縁として禅師の著述に親しまれるならば、筆者のよろこびこれにしくものはない。

本書巻頭挿入の写真版は大久保道舟氏の好意を受けた。ここにその御厚情を感謝するものである。

なお最後に断って置かねばならぬのは、書中禅師の敬称を用いなかった点である。これは、執筆者一同の申し合せに従ったものである。（本書は「日本仏教聖者伝」全十巻企画中の一書）

昭和十年七月十一日

鵠沼松琴荘にて

圭室諦成　識

一　南都と北嶺

たとえば叡山の開創者である最澄は、すぐれて理想家であった。その理想とするところは、その頃の多くの宗教家たちのように、一身の富貴栄達を希ったのではなかった。かえってかかる時代の潮流に抗して、叡山で正しい意味の宗教家を作り上げて、社会に送り出し、強烈な宗教的要求を持ちながら、しかも事実は宗教に近づくことを許されていない民衆に、仏教の真理を伝えようとしたのであった。勿論多少の個人的差異はあるにしても、南北二京の他の諸宗の開祖たちにしても、殆んど最澄と同じようにすぐれて理想家であり、同じようなことを考えていた。しかし、彼等のこうした立派な理想も、その後継者たちによって必ずしも正しく理解され、またそのままを継承されたわけではなかった。すでにそれ等開祖たちの在世においてすらも、彼等のように純一な気持で仏法の真理を慕い、民衆をおもう宗教家は、暁天の星のように寥々たるものであった。宗教家の多くは富貴栄達の捷径として出家したのであった。言葉を換えて言えば、富貴栄達こそ、彼等の真実の目標であり、その中間目標として、宗教家と云う地位を選んだに過ぎなかったのである。

ところで、宗教家としてかような富貴栄達を獲得するためには、その社会に於いて、権勢と財宝を最も多く有する社会階級に接近するのが、最も手近な方法である。そのような社会階級は、当時の社会に於いては、発展途上にある貴族であった。したがって、僧侶達はあらゆる機会と方法とを利用して、貴族と接近することを努めた。

ところで、貴族と接近するために最も必要なことは、仏教を貴族の御用宗教とすること、すなわち貴族的の宗教形態をとることであった。こうしたことは勿論、仏教を愛し、真理を愛する者のとるべき態度でないことは、今更喋々するを要しないであろう。ところで貴族は如何なる宗教形態を要求したか。ちょうど個人の一生に於いても、その要求する宗教の形態が、必ずしも同一でないように、一口に貴族と言ったところで、その環境の相異、具体的に言えば、貴族自身発展の途上にあるか、または繁栄の絶頂にあるか、或いはすでに衰微の兆候を示しているか、によってその要求する宗教も、それぞれ異った形態をとるものである。

まず発展途上の貴族の要求した宗教は、どんなものであったかを考えて見よう。ここで問題となるのは、貴族が単数でなくて複数であることである。発展途上、すなわち平安朝初期の貴族を考えて見るが宜しい。極く大ざっぱに考えても、藤原氏のほかに橘氏、紀氏、菅原氏などの諸家があり、藤原氏一門にしても南家、北家、式家、京家の諸家がある。こうした諸家の併立のなかに、権勢を自己の一家に独占するためには、まず自己の一家の繁栄を計ることも必要であるが、それだけではなお充分でない。進んで他家の勢力をたたき落すことが、それにも増して必要である。しかし、残念ながら貴族は、他家の勢力をたたき落すべき武力をもたなかった。ここに貴族が、その効験が絶対であると信じた祈禱への要請があるのである。自家の繁栄、そして他家の呪咀、これこそ発展途上にある貴族の、政治的要求の全部であり、同時にまたそれが宗教的欲求の全部でもあった。このような自家の繁栄、他家の呪咀、これは真理を説くべき宗教家の立場とは、むしろ反対の立場である。にもかかわらず宗教家達は易々諾々として、むしろ進んで、このような貴族の宗教的要望に応えている。そしてかくすることによって、その報酬として尨大な土地が、貴族の手から寺院に寄進されたのである。

平安朝の中期に入っていよいよ、権勢は藤原北家の手に帰し、藤原道長にみるような、全盛の時代を現出するようになれば、貴族達はすでに初期のような繁栄、呪咀の宗教は必要としないのであった。そして自分達の現実に享有している富貴を、未来にまで延長せしめたいという希望を、満足せしめる宗教こそ、彼等の要請するものであった。かような貴族の要請に応じて宗教家達は、現世宗教を来世宗教化したのであった。そしてこの場合にも、尨大な土地を貴族から受け取ったのである。

さて平安朝の末期に入っては、さすがに全盛を誇った貴族も、その反対勢力であるところの武士の出現によって、その経済的地盤を滅茶苦茶に破壊され、従ってまたその権力も全く衰退して、失意の状態に陥っていた。来世の福音こそは、かようにこの世の希望を喪ってしまった現在の彼等にとって、唯一の光明であったのである。宗教家はこのような貴族の要望にもまた充分の満足を与えた。そしてこの場合にもまた、いくばくかの土地が寺院に寄進されている。要するに宗祖亡き後の顕密諸宗寺院は、宗祖に見る民衆の精神的苦悩の救済と云う大理想を、いつしか弊履のごとく捨て去って、貴族の宗教的要望に応ずる宗教として、貴族に奉仕すること数百年、ために貴族の手から常に多くの土地を受け取って、平安朝の末期には全国屈指の大地主となった。土地が唯一の財産であった当時に於いては、そのことは結局、天下の大富豪となったことを意味するものである。平安朝末期や、鎌倉時代初期に於ける顕密諸宗の寺院の性格は、かように天下屈指の大富豪であったという事実から理解される。更に、かような富の、事実上の所有者は誰であったか。その富の内容は、管理は、かような問題を分析するとき、更に顕密諸宗寺院のもつ性格は明瞭となるであろう。

結論から先にいえば、これ等の尨大なる富の事実上の所有者は、門跡であった。すなわち当時寺院の内外には、寺院に関係をもった数百の院家《いんげ》及び僧房があり、院家及び僧房には、多くの場合土地が附随して居り、それらの院家、僧房、土地の大部分は門跡の所有するところであった。のみならず、大寺院の住職を意味する座主、長者、長吏、別当等の地位、及びそれに附随する聖教、並びに土地も、また門跡の直接間接支配するところであった。しからばどうして門跡は、このような尨大な富を、自分の手に集中せしめ得たのであろうか。このことを理解するには、溯ってその因って来るところを究明する必要がある。

元来わが上代仏教の伽藍は、国家祈禱所であった。したがって国家祈禱所としての威容を、第一原理として設計されている。試みに、金堂、講堂、五重塔、門、廻廊、僧房の配置を吟味してみるが宜しい。それは修行の道場ということを、第一原理とした伽藍配置でもなければ、僧侶の住宅としてのそれでもない。そこで最初に問題となったのは、僧侶の官舎ともいうべき僧房であった。僧房は、所謂三面僧房というのがそれであつて、祈禱所の威容を損じないように、言葉を換えて言えば、目障りにならぬように設計されているので、極めて狭隘で、非衛生的で、ほとんど棲むに堪えないようなものであった。そのために経済的に余裕のある人々は、寺院に附属する三面僧房とは別に、寺院の近隣の地に、自費で簡単な草庵を造り、ここから寺院に出勤するというようなことになった。この私宅を造るという傾向は、仏教伝来後間もなく生じている。ところでこの私宅を建てるには、いくら簡単な草庵でも、それ相当の建築費を要し、のみならずまた経常費も必要である、というようなわけで、経済的支持者を必要とするに至った。そのために僧侶たちが貴族に接近して、貴族の祈禱を引き受けるということにもなって、この点からも仏教の貴族化は促進されたわけである。

三面僧房で劃一的の生活をし、その費用一切が公費である、というような場合には、宗教家たちには別に私有財産の必要がなく、従って比較的に私有欲が弱かったが、私宅を営み、そのために一定の経常費を是非支出する必要が生ずるようになると、私有財産に対する欲望は、著しく旺盛になって来たのであった。かくて私有財産の蓄積が急速に進んだことは、推察に難くないことである。そしてこの私宅は、その相続者に譲られたのであるが、何代かを経るうちに、最初にみたような貧弱な草庵ではなく、堂々たる建物を有するようになり、そしてその名称も何々院と称するようになったのである。すでに平安朝初期にはこうした事実が見られる。この場合、上代国家の矛盾としての貴族、上代寺院の矛盾としての院家、とこう矛盾同志《ママ》が結び付いて発展しているのも、当然のこととはいえ興味あることではないか。かようにして、遂には一つの寺院の内部に於いて、上代国家の衰微とともに、その支持の下にあった本寺は次第に衰えるのに、院家は貴族の保護の下にますます繁昌する、という珍現象をみるようになった。従って、本寺の経済力よりも、子院である院家の経済力の方が大きくなって来ることになり、一方国家権力の衰退によって、その管理権が本寺に及ばなくなったのと相俟って、本寺の支配権は次第に院家に移ることとなった。貴族の保護の下に、富と権勢とをもった院家は、次第に寺内の土地、建物をその手に集中し、そしてまた劣勢である院家は、結局有力な院家の支配下に入るというような過程を経て、平安朝の末期には極く少数の、僅かに二三《にさん》の院家が寺院内外の院家・僧房・土地の大部分を支配するようになった。中央の大寺院の場合には、これらの少数の院家には必ず、上層貴族の子弟が住職するようになっていて、門跡の名を以って称ばれていた。これを要するに門跡は、その源流を尋ねれば、上代の寺院機構の矛盾として発生した一草庵に過ぎなかったのであるが、発展途上にある貴族と結ぶことによって、貴族の発展とともに次第にその勢力を拡充し、遂に鎌倉時代寺院機構の根幹をなし、寺院内部の大部分の富を、その手に集中せしめたのである。かくて寺院の、国家機関としての地位は完全に失われて、全く門跡の私有財産と化してしまっていた。

上に述べたようにして、寺院及びその附近の土地・建物等は門跡の掌中に帰したのであるが、中央の門跡はそうした土地の外に、地方に分散した多くの土地・寺院を私有していた。それらの土地・寺院は、本寺末寺の関係によって、門跡の掌中に帰したものである。ところで、現今われわれの見る本寺末寺の制度は、江戸時代以降のもので、本寺は末寺の栄誉・信仰の源泉であつて、一方本寺は、末寺を通じて信者の信施の一部を集める、と云うような形式のものであるが、上代から中世へかけての本末関係は、そんな生優しいものではなく、末寺は本寺の、言葉を換えて言えば、門跡の純然たる私有財産であった。本寺と末寺の結び付きは単に経済的の結び付きで、宗派の関係さえも無関係である場合が少くなかった。

かような関係は、どうして、生じたのであるか。それは、中央諸大寺の私有地は、多くの場合租税を免除されているので、地方の小寺院は地方官吏の苛斂誅求を免かれるために、その私有地を中央の大寺院に寄進してその末寺となり、自らはその土地管理人として、管理料の名目で年貢の一部を受け取ることが、むしろ有利であったこと、また地方の小寺院が、治安警察力の薄弱な時代に、地方の官吏・豪族・百姓その他の侵略から私有地を守ることは、なかなか困難なことであるので、それよりもむしろ進んで中央諸大寺院に一切を寄進して、自らはその末寺となり、中央諸大寺院が政府に対して有するところの、政治的勢力に依頼して土地を確保することが、かえって賢明の策であったことなど、主として政治的関係によって、平安朝の中葉以後、本末関係を結ぶものが著しく増加した。本末の関係は、初めこのように末寺側の、政治的関係によって発生したのであるが、しかし一旦末寺となれば、本寺は末寺本来の要求などは全く無視して、単なる経済的関係に改編し、でき得るかぎり末寺よりの収入を、増大することのみを心懸けるようになったのである。この末寺の関係を通じて、地方寺院の土地は完全に中央の諸大寺院に集中し、しかも門跡が中央の大寺院を支配するに至って、大寺院に集中していた地方寺院の土地は、すべてその掌中に帰した。かようにして門跡は、寺院内の土地・建物の大部分と、全国の寺院及びその所有地を独占するに至ったのである。

上に述べたようにして全国の土地は門跡の手に集中するに至ったのであるが、ここで一応、門跡の手に集中した土地の性質を、考えてみる必要があるように思う。まず第一に、今まで述べたところですでに明らかであるように、それは、全国の各地に散在する零細な土地の集積であることである。従って上代国家の政治的実力が、ある限度にまで衰えると、これらの土地は極めて危険な状態に陥るわけである。そのことには、なお少しく説明が必要であろう。即ち、全国の耕地の面積がほぼ一定している場合、寺院等の私有地が増大すれば、それだけ国有地は減少する。国有地が減少すれば、国家の収入は減少する。国家の収入が減少すれば、その政治機能は劣弱となる。政治機能が劣弱となれば、治安警察力は薄弱となる。治安警察力が薄弱となれば、寺院私有地の保全が不可能となる。因果はめぐる。寺院私有地を増大せしめたと同一の社会情勢が、ここには国家警察力による寺院私有地の保全を、困難ならしめている。かくて寺院は、自らの実力によりて、その私有地を維持せねばならなくなった。ところでこの場合寺院の所有地は、前に述べたような関係で、零細な形で全国に撒布されていることを注意しなければならぬ。このことは所有地の警備のため、平時に軍隊を駐屯せしむることを、困難とするばかりでなく、一旦緩急ある場合に於いても、中央大寺院に常置する軍隊の派遣を不可能にするものである。畢竟中央諸大寺院の有する軍隊の威力を発揮し得るのは、寺院附近の私有地か、せいぜい中央政府の威令の及ぶ、極めて狭い範囲にすぎない。従ってこの場合にも、全般的には中央大寺院は、自らの有する軍隊の威力に頼ることは、むしろ困難であった。とすればその対策はどうするか。ここに寺院領の宗教的武装の問題がある。

当時神社は、宗教的武装を行っていた。即ち上代国家の保護を受けることの薄かった神社は、地方的な存在となったのであるが、神社の当局者は、神の地域的な、現実的な、そして悪魔的な性格、言葉を換えて言えば、祟るという性格をますます強調して、神社の土地は即ち神の私有地であるとし、神の私有地を侵すものは神の祟りを受ける、という信仰を強調することによって、その私有地を守っていた。ところで私有地の警備に腐心していた寺院当局者は、その点に着目したのである。そして神社を寺院内に勧請した。これがすなわち鎮守社である。そしてまず寺院構内を、鎮守社の神領ということにして、取り敢えず宗教的武装を施した。この計画は神の祟りの信仰の強かった時代のこととて、見事に成功した。が、しかしこの場合、寺領をすべて一応神領の形式にするのであるから、神と仏との関係を明確に規定して置かねば、寺領を神に奪取される危険がある。この危険を防止するための神仏関係の規定が、仏が主で神が従、これを宗教的に言って仏が本地で神は垂跡、即ち本地垂跡思想である。要するに、寺院は神を鎮守社として、寺院内及び私有地内に勧請することによって、私有地を保全し、更に本地垂跡思想を生み出すことによって、神仏の関係を規定して、寺領が神領化することの危険を防止することが出来、一時危機に瀕した寺領は、ここに極めて経済的に、しかも極めて安全に保持されるようになった。

大富豪としての門跡、それに隷属する僧侶、換言すれば門跡の地位は、世俗的封建領主としての地位であり、僧侶の地位は、世俗的家臣としての地位である。勿論この封建関係は、準封建関係であって、純粋の封建関係ではない。それはその有する軍団の実力の劣弱と、その欠陥を補う宗教的武備に最も特徴的である。ところでかような特質は、寺院の貴族化を促進するものであった。と言うのは、軍備は最も経済的な宗教的武備で充分間に合うのであるのであるから、別に積極的に準備する必要がなく、従ってその経済的余力は、全部奢侈生活に蕩尽して差支ないからである。このことはまた門跡の地位が上層貴族の子弟によって独占され、その他の重要な地位もことごとく二、三流以下の貴族の子弟に占められたことによって、いよいよ拍車をかけられた。ところで貴族の子弟は、何故にかように寺院に進出したのであろうか。

それは次のような理由からであった。奈良朝から平安朝にかけて上向線をたどりつつあった貴族も、平安朝の中期にはすでに幾多の衰徴があらわれ、平安朝の末期には入《い》るとともに、その経済的窮迫は言語に絶するような程度に達した。考えてみるに大化改新の班田収授制は、その実施に種々の困難を生じて、実施後久しからずして行われ難くなり、これに代って新たに大土地私有制が発達し、遂に平安朝の中期に至って、社寺豪族等の大土地所有、ならびにこれを基礎とする支配関係は所謂大土地私有の社会を出現せしめたのであった。各々の私有地は地方庁の支配下にあるのではなく、全く独立した支配権を有するので、このような私有地には地方官の支配権は及ばないことになっていた。勿論この行程は徐々に行われたのであるが、十二世紀の初頭ある地方官から中央政府へ報告したところによれば、毎郡の十分の八・九すでに私有地となり、国有地いくばくならず、と記され、その地方の国有地の大部分が私有地となっていることが伝えられているが、このような状態はこの地方官の管轄内のみのことではなく、全国一般の状態であったのである。こうして国庫の収入が著しく減少した結果、貴族は国家から経済的保証をうけ得られぬこととなった。ここに一部の私有地を有する者を除いて大部分の貴族達は、曽て見なかった生活の窮迫に陥ることとなったというわけである。

十二世紀の中葉、藤原伊通の著した大槐秘抄には、この頃の貴族達がその貧困極度に達し、自らはしおしおくたくたした服装をし、そしてみすぼらしい服装をした従者を僅か一・二名召し連れて、晴れの行列の前駆をつとめたことや、或いは地位相当の服装を調え得ないので、死穢・産穢等の口実を設けて、自宅に蟄居していた貴族のことが記されている。奈良朝から平安朝の初期にかけて、上向線を辿りつつあった頃には、貴族は、幾何級数的に増加する自分等の子弟に対してさえも、新しい地位をどしどし与える事ができた。しかしながら、末期に入ってすでに貧乏になっている貴族の社会は、従来の定員すらも養い得ない有様で、まして過剰人口の収容などは思いもよらぬ事であったのである。また曽ては中央に就職することの出来ない下級貴族の子弟でも、地方に出さえすれば到る所で歓迎され、そして支配階級の重要な椅子を与えられたものであった。しかし当時の地方の支配階級は、すでに新しい就職者を収容する余地はなかった。かような事情で平安末期の貴族の子弟は、曽て知らない就職難の悩みをなやまなければならなかった。かくて貴族子弟の寺院への進出がはじまったのである。

平安朝の中期以前にも貴族の出家は絶無ではなかったが、しかしながらその動機は、或いは政策のため、或いは病気平癒のため、或いは贖罪のため、又は菩提のため等で、直接生活の問題と結び付いてはいなかった。従ってその数も極めて少く、年齢も多くは中年以後であった。これに反して末期のそれは、直接生活の問題に関聯を有《も》っているために、その数は極めて多く、しかも幼時よりの出家である。かような貴族の寺院進出はいつ頃から始まっているかというに、経済力の乏しい下級貴族は、すでに十世紀の初頭、若しくはその以前から寺院に進出し、貴族の経済力の減少とともに徐々に上層に及び、十一世紀の末葉に至っては、相続者または、たまたま就職を恵まれた幸運児一二《いちに》を除いて、他は全部寺院に投ずるような状態にまで進んで居る。

貴族の寺院進出とともに、寺院内の重要な他位は全部貴族の独占するところとなった。元来上代の日本仏教は、学問仏教であった。僧侶の昇進を保証する唯一の条件は学問的才能であった。毎年数千人の修学者の中から、傑出せる才能を有《も》った者が一人若《も》しくは数人選ばれ、研学竪義（広学竪義）―講師―僧綱と順を逐うて昇進したのである。講師は研学竪義を経た者の中から選ばれるので、従って競争もそれほど激烈ではなかったが、研学竪義の選任は数千の僧侶の中から僅か一二《いちに》選ばれるに過ぎなかった。従って研学竪義は万人渇仰の地位であった。この地位を目がけて天下の秀才は寺院に集り、勉学に専念したと言っても過言ではなかろう。ここに上代仏教の異常なる進歩もあった。この名誉ある地位、それが貴族の寺院進出によって貴族の手に独占されてしまったのである。その一例を叡山についてみると、

> 山中恒例の五時講・三十講は、了因の初心を顕はし、大乗の至極を談ず、講師・問者等は人を択んで以つてこれを請し、器を見て以て挙ぐ。近来以来、人その人にあらず、器その器にあらず、登壇の後幾年を経ざる幼年未練の質を以つて、講説論談の勤めを致す、これ則ち或は権門の推挙を仮り、或ひは祖家の書札を捧げ、みだりに濫望を致す、虚名を偽り衒ふものなり、その中未だ倶舎の頌疏を読まず、法門の名目を諳ぜざるの者往々にしてあり、函丈の席宛《あたか》も聾啞の如く、闘才の場唯駑怯を表す、学道の陵遅職としてこれによる。―朝野群載―

実際当時は、その属する社会階級によって僧侶の昇進は決せられた。貴族でなければ、受戒を受け阿闍梨となり僧綱となるのは余程の俊才で、しかも余程長命でもしなければ困難であった。しかし貴族でありさえすれば、どんな馬鹿でも、鈍間でも、また年が若くても、一流貴族ならば権大僧都、二流どころで権少僧都、三流どころでも法眼までは一挙に昇ることが出来た。要するに非貴族の昇り得る最高位は、貴族の出発点にすぎなかったのである。こうした不合理が平気で行われていた。従って愚管抄の筆者の記す如く、南都北嶺は貴族出の高位高官

の僧で満されて居た。

僧綱には、正員の律師百五六十人になりぬるにや、故院の御時、百法橋と云てあざみけんことの優しさよ、僧正は故院御時までも五人には過ぎざりき、当時正僧正一度に五人出で来て十三人まであるにや、前僧正又十余人あるにこそ、かかれば一の人の子の多さよ、この慈円僧正の座主に成しまでは、山には昔より数へよく、摂籙の家の人の座主になりたるは、飯室の僧正尋禅と、仁源、行玄、慈円たゞ四人とこそは申ししが、当時は山ばかりにだに、一の人の子一度に並び出で来て、十人にも余りぬらん。寺、奈良、仁和寺、醍醐と四五十人にもや余りらん。一度に摂籙臣四、五人まで前官ながら並びてあらんには道理にてこそあれ、又宮だちは入道親王とて、御室の中にも有難かりしを、山にも二人並びておはしますめり、新院当今又二宮三宮の御子など云て、数しらず幼なき宮宮法師法師にと、師共の許へあてがはるめり。—愚管抄—

かくて凡そ僧侶の理想とは反対の生活、すなわち貴族の全盛時代の貴族の生活を髣髴させるような生活が門跡に於いて再現されて、ついに階級、富貴栄達などの貴族的観念が寺院を支配するようになったのであった。

十世紀も末葉である永延二年六月二日、政府は僧正・僧都・律師等の従者に対して一定の制限を加えている。すなわち、僧正は従僧六人と童子十人、僧都は従僧五人と童子八人、律師は従僧四人と童子六人、凡僧は沙弥《しゃみ》二人と童子四人というのである。その制限の理由は次の如くであった。

僧綱凡僧弟子引率の数載せて格条にあり、改定あるにあらず、何ぞ過差を得ん、しかるに今近年の間奢僭の輩憲法を慎しまず、率ゆるところの従類各二三十人、多きを以て楽となし、少きを以て恥となす、志禅定に背き、旨放逸に渉る。その尤も甚しきは、好んで奇服を着け、まま短兵を挿み、威武を輝かし、ややともすれば闘乱を致す、ただ皇憲の厳重を忘るるのみにあらず、かへつてまた仏法の澆漓《ぎょうり》を致す。—朝野群載—

僧正以下高位にある僧侶たちが、外出の場合に二・三十人の従者を引具し、しかもその従者には派手な服装をさせ、又中には刀を挿させ、大道狭しと練り歩いたというのである。かような高位高官の僧侶は、南都、北嶺に充ち満ちていたのである。

しかして、かような貴族の行動を通じて醸し出された寺院の空気には、憂うべきものがあった。上の好むところ下これに従う、僧侶たちの目的とするところは、仏法の真理を学ぶことではなく、富貴栄達の地位に到達することであった。当時の文献には次のように記されている。

まことに仏法は何れの宗も生死を解脱せんためなり、名利を思ふべからず、しかるに南都北嶺の、学侶の風儀ひとへに名利を先途に思ひて、菩提を他所にする故に、或ひは魔道に堕ち、或ひは悪趣に沈む。―沙石集―

末代の習在家の富貴なるは著《じゃく》もうすく、信もあり、礼もあり、出家の貧賤なるは貪欲ふかく、智もなく徳もなし、或いは布施をおくりて導師を望み、或いは祈禱をこととして財産を望む、権を恐れ威を頼み、利養恭敬を心とす。―沙石集―

諸寺諸山の学問ひとへに名利を心として解脱を期する志なし。―沙石集―

すべてさすがに内典外典の文籍は、一切経等もきらきらとあむめれど、ひはのくるみをかかへ、隣の宝を数ふると申す事にて学する人もなし。―愚管抄―

唵《おん》山法師、腹黒腹黒、欲深欲深、あらにくや娑婆訶《そはか》。―沙石集―

貴族の弊風をそのままに受け継いだ顕密諸宗寺院には、かように名利の風が上下を風靡しているのである。言葉をかえて言えば、仏法の精神は全く失われてしまっていた。道元が世に出た頃の宗教界は大体以上のようなものであった。

二　雲遊萍寄

道元は、十三世紀の最初の年である正治二年（西暦一二〇〇。以下同、西暦の語を略す）の正月二日、久我通親とその妻九条基房の娘との間に生れた。幼にして神童の誉が高かった。しかし不幸にも三歳の時、父通親は頓死し、ついで彼の八歳の時、すなわち承元元年（一二〇七）の冬、彼を慈しみ育てた母親がこの世を去った。そのとき母親は、

汝相構《ママ》えて出家学道して、わが後世を弔ふべし。—建撕記《けんぜいき》—

と遺言した。このことは彼に非常に大きな衝撃を与えたものの如く、後年彼自ら、われ始めてまさに無常によりて道心を発した、と弟子たちに語っていることによっても明らかであるように、彼の出家の動機も実にここにあった。建暦二年（一二一二）漸く十三歳になった年の新春早々、彼はいよいよこの年来の宿望を果すために、夜中に自宅を抜け出して、叡山の麓の僧房に叔父良観法印を訪ねて、出家の希望を打ち明け、良観法印の紹介で叡山横川《よかわ》般若谷の千光房の室に入った。翌建保元年（一二一三）四月九日、十四歳で天台座主《ざす》公円に就いて剃髪、翌十日菩薩戒を受けた。

しかし結局叡山は、道元の宗教的欲求を満足せしむるものではなかった。それは上に述べたようなその頃の叡山の性格からすれば当然のことで、叡山はすでに名利の巷であり、仏法の真理を思慕した人たちは、とうに叡山を見すててしまっていたのである。彼は後年叡山の生活を回顧して次の様に記している。

教道の師も、先づ学問先達に等しく、よき人となり、国家に知られ、天下に名誉せんことを教訓する故に、教法等を学するにも、まずこの国の上古の賢者に等しからんことを思ひ、大師等にも同じからんと思ひき。―随聞記―

叡山の指導者は、真理を求めて指導を乞うた少年道元に、天下に知名の人となれ、と教えている。叡山の仏法の衰微はこの一語の中に窺われるではないか。指導者たちが富貴栄達に如何に執心し、またこれを理想としていたかを髣髴せしめるではないか。名利をもとめて僧侶となった人達には、それでよかったかも知れない。しかし仏法の真理を求めている道元は、それでは満足し得なかった。たまたま高僧伝を読んでいると、指導者の教訓は勿論、彼自身の見解も誤謬であることが解った。

因に高僧伝、続高僧伝等を披見して、大唐の高僧、仏法者の様子を見しに、今の師の教への如くにはあらず。またわが起せるやうなる心はみな経論、伝記等には、厭ひ憎みけりと思ひしより、やうやく道理を考ふれば、名聞を思ふとも、当代下劣の人に、よしと思はれんよりも、ただ上古の賢者、向後の善人をはづべし。等しからんことを思ふとも、この国の人よりも唐土、天竺の先達、高僧を恥ぢて、彼に等しからんと思ふべし。乃至諸天、冥衆、諸仏、菩薩等に等しからんとこそ思ふべけれと。この道理を得て後には、この国の大師等は土瓦の如くに覚へて、従来の身心みな改めき。―随聞記―

こうしたことが彼をしてますます経論、聖教に親しませる機縁をつくった。この後の彼は朝は早くから夜は遅くまで一切経を耽読した。しかしかように一切経を耽読することによって当時の学者たちのように物識りになろうと思ったのではなく、指導者たちに聞いても説明してもらえない仏法の真理を、若冠十三・四歳の彼は自らの力によって把握しようと志したのであった。かように一切経に直接ぶっつかることによって、仏法の真理に直接触れることは嬉しいことであった。だが一切経を研究すればする程新しい疑問がつぎつぎに起って来る。しかもそれを教えてもらう指導者のないのは、彼にとってはたまらなく寂しかった。彼が十五歳になって間もなくの疑問である。顕密諸宗ともに「本来本法性天然自性身」と説いている。もしそうだとすれば、特別に修行して真理を求める必要はない筈である。ところが釈尊をはじめその後の先哲たちはみな真理に憧れて、その体得のために精進努力しているではないか。それは一体何故だろう、と考えたが解らない。そこで指導者たちに質したが、明快に説明してくれるものが一人もなかった。そこで彼は考えた。こんなところに居ても、結局仏法の真理は解らない。自分はもともと真理を求めて叡山に登ったのである。富貴栄達を求めて来たのではなかった。富貴栄達と云う点からすれば、ここに居さえすれば自分は貴族の、しかも一流貴族の出であるから、主要な地位に到達することは易々たることである。しかし自分は、決して富貴栄達のためにこの山に登って来たのではない。真理のためだ。そうだ真理を体得するためだ。真理の亡びてしまっている叡山は一刻も早く見棄つべきだ。そして真理を探し求めねばならぬ。一旦こう考えて来ると、彼は矢も楯もたまらず、叡山を辞して、当時学者としての名声の高かった三井寺の公胤《こういん》僧正の門を叩いた。そして「本来本法性」の質問を繰り返した。それに対する僧正の答えは、「この問たやすく答ふべからず、宗義ありといへども、恐らくは義を尽さざらん」と言うのであった。かくてここでも道元は失望せねばならなかった。そして顕密諸宗が彼の期待する真理の問題を充分に説き得ないことを、いやでも知らなければならなかった。

かくて真理を求めて顕密諸宗に投じた道元は、ここで仏法の真理を学ぶことの困難であることが解ると、早速顕密諸宗の寺院を離れてしまった。この間満二ヶ年、時に彼は十五歳であった。叡山を離れてからの生活を、彼は次の如く記している。

われ無常によりて、いささか道心を発し、終に山門を辞して、遍く諸方を訪ひ、道を修せしに、建仁寺に寓せし中間正師に会はず善友なき故に、迷ひて邪念を起しき。—随聞記—

予発心求法よりこの方、わが朝の遍方に知識を訪ひき。　―弁道話―

十八歳のとき、はじめて建仁寺明全の門を叩くのであるが、それまでの足かけ四年間は、彼自身の述懐するところに従えば、諸方を訪い道を修して、いたのである。この間の動静は従来全く看過されているが、自分は道元の思想の展開を知る上にはかなり重要な期間であると思うものである。道元は、すでに顕密諸宗の寺院には真理の亡びていることを知っている。すでに観法では天下第一と称せられていた公胤僧正をも訪ねている。これ以上いずこの顕密諸宗寺院を訪ねよう。従ってこの間諸方を訪ねたとしても、それが顕密諸宗寺院でないことはほぼ明らかである。顕密諸宗寺院でないとすれば一体どこを遊歴したのであろうか。そこでまず当時の顕密諸寺院を見棄てた人々の辿った径路をみてみると、それは遁世者となることであった。彼も恐らくは、こうした径路を辿ったのではあるまいか。彼の著述の中に、遁世者の心得を説いているのが多いことからでも、このような考え方は支持されると思う。然らば四年の間、道元の生活したと思われる遁世者の生活とは一体どんなものであったろうか。

前に述べたように平安朝の中葉より、顕密諸宗の寺院生活が貴族化し、従って世俗化して、次第に真実の宗教生活から離れて行くにつれて、まじめな真理の思慕者たちの中には、かかる生活を快しとしないで、寺院を離れて真実の宗教生活に入ることを憧憬するものが多くなって来た。かかる人達は寺院を出でて、その附近に草庵を結んで住んでいた。かような草庵の数は次第にふえて、後には部落の形をとるに至っている。現在も各地にその名称を残している別所というのは、かかる部落に附けられたもののようである。彼等遁世者は、或いは念仏三昧に耽る者、或いは坐禅観法を事とする者、又は法華読誦にいそしむ者等々さまざまであったが、当時の顕密諸宗の寺院生活とは正反対の立場、即ち名利を棄てて、一向に真理を求めるという心持は、いずれの場合にも共通であった。勿論寺院生活とはちがって、生活の資料は自分で準備するのではあるが、むさくるしい草庵、乏しい食物、貧しい着物、彼等はこうした生活に満足していた、というより寧ろかような生活をすすんで求めさえしていた。そして地方に散在しているこれらの別所の中枢とも云うべきものが、叡山、南都、高野等にあった。こうしたところには、それぞれの別所附近の顕密諸宗寺院を離脱した遁世者が集ったばかりでなく、地方の別所からも多くの遁世者が集って来たもののようである。そして中央と地方とを問わず、別所の求道者達は、上人、聖人、聖《ひじり》等と称ばれていた。こうした称呼は決して社会的に尊敬の意味をもたれていたのでなかった。――やがてそれは新興諸宗に引き継がれ、その社会的地位の上昇とともに後には敬称となったのではあるが――。

いま遁世者の心構えを実例について観察してみよう。永観律師は、

今念仏宗に至つては、公家賞せず自ら名位の欲を離れ、檀那祈らず、また虚受の罪なし。―往生拾因―

とし、また書写山の性空上人は、

貧しうしてまた賤し、富貴を羨まず、これを以て楽しみとなす、四壁疎らなりと雖《いへど》も八風――利、衰、毀、誉、称、譏、苦、楽――侵し難し。一瓢の底は空しきも、三昧は自ら濃し。われ人を知らざれば、恨みなくまた喜びなし、人われを知らざれば、誉めらるることなくまた毀《そ》しらるることなし。肘を枕となすも楽しみその中にあり、何ぞ更に浮雲栄耀を求めん。―沙石集―

としている。顕密諸宗寺院の人々が、全く富貴栄達を理想としているのに対して、この人達は富貴栄達を捨てることから出発して、修道に精進している。次の話はなお深くこの人達の心事を察するよすがとなるであろう。

承安元年（一一七一）のことであった。藤原通憲の十三年忌の仏事に、その一族の名僧達は、一族のものだけで法華八講を醍醐寺で催した。その折のことである。開白《かいびゃく》は聖覚法印、結願は明遍僧都と定めて、当時遁世して、高野の別所に居た明遍僧都のもとに、覚憲僧正を始め、澄憲法印、証憲法印、静憲法印等が使者として出向いて、この計画を話して、是非出席してくれと交渉したときに、明遍僧都は

遁世の身にて侍れば得参らじ。

と拒絶した。この事を使者から聞いた兄の僧正は大いに憤慨して、

遁世の身には親の孝養せぬことか、さばかりの智者学匠の御房の返事とは返す返す思はぬなり。

と折り返し使者をやって詰問した。その時明遍僧都は、

この仰せ畏りて承り候ひぬ。遁世の身なれば親に孝養せじと申すには侍らず、各各の御中に参らんことを憚り申すなり。その故は遁世と申すことはいか様に御心得ども候やらん。身に存じ候は、世をも捨て、世にも捨てられて、人の数ならぬこそ、その姿にて候へ、世に捨てられて、世を捨てぬはたゞの非人なり、世を捨つとも、世に捨てられずば遁れたる身にあらず。しかるに各各は南北二京の高僧名人にておはす。御中に参じて一座の講行をも勤め候ひなば、もし公家より召されんときは、いかが申し候ふべき。かかる山の中に籠居して候本意たがひ候ひなんず。孝養をせじと申すにては候はねば、代官を参らせ候はん。―沙石集―

と答えて、代官を遣して法要に臨ませた。すなわち、富貴栄達を捨て、進んでは社会をも捨て、社会にも捨てられて、真理の体得に専念することが、彼等の理想であったのである。

彼等はこのように社会の富貴栄達を、世俗的なものとして斥けたばかりでなく、彼等が曽て顕密諸宗寺院で修得した学問をも否定している。

伝へ聞く、故高野の空阿弥陀仏はもとは顕密の碩徳なりき。遁世ののち念仏の門に入て後に、真言師ありて、来りて密宗の法門を問ひけるに、彼の人答て云く、みな忘れおはりぬ。一字も覚へずとて、答へられざりけるなり。これらこそ道心の手本となるべけれ。などかは少々覚へではあるべき。然あれども無用なる事をば言はざりけるなり。一向念仏の日はさこそ有べけれと覚ゆるなり。―随聞記―

次に遁世者の生活を実例についてみよう。高野の新別所で修行していた一人の遁世者の話である。世の無常を

観じて、ある遁世者について剃髪して遁世者となり、昼は寺を建てるために瓦を運び、石を持ち、材木を曳いて寸時も休まず、夜は出家した日から寝床にもつかず、夜もすがら念仏を唱え、西に向ったままで夜を明かした。人と話をするでもなく、寝ても覚めてもただ心を西方にかけていた。その道心の切なるを見た師の遁世者は、お前の様に朝夕真理のために粉骨砕身苦行するのも勿論大きな結縁ではあるが、それよりも心を静めて念仏に専念するが一層宜しい。お前も知っているように、高野には新別所という所がある。自分も曽てあそこで修行したことがあるが、清浄な土地で、人々は朝から晩まで二六時中たえず念仏をして、ただ往生極楽を願うより他には何の勤めもしない。それで自分は自分の弟子の中で特に修道に熱心であると思った者は、新別所に行くことを勧めている。お前も行ったらどうだ。と高野の新別所に行くことを勧めた。そこでこの遁世者は師の命に従って高野の新別所に行って修行をした。しかし彼は、元来尾張の富豪であったので、高野新別所にいることを知った家族たちは、無理にも連れ帰ろうとしたが、その志固く、連れ帰ることの困難であることを悟った家族たちは、その後は絶えず食物、着物などを送っていた。あるときその遁世者の国許への手紙には、

これは入ることも侍らねど、おんため罪滅ぶる縁とならんかと思ひて、念仏衆に分け侍るべし、ただとくして浄土へ参らんと思ふ心のみ《欠字》そいと悲しく侍れ、ゆめゆめかりそめの身をいたはしくな思ひそ。

と記されていた。なおこの人の生活は、遁世者の生活として典型的なものでもあるので、当時の人の記録したことを更に紹介してみよう。

実に着物、食物の類、結衆に分つのみにあらず、貧人を見ればみな与へて、わがために残すことなし。親の沙汰にて三間なる坊を作りてすえ《ママ》たりけれど、居所欲しがる人のありけるを置いて、わが身は定まれる住家なし、日ごとに湯は沸せどもこれを浴びず。年月経れども物を洗ふことなし、破れぬれば棄つ、たゞ朝夕仏の来迎を

心にかけて、事に触れて無常を思ふより外、更に他事に心をかけず。もし人の許に行くときは、泥をふめる足にて莚畳を踏みて憚ることなし、人咎むれば、不浄は各各の身の内にあり、何ぞ顕はれたるをのみ厭はんやといふ。—発心集—

かような宗教生活のすべてを、讃歎しようというのではない。ただ名利の巷と化した顕密諸宗寺院の傍に、かように、とにかく名利を徹底的に拒否して、修道に精進する人々の集団のあったことを、言わんとするのである。かように世俗的な顕密諸宗の教団の傍に、極めて宗教的な新集団が生じて、それが顕密諸宗寺院の世俗化とともに、多くの真理の思慕者達を迎えるとともに、平安朝の末期には顕密諸宗寺院の中に発達してきた宗教的のものの一切は、これ等の人々の手に継承されていたのである。従来、鎌倉新興諸宗の揺籃は叡山にあったと言われているが、実は叡山にあったのではなく、このような遁世者にあったのである。鎌倉時代の新興諸宗の開祖たち法然・栄西ともに遁世者である。法然は遁世者の運動、即ち新宗教運動の一方面、他力的、浄土的傾向の大成者であり、栄西は他の方面、自力的、現実的傾向の大成者である。かように考えて来ると道元が道をたずねたのも、こうした遁世者の間であったろうと考えることが、妥当であるように思われるのである。

三　栄西と明全

道元は、正統的教団を見捨て、真理を求めて雲遊萍寄していたが、最後に建仁寺明全《みょうぜん》の門を叩いた。かかる径路は一見不自然に見ゆるかも知れぬが、その頃の宗教界の実際からすれば寧ろ自然であり、恐らくは、この頃禅宗に投じた誰もが辿った径路であると思われる。――このことは前章を読んで頂けば、ほぼ理解できると思うので、ここでは再び説明はしないことにする――ところで、道元が明全の門を叩いた頃には、栄西はすでに寂していた。が、彼の家風はその弟子達によって、よく保持されていた。従って道元は、ここで明全より多くの薫陶を受けたことは勿論であるが、どちらかと言えば、寧ろ栄西の残した家風に、より多く感化されている。よって私は先ず、道元の思想、人格に至大の影響を与えたこの栄西の家風に、少しく触れてみようと思う。

栄西の家風

もともと栄西も、道元と同じく真理を憧憬して、正統的な顕密の寺院を見捨て、真理を追求し、且つこれを実践した遁世者である。ところで、前にも一寸記したように、遁世者には大体二つの型があった。即ち消極的に浄土を欣求《ごんく》する者と、積極的に修行によって真理を体得せんとする者と、栄西は後者の立場に立っていた。かような立場にある彼の要求を充分に満足せしむるものが、禅宗を除いて外にないことを知ったとき、彼は禅宗に投じたのであった。かくて禅の修得によって彼の思想も実践も著しく深められた。従って彼の禅は、従来しばしば指摘されているように、形式的に純粋の禅宗という点よりすれば、かなり距離のあるものとしても、禅の目標とする真理の体得という実質的な、内容的な点よりすれば、日本禅宗史上、道元とともに双璧と称するに値するであろう。今しばらく彼の人格をその言行に就いて見ることとする。

衆僧各所用の衣糧等のこと、予が与ふると思ふことなかれ。みなこれ諸天の供するところなり。われは取次ぎ人に当りたるばかりなり。また各各一期の命分具足す。奔走することなかれ。わが恩と思ふことなかれ。—随聞記—

人の供養を得て喜ぶは仏制に違ふ。喜ばざるは檀越の心に違ふ。この故実用心は、われに供養するに非ず、三宝に供養するなり。かるがゆへ《ママ》にかの返事には、この供養は三宝定めて納受有るべしと言ふべきなり。—随聞記—

またあるとき弟子達が、この建仁寺の敷地は川原に近接しているから将来水害を受ける危険がある。今の中に移されたらばどうか、と言ったのに答えて、彼は

わが寺の後代の亡失、これを思ふべからず。西天の祇園精舎も礎石ばかり留まれり。しかあれども寺院建立の功徳失すべからず。また当時一年半年の行道、その功徳莫大なるべし。—随聞記—

といっている。その真理の体得に対する用意の周到さと、真理に対する信念の鞏固さを思わしめるではないか。進んでこの用意、この信念を如何に体得していたかを見てみよう。

建仁寺での出来ごとである。当時まだ栄西の立場に理解を有する者も少く、また彼自身、権勢におもねることを敢えてしなかったので、ひどく貧乏していた。従って家財道具をすら売り払って、修道者達の食糧に充てていた。しかしなおそれでも追いつかず、絶食を余儀なくされることしばしばであった。その頃のことである。ある

日一人の男が突然訪ねて来て、「この二三《にさん》日何にも食べませんので私は勿論、妻も子供も餓死しようとしています。どうかお助け下さい」と懇願した。しかし寺中探しても金子や穀物は勿論のこと、金に代ぅべき家財道具何一つないので、さすがの栄西もほとほと困却した。どうしたらいいだろう。何かないだろうか。と、思案していると、ふと薬師の仏像を作るために買ってある銅の延べ板のあることを思い出した。彼はすぐに立ち上って無造作にそれを取りあげ、自らその延べ板を打ち折り束ねてその男に与え、「早速持ち帰って餓えを凌いだらよかろう」と与えてやった。施しを受けた男は大喜びで帰って行ったが、納らないのは弟子達である。他の物ならともかく、自分達が朝夕礼拝する仏の像を作る材料を、施すとは余りだと思ったので、「仏像を作る材料を人に施すのは、とりも直さず仏物を私用に供することで、戒律に背きはしませぬか」と、なかば詰問するような態度で質疑した。その時言下に栄西は訓誡した。

誠に然り。ただし仏意を思ふに、仏は身肉手足を割きて衆生に施せり。現に餓死すべき衆生には、たとひ仏の全体を以て与ふることも仏意にかなふべし。われはこの罪によりて悪趣に堕すべくとも、ただ衆生の飢へを救ふべし。　―随聞記―

と誡めた。

　またこんなこともあった。ある信者が彼を招いて法要を行いその御礼に絹一疋を贈った。これで修道者達の明朝のお粥の代が出来たと思って彼は、人にも持たせず大切に自分の懐の中にしまって、大急ぎで寺に帰り、早速会計の係のものに与えて、これを金子に代えて米を買って来いと命じた。丁度その時一人の男が彼の許を訪ねて、「突然困ったことが起ったので至急絹二三《にさん》疋入用です。もしあったら少しでもいいから用立てて下さい」、と絹を所望した。そこで、先刻あれほど喜んで持ち帰り、そしてすでに係のものに渡した絹であったにもかかわらず、彼は如何にも無造作に、あたりまえの事ででもあるかのように、係の者から取り戻して、あっさりその男に与えてしまった。修行者たちは、明朝こそはこれでお粥が食べられると、ひそかに期待していた矢先のことではあるし、ひどく失望した。それに相手が餓えに瀕しているとでもいうのならとにかく、ただ単に困っていると言うに過ぎないのに、と失望はいつしか不満とさえなった。早くも、かかる修道者達の不満を見て取った栄西は、諄々と次のように、真理の体得を志す者の心得を説いた。

各各は僻事とこそ思はるらん。しかれどもわが思はくは、衆僧は面々仏道の志ありて集れり。一日絶食して餓死するとも苦しかるべからず、世に交れる人のさしあたりて事欠ける苦悩を助けたらんは、各各の為にも利益すぐれたるべし。―随聞記―

栄西は彼自らの著述が少く、従って彼の伝記は、彼と反対の立場にある人々の彼に対する印象を、重要な資料としている。そのために彼の真意は誤り伝えられている場合が少くない。その一例をあぐれば、彼は建暦三年（一二一三）僧正に任ぜられているが、当時の正統派の人々はこれを、彼の野心を満足するための運動によるとしている。かかる立場にある正統派の人々の言葉をそのまま受け容れて、栄西の心意を陋劣なりとする人も現在少くないようであるが、上に述べたような栄西の綿密な行持《ぎょうじ》を識る私は、これを正統派の人々の誤解にすぎぬと断言して差支えないと思う。そして無住が、

故建仁寺の本願僧正戒律を学し、威儀を守り、天台、真言、禅門いづれも学し行し給ひ、念仏をも人に勧められけり。遁世の身ながら僧正になり給ひけることは、遁世の人をば非人とて、いふ甲斐なく名僧の思ひたる故に、仏法のためと思ひ給ふて、名聞《みょうもん》にはあらず、遁世の光を消たじとなり。おほかたは、三衣一鉢を持し、乞《こつ》食頭陀《じきづだ》を行ずるこそ、仏弟子の本分にて侍れ、釈尊すでにその跡を残す。釈子として本師の風に背かんや。さるままに名僧の振舞大に仏弟子の義に背けり。然れども末代の人の心、乞食法師とて、いふ甲斐なく思ひ、仏法も軽しむることを悲しみて、僧正となり出仕有りければ世もて軽くせず。菩薩の行は時に従ふ。定まる方な

し。これ即ち格にかかはらぬ振舞なり。—沙石集—
と記しているように、遁世者の権威を社会的に確立するという希望にもとづいているとするのが、正しいと思う。この遁世者の権威の確立ということは、生涯彼の念頭を去らなかった問題であった。彼は、余命いくばくもないことを知ったとき、京都で臨終の時を迎えたいと云って、周囲の人々の留めるのもきかず上京した。そのときの栄西の心境を無住はまた次のように記している。

さてかの僧正鎌倉の大臣殿に暇申して京に上り、臨終仕らんと申し給ひければ、御年長けて御上洛煩はしく侍り、いづくにても御臨終あれかし、と仰せられけれども、遁世ひじりを世間に賤しく、思あひて候ときに往生して、京童べに見せ候はん、とて上洛して年号は覚悟し侍らず、六月晦日説戒に最後の説戒の由ありけり。七月四日明日終るべき由披露し、説法目出たくし給ひけり。人々最後の遺戒《ゆゐかい》と哀れに思へり。次の日勅使立ちたりけるに今日入滅すべき由申さる。門徒の僧どもは、よしなき披露かなと、あやぶみ思ひけるほどに、其日中倚座《いざ》に坐して、安然として化《け》し給ひけり。勅使道にて紫雲の立つを見けり。—沙石集—

真理の聖職に最後まで奮闘した彼の姿を髣髴せしめ得るであろう。聖者の用心は、凡俗の邪推とはかなり距りのあるものである。かようにすぐれた真理の体得者の遺風の、そのままに保持されている道場に学ぶことを得たのは、道元の最も喜びとしたところであり、従ってまた彼の思想に大きな影響をもたらしたものであった。

正師明全

道元が栄西の法嗣《はっす》、明全《みょうぜん》の門に投じ、明全を参学の師と仰いだものは建保五年（一二一七）即ち十八歳の年の八月二十五日のことである。十五歳叡山を見すてて四年間、諸方を訪ね道を修しての後のことである。この時明全は三十四歳であった。彼は明全のことを次のように記している。

因みに建仁の全公をみる。相随ふこと霜華速かに九廻を経たり。いささか臨済の家風を聴く。全公は祖師西和尚の上足として、独り無上の仏法を正伝せり。敢て余輩の並ぶべきにあらず。——弁道話——

はじめてここに、正師と仰ぐに足る人物を見出したのである。叡山にのぼってからこの時まで六年の歳月を経過している。多年の宿望を達することを得た道元の喜び、察すべきである。

明全は八歳のとき両親の許を離れて、仏法修業のため叡山にのぼった。十六歳にして初めて得度、最初首楞厳院にあって明融阿闍梨の指導を受け、尋《つ》いで各地に学者を訪ねて、主として顕密諸宗の研究に従ったのであるが、その頃の顕密諸宗の方法では、仏法の真髄に触ることの困難であることを知った彼は、去って栄西の門に投じ、栄西門下の俊才として重きをなしていた。貞応二年（一二二三）二月二十二日、彼はそのとき四十歳であったが道元とともに支那に渡って、最初明州の景福寺に入って堂頭《どうちょう》妙雲の教えを受け、尋いで天童山の了然《りょうねん》寮に入って、ここで堂頭無際了派、天童如浄《にょじょう》等の指導を受けること三年、嘉禄元年（一二二五）五月二十七日、四十二歳を一期として天童山で円寂している。

道元が明全に師事した時、明全は三十四歳で漸く油ののった頃、それから明全が示寂した四十二歳まで師事しているので、この間足かけ九年間である。この九年間は道元にすれば十八歳から二十六歳まで、彼の思想の躍進的展開を示した期間である。しかも道元は明全の人格に傾倒していたようであるからその影響はかなり大きいものであったろう。のみならず道元の敬慕措かなかった栄西の宗風が、彼によって解説されていること、また道元が支那に渡って如浄に師事するに至ったこと等には、かなり重要な関係をもったであろうことなど考えるとき、明全の道元に与えた影響は、恐らくわれわれの想像以上であろうけれども、今日道元と明全の関係を明らかにする文献が極めて少く、また明全の家風を察すべき史料も乏しいことは、遺憾千万である。ただ道元の残した記録の中に彼の家風の片鱗を窺うに足る一つの挿話がある。

それは明全が、支那に渡ろうと準備していたときの出来ごとである。明全が叡山でながく師事していた明融阿闍梨が病にかかり、危篤の状態に陥った。驚いて見舞にかけつけた明全に、明融阿闍梨は合掌して頼むのであった。

われすでに老病起り、死去せんこと近きにあり。今度しばらく入宋をとどまり給ひて、わが老病を扶けて冥路を弔ひて、しかして死去の後、その本意を遂げらるべし。

事は重大である。現代のように交通の便利である時代ならともかく、交通の不便なその頃のこと、一度便船に乗りそこなえば、永久に支那に渡ることは困難であるかも知れぬ。即答をさけて建仁寺に帰り、弟子法類を集めて、このことを一同に諮った。

われ幼少のとき両親の家を出《い》でてより後、この師の養育を蒙りていま成長せり。その養育の恩最も重し。また出世の法門、大小権実《ごんじつ》の教文、因果を弁へ、是非を知りて、同輩にも超え、名誉を得たること、また仏法の道理を知りて、いま入宋求法の志を起すまでも、偏へにこの師の恩にあらずといふことなし。しかるに今年すでに老極して、重病の床に臥したまへり。余命存じがたし、再会期すべきにあらず。故に、あながちにこれを止め給ふ師の命も背きがたし。今身命をかへりみず入宋求法するも、菩薩の大悲利生のためなり。師の命に背きて宋土に行かん道理ありや否や、各各の思はるるところを述べらるべし。

恩師を思う至情、真理を慕ふ熱情、思うべきである。そのとき弟子達も法類も口を揃えて、

今年の入宋は思ひとどまらるべし。師の老病死すでに極まれり、死去決定せり。今年ばかりとどまりて明年入宋あらば、師の命を背かず、重恩を忘れず、いま一年半年入宋遅きとて何の妨げかあらん。師弟の本意相違せず、入宋の本意も如意なるべし。

と、折衷案をもち出した。そのとき道元は末輩ではあったが、この折衷案に、そのままでは同意しかねたので、

仏法の悟り今はさてかうこそありなんと思召さるる儀ならば、おとどまり然あるべし。

結局仏法の真髄はこんなものだとお解りになっているのなら、中止なされた方が宜しいでしょう、というのである。明全の答、

然かあるなり、仏法修行はこれほどにてありなん。始終かくのごとくならば、すなはち出離得度たらんかと存ず。

まだ真髄を会得したわけではないが、このままに修行をつづけて行けば、会得し得ると思う、というのである。そこで道元は、

その儀ならばおとどまりありて然あるべし。

と答えた。門弟法類たちの意見は誰人も承認するであろう。それだけに世俗的の見解で、真理を憧憬する修道者の立場ではない。道元の意見は、修道者の見解として尤もであると肯ける。さて一同の意見を聴き終って、徐ろに明全は自分の見解を発表した。

各各の評議、いずれもとどまるべき道理ばかりなり。われが所存はしかあらず、今度とどまりたりとも、決定死ぬべき人ならば、それによつて命を保つべきにもあらず。またわれとどまりて看病外護せしによりたりとて、苦痛も止むべからず。また最後にわれ扱ひすすめしによりて、生死を離るべき道理にもあらず。ただ一旦命に随ひて、師の心を慰むるばかりなり。これすなはち出離得度のためには一切無用なり、錯《あやま》りてわが求法の志をさえ《ママ》しめられれば、罪業の因縁ともなりぬべし。然あるにもし入宋求法の志を遂げて、一分の悟りをも開きたらば、一人有漏《うろ》の迷情に背くとも、多人得道の因縁となりぬべし。この功徳もしすぐれば、すなはちこれ師の恩をも報じつべし。たとい《ママ》また渡海の間に死し本意を遂げずとも、求法の願を以て死せば、生生の願尽きるべからず。玄奘三蔵の跡を思ふべし。一人のために失ひ易き時を過さんこと、仏意にかなふべからず。故に今度の

入宋一向思ひ切り畢りぬ。 ―随聞記―

と言って、反対を押し切って支那に渡った。真理を体得せんとする灼くが如きこの熱情、ここに栄西が明全に希望を嘱していた理由も、道元が彼をよぶに正師、又は先師の敬称を以てした理由も、なるほどと肯けるであろう。

四　禅林の展望

道元の渡った頃の支那の禅林は、一般的に見ればすでに堕落していた。ここで暫く支那の禅林は、どんな発達を遂げて来たかを一応観察して見よう。道元の渡った頃の支那の王朝は南宋で、その前が北宋、更に溯れば唐である。

唐代の禅林

この唐代に、支那の禅林ははじめて独立した。それまでは律宗の寺院の一つの別院として、律宗寺院の一隅に寄生していた。したがってその生活の様式も多く律宗寺院の束縛を受けて、修道の道場としての機能を充分に発揮することが出来なかった。かような状態から禅林を解放し、独立せしめたのは百丈懐海《えかい》である。

百丈大智禅師は、禅宗の初、多く律寺に居りて、別院に列すといへども、しかも説法住持に於いて、いまだ規度に合せざるの故を以て、常に介懐す。わが宗とするところは、大小乗にかかはるにあらず、大小乗に異るにあらず、常に博約折衷して、制範を設け、その宜しきを務む。―古清規序―

初期の禅者たちが、律宗寺院の寄生生活に不満を感じているさまが窺われる。かような不満が百丈懐海の努力に至って解消することとなった。いよいよ独立してみると、新しく修道生活の規範を作る必要があった。かようにして出来た規範が所謂百丈清規《しんぎ》というものであるが、この規範を制定するとき、その大綱は、大乗律、小乗律に依拠したが、何も拘泥したわけではなかった。当時の禅林は、徹底した坐禅の道場であったので、坐禅本位であり、伽藍の形式、職位の種類等にも、こうした精神がよくあらわれている。まず伽藍について見れば、

長老すなはち化主《けしゅ》なれば、すなはち方丈に処す。浄名の室に同じく、私寝の室にあらず、仏殿を建てず、ただ法堂《はつとう》を建つるは、仏祖の親嘱受を表する当代を尊しとなすなり、集まるところの学衆多少となく高下となく、ことごとく僧堂中に入れ、夏次に従つて安排す。長連床《ちやうれんじやう》を設けて施架を施し、道具を掛搭《かた》す。—古清規序—

長老すなわち指導者の居住する住宅として方丈、長老は釈尊の法をそのままに継承しているのであるが、その長老の説法をする所としての法堂、修行者を収容して坐禅をさせる道場としての僧堂、この三つが基本的な建物であった。更にこの以前に溯れば僧堂だけで、僧堂から長老の住宅としての方丈、長老の説法の道場としての法堂は分化したものである。したがって百丈のころまでは、僧堂の他に方丈を設けたもの、又は法堂を設けたもの、或はこの両者を有《も》ったもの等雑然としていたのを、百丈のとき禅林を独立させるとともにこの三つを禅林として闕《か》ぐべからざる基本的な建物として規定したのである。この場合祈禱の道場としての仏殿が、基本的建物の中には入っていないことは注目に値いすることである。このことは当時禅林の行業として坐禅が全部であって、祈禱など全く問題にされていなかったことを示すものである。次に職位についてみれば、

凡そ道眼を具する者にして、尊ぶべきの徳あるを、号して長老といふ。西域道高く、臘長じて須菩提等と呼ぶの謂ひなり。十務を置き、これを寮舎といひ、つねに首領一人を用ひて多人を管す。事を営むには、各各その局をつかさどらしむるなり。—古清規序—

禅に深い造詣を有するとともに、高潔なる人格を有する者を仰いで長老、すなわち禅林の指導者として、その下に十務すなわち十人の役人を置いた。十務の名称は現在知る由もないが、恐らくは、五知事、五頭首《ちょうしゅ》の原型で

あろうと思う。知事と云うのは直接坐禅に関係の少い、主として経済方面を担当するもので、頭首というのは、直接坐禅と関係の多い仕事、つまり修道方面を担当するものをいうのである。そして五知事とは、寺院経済の主任としての監寺《かんす》、副主任としての副寺《ふうす》、人事、法式の主任としての維那《いの》、食事の主任としての典座《てんぞ》、土木の主任としての直歳《しっすい》であり、五頭首とは、修道者の主任としての首座《しゅそ》、文翰の主任である書記、経蔵の主任である蔵主《ぞうす》、接賓の主任である知客《しか》、浴場の主任である浴主《よくす》である。かような役目の原型が、百丈懐海のころにすでに出来上っていたのを、百丈懐海が十務を規定して、禅林に必ず設くべき役目としたのである。この役目の原始的な型式は、真理の体得者である長老を中心として集った修道者が、交代で雑務に服していた程度のもので、それが次第に分化し、制度化して、十務の形となったものと思われる。

日常生活に就いて見れば、後世の禅林のように煩瑣な規則によって、その生活を制限さるることなく、明朗な修道生活が羨しくなる位であるが、しかし明朗は必ずしも放縦と同義語ではない。そのことは次の罰則を見ればよく解るであろう。

> 号を仮り、形を盗み、清衆に混じて、別して喧擾のことを致すあらば、本位の掛搭《かた》を抽下し、擯して出院せしむ。清衆を安んずるを貴ぶためなり。或いは彼犯すところあらば、即ち拄杖《じゅぢゃう》を以つてこれを杖し、衆を集めて衣鉢道具を焼き、偏門より追逐して出すは恥辱を示さんがためなり。この一条の制を詳らかにするに四益あり、一つには清衆を汚さず、恭信を生ずるが故に、二つには僧形を毀たず、仏制に従ふが故に、三つには公門を乱さず、獄訟を省するが故に、四つには外に洩さず、宗綱を護るが故に。―古清規序―

修道者の修道生活をみだしたものは、その罪の軽い場合は、その禅林の修道者としての地位を剥奪して、禅林から退出することを命ずる程度であるが、その罪の重い場合には、拄杖で打擲《ちょうちゃく》し、更に修道者を集めて、犯罪者の所持品一切を焼却せしめ、犯罪者は裏門から放逐するのである。その他日常生活についてみれば、臥すときは必ず斜、床脣を枕にす、右脇吉祥睡するは、その坐禅すでに久しきを以ってほぼ偃息《えんそく》するのみ、四威儀を具するなり。入室請益《しんえき》を除いては、学者の勤怠に任す。あるひは上、あるひは下、常準にかかはらざれ、斎粥二時均遍するは、節倹を務め、法食双運を表するなり。普請《ふしん》法を行ずるは上下力を均うするなり。―古清規序―

修道第一主義というよりも、むしろ修道唯一主義の面目、躍如としているではないか。清貧生活の高調、修道生活のあるところ必ず清貧の生活がある。普請は一切の労働をいうのであるが、かかる労働生活の行われているところにも、原始禅林生活が偲ばれる。自給自足の経済とは言い得ないまでも、生活資料の一部を自給していたことは、想像に難くないであろう。

要するに、百丈懐海の制定した禅林の規則は、すでに原始禅林の生活とは可なりの距離のあるものではあるが、しかし、修道の精神の横溢した真理体得の道場であることは、充分に認められる。後世の修道者の憧憬の的となったのも、尤もと肯けるであろう。

北宋の禅林

しかし北宋の時代となると、百丈の禅林の型は大分崩れて来る。すでに北宋時代の劈頭に法眼文益《ほうげんぶんえき》によると次のような弊風があらわれていた。

一、自己の心地未だ明らかならずして、人の師となる。

二、門風を党護し、議論を通ぜず。

三、学令提綱血脈を知らず。

四、対答の時節を観せず、兼ねて宗眼なし。

五、理事相違触浄を分たず。
六、淘汰を経ず、古今の言句を憶断す。
七、露布を記持して、時に臨んで妙用を解せず。
八、教典に通ぜずしてみだりに引証あり。
九、声律に関せず、理道に達せず、好んで歌頌を作る。
十、己の短を護り、好んで勝負を争う。

多くの弊風があらわれているが、中にも長老にして真理を体得していない者があること、分派が生じて、自己の所属する分派の立場を固執して論議を許さないこと、等の弊風がすでにあらわれているのは注目に値する。しかし、これも唐代のそれと比較しての話で、勿論南宋以後の禅林との比較ではない。事実南宋以後のそれと比較すると、格段の純粋さをもっていた。それは、この時代の禅林の生活規範の中で、圧倒的影響力をもっていた禅苑清規を、この以後の清規と比較するだけでも明らかである。今しばらく、この禅苑清規を中心として、この時代の禅林の生活に触れて見る。

先ず禅林の経済について述べてみよう。一般に寺院経済の特質は、檀信の支持の上に立っている点にあるが、その方法は時代によって、宗派によって異って来る。禅宗は、貴族仏教と自他ともに認めて居り、その経済も主として貴族に依存していたように考えられているが、必ずしもそうではない。特に、原始禅林時代の禅林経済は、貴族との依存関係は、極めて薄いもののようである。前に百丈懐海の禅林規範を述べたときに普請のことに触れたが、この普請は後世には、労働は労働でも主として非生産的の労働、たとえば寺院内外の掃除というような、非常に限定された意味に用いられているが、しかし原始禅林の普請には、――これは今後なお研究を要する問題ではあるが――生産労働が、かなり重大な地位にあったもののようである。

ところで北宋時代にもなお禅林は土地を所有していた。しかしながらそれ等の寺有地は、後世のそれのように、広大な面積に亙ったものではなく、従って農民に小作をさせて年貢をとるのでもなかった。土地の主任である荘主は、修道者——ときには人夫——を指揮して、米麦や菜種の耕作に当り、疏菜園の主任格の園頭《えんじゅ》は、自ら野菜を栽培していた。修道者たちによって作られた米、菜種は、再び修行者たちによって禅林内の精米所で精白され、製油所で搾油された。かようにして米は修行者たちの主食に、野菜は副食に、菜種油は灯油として用いられたのである。しかしこの自給自足の生活は、すでにこの時代のそれのような大規模な禅林では、不可能であったようである。芙蓉道楷の伝に、彼があるとき修業者に、次のようなことを話したと記されている。

それ出家するは、塵労を厭ひ生死を脱するを求めんがためなり。山僧行業取ることなくして、忝《かたじけな》くも山門に主たり。豈《あに》ゐながら常住を費し、先聖の付嘱を忘るべけんや。今すなはち古人住持の体例に倣はんと欲す。諸人と議定して更に山を下らず、斎に赴かず、化主《けしゅ》を発せず、ただこれ本院の荘課、一歳の所得、均しく三百六十分となし、日に一分を取つてこれを用ふ。更に人に随つて添減せず、以て飯に備ふべくんば即ち飯となし、飯となすに足らざるときは即ち粥となし、粥となして足らざるときは、即ち米湯となす。新到の相見茶湯のみ、更に煎点せず。ただ一つの茶堂を置く、自ら去つて受用せよ。務めて縁を省いて弁道せんことを要す。

本院の荘課一歳の所得というのは、恐らく修道者の一年間の労働によって生産された食料品を指しているのであろう。全食料品を三百六十分して、毎日その一分で生活して行こうというのである。お粥というのは調法なもので、水加減一つで随分淡くなるので、少しの米で済むのであるが、そのお粥の最も淡いものよりもなお多く水加減すると、すなわち米湯になる。ことここに至れば、すでに飯でもなければ粥でもなく、ただ米のは入《い》っている湯にすぎないのである。この挿話は自給自足の経済か、それに近い生活をすることは、なかなか容易でなかったことを示すものとして、興味ある資料である。しかしかようなことは、芙蓉道楷のようなすぐれた真理の体得者を、長老と仰ぐ禅林に於いてのみ可能なことで、当時の多くの禅林では、篤志家の寄附によって、その不足を補っていた。この篤志家に寄附を求めるという方法は、すでにインドに於いても見られるので、すでに釈尊の在世の頃に於いて、寺院の附近を毎日修行者が托鉢して、それによって彼等の生活を維持していた。しかし寺院が民衆の信頼に値するような長老を失い、一方宏壮な建物と、多数の修行者を残さるるに至れば、寺院附近の人々は修行者の托鉢を嫌忌し、またそうでなくても僅かな托鉢に頼っては、寺院の維持が困難になる。ここに寺院当局は、より広い範囲に、零細な喜捨でなく、まとまった寄附を求める必要が起って来たのである。禅林に於いても、この広い範囲に寄附を集めると云う方法が行われていた。その起原は明らかでないが、とにかく、北宋の時代に行われていたことは確実である。この寄附を集める役目の人を化主《けしゅ》というのであるが、この化主は随時に派遣するのであって、この化主の選任には、かなり苦心の跡が見える。化主は遠隔の地に出向いて、禅林の立場を話し、その経済的窮境を語って寄附金を集め、それを浪費することなく、そのまま禅林まで持ち帰って、会計係に渡さねばならぬので、禅林、及び寄附募集地域の事情に通じ、社交に巧みで、しかも清廉潔白であるという条件が揃わねばならぬ。そこで、まず禅林にながくいるものの中から、寄附募集地域の出身者、あるいは縁故者をつのり、それを化主に任ずるのであるが、この化主の任命の儀式なども、なかなか厳かに行われていた。次に寄附募集についての、専門的教育を行うのである。また一方、随行者をも撰択するのであるが、その撰択の標準は、寄附募集の経験ある者、または小心にして悪事をなし得ない者、というのであった。そこで化主はその随行者とともに、寄附を集めて歩くのであるが、その場合、寄附はあくまで先方の自由意志に任せ、寄附を強制するようなことはしなかった。化主は命を受けた土地の募集を終えると、禅林に帰るのであるが、その場合、特に収支を明確にすることが要求されている。それは、如何に道心堅固な修道者でも、大金を扱うようになると、その一部を私するというような弊害が少くなかったからである。

檀門の信施《しんせ》はもと福田の造業たり。愚夫はすなわち己の物に同うし、或いは酒食の費に蕩し、或いは蓄へて衣鉢の資となし、あるひは度牒師名を買ひ、あるいは小師の披剃に与ふ。—禅苑清規—

眼前の奢侈生活の費用に充て、或いは将来の富貴栄達のための資金とする、というようなことが少からず行われていた。その生活の、かなり厳粛に保たれていたその頃の禅林にしても、金銭の出納に関係する修道者の間には、かような弊風があらわれていることを考えるとき、名利の欲望を離れることが、如何に困難であるか、また何故に長老たちが口を酸くして、名利の欲を離れよ、と絶えず訓誡する必要があったかが、明らかとなるであろう。さて化主はその使命を終れば禅林内に帰って、一修行者として坐禅に精進することになる。したがって化主を通じて、社会の悪風が禅林に持ち込まれたことも少くなかった。また化主を派遣して、各地の富豪の寄附を受けるというところに、禅林——それは修行の道場である——に祈禱の道場としての要素を、添加する必要も生じたのである。かく考えるときに、原始禅林にみる自給経済への努力と、清貧生活の高調は、単に禅林のみでなく、修道者の団体に於いては、常に反省すべき問題であることが考えられる。ところでかような弊害は、化主の派遣のもたらすものであることは、禅林の当局者には充分わかっていても、禅林の経済を維持するためには、どうしてもその派遣を止むるわけには行かなかった。ここに、修道者の道場としての禅林のもつ悩みがあった。当局者の苦心、前に述べたような化主の選任の場合の諸注意、儀式の厳粛さ等によって、この職務の神聖性を高調したことも、それによって化主の道心を激発して、その弊害を少しでも減少せしめようとする用意に基づくものに外ならない。

化主と同じように寄附を集める役目に街坊《がいぼう》というのがある。化主の募集した金が、禅林の一般経済に繰り入れられるのに対して、街坊の集めた財物は特殊の用途に充てられている。例えば粥街坊と云うのは修行者の朝の粥に用うる米を、米麦街坊と云うのは昼の食事に用うる米麦を、以下それぞれの用途に充つるため菜街坊は野菜を、醤街坊は醤油を、炭頭《たんじゅ》は炭を、灯頭《とうじゅ》は灯油、若しくはそれ等を購うに要する費用を、華厳頭《けごんじゅ》、般若頭《はんにゃじゅ》、弥陀頭《みだじゅ》等は、それ等の法要に要する費用を、鐘頭《しょうじゅ》は鐘の鋳造費用一切を担当した。なお驚くべきことは、禅林の病院長格の延寿堂主《えんじゅどうしゅ》は、病院内に用うる食料品はもとより、薬品、薪炭等の一切の費用を、責任を以って集めねばならないのであった。

かように北宋に入ってからの禅林が自給経済から次第に遠のいて、その支持を民衆に俟つに至ったことは、禅林と民衆との接近に役立った。しかし、その結果は経済的支持者としての信者の歓心を求めることを必要とするに至ったのであった。

常に修行を念ひ、王臣荷戴の恩、施主供給の恩、父母養育の恩、師長教導の恩に報答せよ。―禅苑清規―

施主供給の恩の位置に注意すべきである。同じようなことは、信者に対する接客主任の態度の中にも見出される。

賓客の相看《しやうかん》、すべからく恭謹なるべし。みだりに無益のことを談ずることなかれ。常にすべからく如実に主人、知事、頭首《ちやうしゆ》、ならびに大衆の美事を讃歎し、人をして善を生ぜしむべし。家醜を外に揚ぐることを得ざれ。―禅苑清規―

しかしこの時代の禅林に於いては、信者は要するに修道の擁護者としての地位にあったので、従って禅林が祈禱に多くの時間をさいて、修道を粗かにするという傾向はまだ現れていない。

この時代に出来た禅苑清規は、道元に大きな影響を及ぼしているが、しかしその場合道元は、その美点のみを摂り入れて、欠点は全く清算してしまっていることは、最もわれわれの注意を引くところである。なおこの事については後で述べることとする。

南宋の禅林

北宋に入って禅林の修道生活は、かなりの堕落は示しているが、なお依然として、修道が彼等の生活の中心をなして居た。しかるに南宋に入ると、禅林生活の中心は「修道」であると断定し得ない状態になって来るのである。この時代で特に注目すべきことは、禅林と貴族との交渉が密接になったことである。例えば朝廷に於いて、高宗は原道論を著して、禅に対する意見を発表しているように、禅に対する造詣と信仰とをもっていた。上の好むところ下これに習う、というような具合で、貴族の参禅する者も極めて多かった。貴族の信仰が旺んになるとともに、禅林の経済的基礎は確立し、また禅林に投ずる僧侶も多く、一つの寺院に、普通五六百人から千人位の僧侶が居り、中には二千人にも達するほどのところもあった。その他、寺院の雑務に服する寺男もいたのであるから、当時の禅林は、実に尨大な規模をもっていたのである。従って北宋禅林にみた寄附金募集は、今はその必要すらなくなったのである。

山門或ひは化主を四方に遣すことあり、或ひは僧、或ひは行《あん》、宜しく共に紹続すべし。

これが、前代の禅苑清規に仰々しく説かれている化主について、この時代の校定清規の記すところである。或いは化を四方に遣すことあり、この文勢の弱さ、ここに、すでに化主の必要のなくなっている事実を読みとることが出来るのである。

前代の化主の位置に当るものは、この時代では荘主である。この荘主は前代の荘主とは異って、前代のそれが修行者たちの先頭に立って、自ら鋤、鍬をとって耕していたのに対し、この時代の荘主は、尨大なる禅林の所有地から年貢を収納する総元締である。この尨大なる禅林の所有地からの年貢が、この頃の財源の大宗であった。校定清規に、綿密な規定を以って荘主に対して取締っている理由も、ここにあるのであろう。

僧の曰く、唐土の寺院には、定りて僧祇物あり、常住物ありて置かれたれば、僧のために行道《ぎやうだう》の資縁となりてその煩ひなし。この国はこの儀なければ、一向捨棄せられては、中中行道の違乱とやならん。かくの如くの衣食資縁を、思ひ充ててあらばよしと覚ゆ。いかん。―随聞記―

道元に対するその弟子の質問の一節である。支那の禅林に尨大な土地を所有していたことは、日本の禅林の一部に於いて、羨望されていたことを知ることが出来る。ところでそれ等の土地は、多く貴族の寄進によるもので、そのために禅林は富み、僧侶たちは経済的に余裕のある生活が出来るようになった。しかし修道者が経済的に余裕を生ずれば如何なる結果をもたらすものであろうか。彼等は粗衣粗食に満足しなくなり、緋の衣や、紫の衣を欲しがり、米も特等米でなければ、というようになり、遂には、富貴栄達を最大の関心事とするようになるのである。南宋の禅林の大勢は実にかようなものになっていた。そこに、道元は師明全とともに渡って行ったのである。

五　禅林の遍歴

道元は貞応二年（一二二三）二月二十二日、師明全とともに建仁寺を辞して、筑前博多に向った。いうまでもなく博多は、当時支那に行く船の抜錨するところであった。ときに彼は二十四歳である。幸い大して待たないで、すでに三月の下旬には商船に便乗し、早くも四月の初旬明州に着くことが出来た。このときの航海は、かなりの離航であり、しかも疫病に侵されて随分困ったらしい。後年彼は、

そのかみ入宋の時、船中にて痢病せしに、悪風出で来て船中騒ぎける時、病忘れて止りぬ。—随聞記—

と述懐している。

禅林の美風

その年五月、浙江省慶元府での出来ごとである。そのとき道元は、まだ日本から来た商船に乗っていた。日本の商船が港に着いたのを目がけて、商人たちが交易にやって来た。その中に、椎茸を買いに来ている六十ばかりの老僧を見つけた道元は、憧れの禅林の話を聞こうと思って、早速自室に招じ入れた。道元は先づ、「何処の禅林から来たのですか。」と尋ねた。答えて、「阿育山の典座《てんぞ》です、故郷は西蜀ですが、修行に出《い》でてからすでに四十年、今年はすでに六十一歳です、その間諸方の禅林を歴訪して、先年阿育山の禅林に入り、去年の夏から典座の

役に充てられて、修行者たちの食事の世話をしています。明日は五月の五日、大した御馳走も出来ないのですが、せめて麺汁でも馳走したいと思いました。が困ったことに出汁に使う椎茸がないので、それを求めるために急ぎ出掛けて来たのです。お昼の食事を済ますとすぐ山を出ました。距離は、三十四・五里（日本の六里弱）もありましょう。帰るのは、勿論椎茸を買えばすぐに帰ります。」ここから対話は本調子になるので、原文で記すことにする。

道元「今日期せずして相会し、且は舶裏にありて説話す。豈《あに》好因縁にあらざらんや、道元典坐禅師を供養せん。」

折角お会いしたのであるから、是非御馳走したいから一夜滞在して頂きたいというのである。

典座「不可なり、明日の供養、もしわれ管せずんば、すなはちこれ終らざるなり。」

道元「寺裏なんぞ同事の斎粥を理会するなからんや、典座一位あらずとも、なんの欠闕することあらんや。」

典座「われ老年この職を掌る。すなはち耄及の弁道なり、何ぞ以て他に譲るべけんや。また、来るとき一夜の宿暇を請はず。」

典座は頑固に道元の申し出《い》でを拒絶し、しかも、修行者の食事の世話をするのが修行である。というのである。

道元「座尊年なり、何ぞ坐禅弁道して古人の話頭を看ざる。煩しく典座に充て、ひたすら作務何のよきことかある。」

典座「外つ国の好人、未だ弁道を了得せず、文字を知得せざるあり。」

遂に斬り込まれた道元は、素直に学問とか修行の真意義を質している。

道元「如何なるかこれ文字、如何なるかこれ弁道。」

典座「問処を蹉過せざれば、豈《あに》その人にあらざらんや。」—典座教訓—

しかしこのときは、弁道の真意を理解することは出来なかった、と彼は自ら告白している。言葉を換えて言えば、食事の世話をすることと、真理を体得するということとは、全く反対の立場に立つものとしか、考えられなかったのである。しかしとにかく、支那の土を踏むと早速、こうした事件に遭遇した道元は、真理の王国に辿りついたことのよろこびを感じたことは、事実である。

ついで宋土の禅林を訪問した道元は、噂には聞いていたものの、その規模の大であることに驚いた。一つの禅林に千、二千という多くの修業者たちがいた。それ等の修道者たちは、支那の各地は勿論のこと、支那と多少でも関係をもつ国々、現在の満洲、朝鮮はもとより、わが日本からも少からず出向いていた。そして、それ等の禅林は、建仁寺のように兼修道場ではなく、純粋に禅のみを修行する道場であり、その各々の道場に、人格識見ともに卓越した、真理を体得した長老がいて、後進の指導をしているのも彼には羨しいことだったし、自分もここで本格的の修行が出来ると思うと、身内がぞくぞくするように嬉しかった。従って長老は勿論のこと、先輩、同輩の一挙一動にも細心の注意を払い、疑問があれば納得出来るまでこれを質した。彼等は道元の質問に対して、いつも親切に答えてくれたばかりでなく、進んで彼等の方から積極的に、突込んだ指導をしてくれるのも、異郷に真理を求めている彼にとっては、如何ばかり大きなよろこびであったろう。あるときのこと禅林で、古哲の言行を知ろうとして語録を読んでいると、先輩の一人がこれを見咎めた。

我に問て曰く、語録を見て何の用ぞ、答へて曰く、古人の行履《あんり》を知らん。僧の曰く、何の用ぞ。曰く郷里に帰りて人を化せん。僧の曰く、何の用ぞ。曰く、利生のためなり。僧の曰く、畢竟して何の用ぞ、と。予後にこの理を案ずるに、語録公案等を見て古人の行履をも知り、或ひは迷者のために説き聴かしめん。みなこれ自行化他のために畢竟して無用なり。ひたすら打坐して、大事をあきらめなば、後には一字を知らずとも、他に開示せんに用ひつくすべからず。故に彼の僧、畢竟して何の用ぞ、とは言ひける。これ真実の道理なりと思ひて、その後、語録などを見ることをやめて、一向に打座して大事を明らめ得たり。―随聞記―

こんな調子で、禅林内で長老や、先輩たちによってなされる指導は、機にのぞみ、折にふれて行われ、そしてその方法は、秩序整然として極めて論理的であり、しかも、真理に精進する同志としての愛情があふれているものであった。従って、真理の熱情的な思慕者で、しかも明晰な頭脳の持主であった道元には、その一つ一つが、頭の中へ泌み込んで行った。

これは入宋当初のことであるが、いよいよ坐禅の始まると云うときに、左右の僧たちが袈裟を捧げて合掌恭敬して「大哉解脱服、無相福田衣、披奉如来教、広度諸衆生」の偈を黙誦しているのを、目のあたりに見た道元は、そのときの喜悦を次のように記している。

時に予未だ曽て見ざるの思ひを生じ、歓喜身にあまり、感涙ひそかに落ちて衣襟を浸す。その旨趣は、既往阿含経を披閲せしとき、頂戴袈裟の文を見るといへども、その儀すなはち未だ明らめず。いま目のあたり見る。歓喜随喜し、ひそかに思はく、憐むべく郷土にありしとき、教ふる師匠なし。勤むる善友あらず。幾何かいたづらに過ぐる光陰を惜しまざる。悲しまざらめやは。いまの見聞するところ宿善よろこぶべし。もし徒らに郷間にあらば、いかでか正しく仏衣を相承済用せる僧宝に、隣肩することを得ん。悲喜一方ならず、感涙千万行。

―袈裟功徳―

こうして僧侶の行持が、経典の記載通りに今もなお伝承されているのを目のあたり見る毎に道元ははるばる支那に渡ったことを、どんなにか喜んだことであろう。そして嬉しさのあまり感涙にさえむせぶのであった。万里の波濤を蹴って異郷に真理を求むる修道者の気持が、偲ばれて涙ぐましい気持さえするではないか。こうして一日一日は有意義に明け、有意義に暮れて行った。そして道元の心眼は少しずつ開けて行くのであった。

彼は出家してから一日として、真理の体得ということを念頭から離したことはなかった。このことは、叡山にいたときにも、遁世して雲遊萍寄していた時代にも、また建仁寺の生活に於いても、終始一貫して同様であった。しかし彼は未だ、種々の雑務に服していることの中にも、真理を体得することが出来るということを、充分に理解することはできなかった。

それは、灼きつけるような酷暑のある午後のことであった。道元は天童山の廻廊を歩いていた。ふと仏殿の前庭を見ると、杖にすがりながら笠をもかぶらずせっせと海苔を晒している典座の老僧があった。この炎天に、こんな老僧が、こんなくだらない仕事をと思った彼は、止めさせようと思ってすぐに老僧のところに近づくと、話しかけた、年齢を問うと六十八歳と答えた。

道元「如何んか行者《あんじゃ》、人工《にんく》を使はざる。」

典座「他はこれ我れならず。」

道元「老人家如法、天日且恁熱、如何恁地。」

典座「更に何時をか待たん。」

彼は支那に渡るとすぐ典座から一本つき込まれ、今また一本討ち込まれている。しかし、各々の問答の後に得た深い感銘の中に、かなり大きな思想的の開きのあることを見逃してはならない。

山僧すなはち止め廊を歩く、脚下ひそかにこの職の枢要たるを知る。—典座教訓—

と記している。後日帰朝して興聖寺《こうしょうじ》の禅林を開くと、彼は先づ最初に典座教訓を書いて、修行者たちに示しているが、その理由は、恐らくはここにあるのであろうと思われる。それはとにかくかように、老僧からこんこんと求道者の心境をきかされた道元は、真理の体得は、ただ坐禅のみであると考えていた自分の見解が、また一歩禅の真髄に近づく機縁を得た。

かように宋土の禅林生活は、真理の体得について、彼に新たな知識を供給したのであるが、また一面彼の信念を深める機縁ともなったのである。その最たるものは、道は清貧の中にある、ということであった。名利の巣窟となった正統派の教団を捨て、遁世者の群に投じ、そして栄西門下の明全に師事した道元には、道は清貧にあり、ということは、自ら深く体験したことであり、また信念ですらあったので、それだけに清貧の貴さは、地の何人よりもよく知悉していることであった。

大宋国の叢林には末代なりといへども、学道の人千万人ある中に、或ひは遠方より来り、或ひは郷土より出でたるもあり。いづれも多分は貧なり。しかあれどもいまだ貧を憂ひとせず、たゞ悟道の未だしきことをのみ愁へて、あるひは楼上、あるいは閣下に坐して、考妣《こうひ》に喪するが如くにして、一向に仏道を修するなり。目のあたり見しことは、西川の僧、遠方より来れりし故に、所持のものなし。わづかに墨二三丁もてり、そのあたひ三百文、此の国の両三十文にあたれるを持ちて、唐土の紙の下品なる極めて弱きを買ひとりて、衾《ふすま》、あるひは袴《はかま》などに作りて着ぬれば、起ち居に破るる音して、浅間しきをも顧みず、憂へざるなり。ある人の曰く、なんじ郷里にかへりて、道具装束整へよと。答えて曰く、郷里遠方なり、路次の間に光陰を空ふして、学道の時を失せんことを憂ふと言ひて、なほ更に寒をも愁へずして学道せしなり。—随聞記—

数千の修道者たちの大部分は、清貧の中に修道生活を続けていた。中にも西川から出て来ている一修道者は、余程生活に窮迫していたものと見えて、持ち物とては、ただ筆記するための墨二三本きりであった。あるとき、その着ていた着物が用をなさないまでに、ぼろぼろになったので、その墨を売って得た僅かの金で、安価な従って粗悪な紙の着物を作って着ていた。起居に破れるので、見兼ねた他の修道者たちは、郷里に帰って道具や衣服を調えて来られたら、と勧めたが、遠い所から来ているので往復に日数を要する、貴重な時日を空しくすごすことは勿体ない、と言ってそのままで、寒さをも凌いで修道を続けた、というのである。

往日天童山の書記、道如上座と云ひし人は、官人宰相の子なり。しかれども親族をも遠離し、世利を然らざりしかば、衣服のやつれ破壊したること、目もあてられざりしかども、道徳人に知られて、名巒《らん》大寺の書記とも成られしなり。予あるとき如上座に問て云く、和尚は官人の子息にて富貴の種族なり、何ぞ身にちかづくる物皆下品にして貧窮なるや、如上座答て云く、僧となればなり。—随聞記—

貴族の出であるのに、衣服や所持品があまり貧弱であるので、なぜそんなに貧乏しているか、と質問したら、修道者であるからだ、と答えたというのである。

禅林の弊風

上に述べたように当時の支那の禅林には、原始禅林の俤《おもかげ》がいくつか残っていた。しかし貴族の宗教となり、国家の宗教となっていたので、従って全般的に見れば当時の禅林も貴族化しているものであった。その程度は勿論、日本の顕密諸宗寺院の貴族化ほどではなかったにしても、先哲の語録、伝記にあらわれているような生活とは、余程の距離があったことは事実であった。

建撕記には次のようなことが伝えられている。それは貞応二年（一二二三）五月、明全とともに、道元が最初に天童山景徳寺に学んだときの出来事であった。そのとき寺院の当事者は、外国人だという理由によって、明全、道元二人ともに席次を、他の僧侶たちの末席に置いたのである。道元は時に二十四歳であったが、憤然として当事者に向って詰問した。

釈氏は法臘によつて世齢を用ひず、中華の大禅林の排座如何にしてか、かくの如く顛倒するや。

しかし当事者は冷やかに、

伝えて言ふ、前朝の日本より来れる僧、空海、最澄及び栄西などの如きも、みな中華の叢林に入るときは、新戒に列するこれ旧例なり、今また更に改むべからず。

と一蹴してしまった。先例などと云うものは、不合理を合理らしくみせかけるだけのものである。真理の体得を理想とする禅林には、真理こそ最高の批判者なのである。必ずや自分の力によって、この不合理を匡正して見せる、という意気込みで、道元は寧宗皇帝に上奏文を奉った。その要旨は次のようなものであった。

仏は西天に興りて、毘尼《びに》を以て洪範となす。法東域に流れて僧臘を序して階差を分つ。前古依りしたがふ、今に至りて何ぞ廃せん。伏しておもんみれば皇朝聖哲にして宸慈溥通《ふつう》す。霊山《りやうぜん》の嘱言を願はくは漢庭の奉行を慕ひ、恩を垂れ僧次を質し、授戒の先後過ちなく旨を頒ちて乱階を治め、法歳の短長以て別たれんことを。外客幸ひに天沢に浴す。下情野詞に悉すことあたはず。—建撕記—

しかし、国家としての体面もあることなので、寧宗はその善後策にすっかり困ってしまって、徒らに解決の日を遷延していた。これを手ぬるいと見てとった道元は、更に、第二の上奏文を奉った。

重ねて白す、仏法沙界に偏くして戒光十方を照す。況んや経に曰く、今この三界はみなこれわが有なり。その中の衆生はみなこれわが子なりと。みなこれわが有を以つて言はば、この娑婆世界は釈迦牟尼仏の国土なり。国すでに仏国なれば、人みな仏子なり、兄弟は天倫にして混淆すべからず、伏しておもんみれば、仏法世法これ従ふ、天神地祇は非理を容れず、理にして或いは達せずば恐らくこれ乱邦ならん。賢者は乱邦に居らず、真人は奸慝《とく》を避く、仏家の臘次にしてもし適当ならずんば、王室の憲綱はいづくんぞ明晰となさんや。幸いに中華の整徳を仰ぎ、ここに倭僧の鄙懐を陳ぶ。天裁なんぞ私あらん。謹んで乞ふ、戒次を正し給へ。—建撕記—

かくて寧宗は、遂に天童山に勅して、席次を改定せしめられ、多年の弊風がここに始めて矯正せられたと云うのである。禅林の貴族化の一つの徴候であるところの、階級観念の瀰蔓しているのを、ここに看取することが出来るではないか。

禅林のような修道的な教団に於いては、貴族化することはその生命をさえ制する重大問題である。貴族化の徴候が多少でもあらわるれば、そのことは、直ちにその本質に関係して来るのが、歴史的の事実である。
現在大宋国の諸山に甲刹《かっせつ》の主人とあるもの、坐禅を識らず学せざる多し。明らめ識れるありと雖《いへど》も少し。諸寺にもとより坐禅の時節定まれり。住時より諸僧ともに坐禅するを本分とせり。学者を勧誘するにも坐禅を勧む。しかあれども識れる坐禅人は稀なり。—坐禅箴—

坐禅の形式だけは保存されていたけれども、一流の禅林の長老たちでさえも、ただ習慣として自分も坐禅をし、また人にもすすめていた。しかし坐禅の真髄を会得している者は、暁天の星のように寥々たるものであった。従って、そうした人々によって書かれているところの、坐禅の方法や注意等を記した入門書にも、すぐれたもののある筈がなかった。

古来より近代に至るまで、坐禅銘を記せる老宿一両位あり。坐禅儀を撰せる尊宿一両位あり。坐禅箴を記せる老宿一両位あるなかに、坐禅銘ともにとるべきところなし。坐禅儀いまだその行履《あんり》にくらし、坐禅を知らず、坐禅を単伝せざる輩の記せるところなり。—坐禅箴—

禅林の中心生命であるところの坐禅の、この衰退から、禅林を救うものは何であろうか。それはただ古哲の修道生活によって現実の生活を批判し、その誤れる生活を規正するより他に方法はない。そのためには語録、経典に親しまねばならない。しかるに

大宋国の一二百年の前後に、あらゆる杜撰の臭皮袋曰く、祖師の言句なほ心に置くべからず、況んや経教はながく見るべからず。用ひるべからず、ただ身心をして枯木死灰の如くなるべし。破木杓脱底桶の如くなるべし。かくの如くの輩徒らに外道天魔の流類となれり。用ひるべからざるを求めて用ひる。これによりて、仏祖の法空しく狂癲の法となれり。—仏経—

勿論、語録経典に執着して、理想とする真理体得のための修行を怠るのは宜しくない。しかし、自分の修道の

方法が、邪道に陥っているのを糊塗するために、修行者達をして語録、経典から遠ざからしめ、自らも語録、経典に絶対に眼を閉じることは不都合ではないか。語録、経典に現わるる先哲の言行こそ、すぐれた長老の居ないときに於いては、われわれの行為を批判し、是正する唯一の尺度なのである。道元は、そのかみ、明全の門に投ずるまでの間、つまり良師を得ることの出来なかった時代には、いつでも静かに経典に目を通していたものであった。そうして先哲の言行に親しむことによって、ともすれば邪道に陥ろうとする修道の方向を、規正し得た経験を、彼自ら持っている。こうした、真理の思慕者のみが持ち得る経験の持主である道元にとって、生活のために禅林に入り、富貴栄達のために修行者の指導に当っている長老達の、感激を失った、しかも時と処とを間違えた請売説法には、侮蔑と云うよりも、寧ろ憤懣をさえ感ずるのであった。

問題はこの点、即ち修行者たちが修業のためでなく、自らの富貴栄達のために、禅林に入るというところにあった。彼等にとっては、修道はただ単に中間目標として選んだのにすぎず、終局の目標は常に富貴栄達にあったのである。ここに禍いの根源があった。すなわち修行者たちは、青年から壮年の時代にかけて、修行の名目の下に、さかんに各地の巨山名刹に知識を訪ねて歩き、そしてその度毎に、長老の指導を受けたことの証明として、必ず彼の法語と頂相《ちんそう》すなわち肖像画を請い、将衆法を相続する権利を確保して置くのであった。しかし幸いに、一寺の住持にでもなろうものなら、曽て教えを受けた知識の中に、社会的地位が高くなっている者があれば嗣法し、そうでなければ彼等には見向きもせず、前に一面識はなくとも、また真理の体得者であるか否か、そんなことには全く無頓着に、当時世間で評制の高い長老、もしくは権勢家と密接な関係を持つ長老の門を叩いてその法を嗣ぎ、将来の栄達の準備工作をするのが普通であった。

悲しむべし、末法悪時かくの如くの邪風あることを。かくの如くの輩の中に、未だ曽て一人としても、仏祖の道を夢にも見聞せるあらず。—嗣書—

こうした径路を経て、名山巨刹の住持となった長老たちであってみれば、権勢家の幇間と化して、その歓心を買うことに専念し、真理を土芥の如く足蹴にして、恬として恥を知らないのも無理からぬことではある。

これただ在家人の屎尿を飯食とせんがために、狗子となれる類族なり。或ひは、国王大臣に向ひて曰く、万機の心は、すなはち祖仏の心なり。さらに別心あらずといふ。王臣いまだ正説正法をわきまへず、大悦して師号などを賜ふ。かくの如くの道ある諸僧は調達なり。涕唾をくらはんがために、かくのごとくの小児の狂話あり。啼哭といふべし。七仏の眷属にあらず、魔党畜生なり。いまだ身心学道を知らず参学せず。身心出家を知らず、王臣の法政にくらく、仏祖の大道を夢にも見ざるによりて、かくのごとし。―三十七品菩提分法―

こうした人達の主宰する禅林に、坐禅を真に了解するものは絶無に近く、邪義の所得顔に横行するのは勿論のこと、修道の形式さえも次第に湮滅しつつあった。

大宋の諸山諸寺を見るに、僧侶の楊枝を知れるなく、朝野の貴賤同じく知らず。僧家総て知らざる故に、もし楊枝の法を問着《もんぢやく》すれば、失色して度を失す、憐むべし白法《びやくはふ》の失墜せることを。これを以て推するに、仏祖の大道今陵夷をみるらんこと幾何ぞといふことをしらず。いま、われ等露命を万里の蒼波に惜しまず、異城の山川を渡り凌ぎて、道を訪ふとすれども澆運悲しむべし、幾何の白法か先立ちて滅没しぬらん。惜しむべし、惜しむべし。―洗面―

日本に於いて顕密諸宗の教団が、富貴栄達を目標とする人によって、支配されるようになってから、真面目に真理を思慕する人々はこの教団に背き、新しい天地を求めて飛び出したのであった。勿論道元も、そうした径路を辿った中の一人であることはいうまでもない。当時、清貧の生活に甘んじつつ修行に精進していた建仁寺の新教団に投じたのも、そのためであったし、宋土の禅林に憧れて、万里の波濤を越えて入宋したのも、日本では修道者の生活として、最もすぐれている建仁寺の教団よりも、もっとすぐれた型に接することが、目的であったのである。しかるに実際に見る宋土の禅林は、彼が噂に聞き、夢に描いて憧れていた禅林とは、天地霄壌の差であった。そこには、彼が最も嫌悪して遠のいた顕密諸宗の教団と、同じ雰囲気が瀰蔓していた。そして修道者にとって第一の条件であるところの、名利の欲望さえ捨離していない。それ位ならまだしものこと、まるでそれは、富貴栄達を希求してやまない亡者共の巣窟ではないか。彼は渡宋早々、仏祖の行持の余薫の三、四に接して、祖道ここにあり、と欣喜したのも束の間、その一面空疎な形骸、その形骸すらもが蝕ばまれつつあるのを知って、あれほど大きな期待をもって支那に渡っただけに、彼は憤懣に近い失望を感じて、帰国の決意を固めたのであった。

六　如浄の垂訓

道元は、天童山の無際了派の下に修業すること二年、宝慶元年、すなわち日本の嘉禄元年（一二二五）ここを辞して、まず径山《きんざん》万寿寺の浙翁如琰《せきおうにょたん》、尋《つ》いで台州小翠岩の盤山思卓《ばんざんしたく》等を歴訪した。そして前に述べたような仏祖の余風に接することもあったが、それはむしろ例外で、多くの場合、仏法の衰微していることを見せつけられて、失望するのであった。

近来大宋国に、禅師と称する者多し、仏法の縦横を知らず、見聞いと少し。僅かに臨済雲門の両語を暗誦して、仏法の全道と思へり。仏法若《も》し臨済、雲門の両三語に道尽せられれば、仏法今日に至るべからず、不足言のやからなり。　―見仏―

要するに、真理を体得している者がいなかったのである。すでに支那の禅林に、学ぶところなしと思った道元は、旧師明全に告別するために再び天童山に赴いた。そのとき、無際了派はすでに寂して、長翁如浄《にょじょう》が住持していた。ここで、道元の思想に最も重大な影響を与えた如浄との関係が、はじまることになるが、その前に如浄の宗風を一瞥することにする。

如浄の家風

道元は、如浄の家風を次の如く要約している。

先師は十九歳より郷を離れて師を尋ね、弁道工夫すること、六十五歳に到りてなお不退転なり。帝者に親近せず、帝者に見えず、丞相と親厚ならず、官員と親交ならず。紫衣師号を表辞するのみにあらず、一生斑《まだ》らなる袈裟を搭《たっ》せず。尋常に上堂入室、みな黒き袈裟裰子《とっす》を用ゐる。―行持―

名利の念を全く放棄して、真理の体得のため、坐禅弁道に精進していたさまを、髴《ママ》得せしめるではないか。真理の体得のためには、名利を放棄することが第一の条件である。したがって、真理の体得を目標とするものは、先づ名利を放棄しなければならない。しかし名利を放棄し得たからと云って、必ずしもそれで真理の体得者というわけではないのである。ここに、真理体得のための努力が問題となる。

われ十九歳より以来、一日一夜も不礙蒲団の日夜あらず、某甲未住院より以来、郷人と物語りせず、光陰惜しきによりてなり。掛錫《かしゃく》の所在にあり、庵裏寮舎すべて入りて見ることなし、況んや遊山玩水に功夫《くふう》を費さんや。雲堂公界《くがい》の坐禅の外、或ひは閣上、或ひは屏処を求めて、独子《どくす》行きて穏便のところに坐禅す。常に袖裏に蒲団を携へて、或は巌下にも坐禅す、常に思ひき金剛坐を坐破せんと、これを求むる所期なり。臀の肉の爛壊《らんえ》する時時もありき、このとき愈愈《いよいよ》坐禅を好む。某甲今年六十五歳、老骨頭懶、不会坐禅なれども、十方兄弟を憐れむによりて、住持山門、暁諭方来、衆の為めに伝道するなり。諸方長老、那裏有什麼《ういんも》仏法なる故に、かくの如く上堂し、かくの如く普説するなり、又諸方の雲水の人事《にんじ》の産を受けず。―行持―

当時、支那に於いては儒教、道教、仏教の三教一致論が流行して、禅林にもこの思想は浸潤していた。如浄は敢然これに反対している。

近日宋朝の僧徒、一人としても、孔老は仏法に及ばずと知れる輩なし。なほ仏祖の子孫になれる輩、稲麻竹葦の如く、九州の山野に満てりと云ふとも、孔老のほかに仏法すぐれ出でたりと暁了せる、一人半人あらず。ひとり先師天童古仏のみ仏法と孔老と一つにあらずと暁了せり、昼夜に施設せり。―四禅比丘―

ここに、われわれは如浄のすぐれた批判力と、堅い信念を偲ぶことが出来る。

要するに如浄は、真理体得のための強い決意と、真理体得に対してのたゆまざる精進と、そしてまた真理の真偽に対するすぐれたる批判力と、真理に対する堅い信念とを、有する人であったのである。従って長老如浄は、

誠に先師の会は、これ古仏の会なり、叢林の中興なり。―嗣書―

と、誠に、叢林の中興という讃辞を受けるに、充分値いするであろう。

如浄の垂訓

道元が如浄の門に投じたのは宝慶元年（一二二五）五月朔日、日本の嘉禄元年のことである。従って支那の土地を踏んでから満二年の後のことである。

如浄は、当時の宗教界が貴族の御用化して、真理のまさに湮滅せんとしているのをいたく慨いて、真理の王国の復興を意図していただけに、その教育は徹底した硬教育に終始していた。勿論このような教育法は、名利を目標として禅林に入った者の、喜ぶところでなかったことはいうまでもない。しかし彼は確固たる信念の上に立って、あくまでもその硬教育の方計を固執していた。

先師古仏容易く僧家の謝掛搭《かた》を許さず、日常に曰く、無道心にして、頭をわが箇裏《こり》に慣するは不可なり。即ち追出す。出で了りて曰く、一本分人にあらず、何をなさんとか要す、かくの如くの狗子は騒人なり。掛搭するを得ずと云ふ。―梅華―

このように、充分に修業に堪ゆる人物でなければ、一歩も禅林に入ることを許さず、一旦禅林に入れたものであっても、一寸でも修行を怠けるものは、一刻の猶予もなく禅林から放逐した。彼の理想とするところは、多くの弟子を教育し、その弟子たちを出世させることにあったのではなく、たとえ一人でも半人でも宜しい、真理の体得者を養成して、仏法の真理を長く後世に伝えん、とすることにあった。こうした立場にある如浄は、熱情的な求道者道元の入門を心から喜んで迎えたのであった。それにもまして、この様な人格者に師事することの出来た道元のよろこびは如何ばかりであったろう。とにかく、真理を求めて満十三年、さまざまの辛苦を嘗め尽して、朝夕心の底に求めぬいていた傑出した真理の体得者に、はじめて相見ゆることを得た彼の歓びこそ、譬えようのないものであった。彼は入門早々、一通の書状を認《したた》めて如浄に捧げた。その文は、

道元、幼年にして菩提心を発し、本国に在りて道を諸師に訪ひ、聊《いささ》か因果の所由を識る。然も是の如くなりと雖《いへど》も、未だ仏法僧の実的を明めず、徒らに名相の懐標《えへう》に滞れり、後、千光禅師の室に入りて、初めて臨済の宗風をきき、今全法師に随ひて炎宋に入る。航海万里、幻身を波濤に任せ、遂に和尚の法席に投ずることを得たり。けだし是れ宿福の慶幸なり。和尚大慈大悲、外つ国遠方の小人、願ふところは、時候に拘らず、威儀を具へず、頻々に方丈に上りて、愚懐を聴問せんと欲す。生死事大、無常迅速、時は人を待たず、聖を去りて必ず悔ゆ、本師堂上大禅師大和尚、大慈大悲哀愍して、道元が道を問ひ、法を問ふことを聴許したまへ、伏して冀《こひねがは》くは慈照せんことを、小子道元百拝叩頭上覆。—宝慶記—

正師に相見した歓びが文面に横溢しているではないか。こうした歓びは、辛酸を嘗めつくした道元にしてはじめて感じ得たところであろうし、またこの道元の歓びを自分のことのように歓ぶことの出来たのも、ながく子弟の教育に腐心して来た如浄なればこそである。

元子が参問、今より以後、昼夜と時候とに拘らず、著衣衩衣《しやえ》、しかも方丈に来りて、道を問ふに妨げなし。老

僧は親父の子の無礼を恕すに一如す。―宝慶記―

これが相見早々の対話である。道元の思慕、如浄の慈愛、その間全く一分の隙もない。この魂と魂との接触、ここには純一瀉瓶《しゃびょう》も嫡々相承《てきてきそうじょう》も、その言葉のままに信ぜられ、寸毫の疑惑を挿む余地もない。すでにこのとき如浄の仏法は、そのまま道元に継承されていると見ても、必ずしも不当ではあるまい。

坐禅は修道の根幹である。したがって如浄の坐禅の指導は秋霜烈日の如きものであった。彼は老体であったにもかかわらず、自ら僧堂に出て修行者の指導に当った。それも朝三時頃から夜は十二時近くまで、ぶっつづけである。睡眠時間はわずかに三時間余にすぎない、従って修行者たちの中には、つい居睡りする者もあった。すると自分で出かけて行って、あるいは拳骨で、あるいは履物で、力まかせになぐりつけるのであった。

僧堂裡に集りゐて徒らに眠りて何の用ぞ、しかあらば何ぞ出家して入叢林するや、見ずや、世間の帝王官人、何人か身をたやすくする。君は王道を治め臣は忠節を尽し、乃至庶民は田を開き鍬を取るまでも何人かたやすくして世を過す。これをのがれて叢林に入て空しく時光を過して、畢竟して何の用ぞ。生死事大なり、無常迅速なりと教家も禅家も同じく勧む。今夕明旦如何なる死をか受け、如何なる病をか受けん。暫く存するほど仏法を行ぜず、睡り臥して空しく時を過すこと最も愚かなり。かくの如くなる故に仏法は衰へ行くなり。諸方仏法の盛んなりし時は、叢林みな坐禅を専らにせしなり。近代諸方坐禅を勧めざれば仏法澆薄し行くなり。―随聞記―

真理に対する思慕の薄れゆくのを歎き、身命を賭して真理の王国の再建に努力する如浄の悲壮なる決意を見るがいい。如浄の傍についている侍者、今の言葉で云えば秘書は、勿論この如浄の気持がわからないわけではなかったが、しかしこんな無理な修行を続けているのであるから、修道者たちが思わず居睡りするのにも同情され、また、こんなことを続けていたら病気にかかり、そうでなくても修道を中止する者もできるであろうと内々心配して、恐る恐る如浄に坐禅の時間の短縮を申し出た。そのとき如浄は、言下にその申し出を斥けて言うのであった。

しかあるべからず、無道心の者の仮令《かりそめ》に僧堂に居するは半時片時なりともなほ眠るべし、道心ありて修行の志有らんは、長からんにつけて、いよいよ喜び修せんずるなり。われ若かりしとき諸方の長老を歴観せしに、ある長老此の如く勧めて曰く、以前は眠る僧をば拳も欠けなんとするほどに打ちたるが、今は老後になりて力弱くなりて、強くも打ち得ざるほどに、よき僧も出来らざるなり、諸方の長老も坐を緩く勧る故に、仏法は衰微せるなり。われはいよいよ打つべきなり、とのみ示されしなり。―随聞記―

温情主義の教育は、真理体得の道場であるところの禅林を堕落せしめた。禅林の復興のためには、われはいよいよ打つべきなり、千古不易の真理を喝破せる名言ではないか。この牢固たる信念、この比倫なき愛情は、被教育者の心に投影しないわけはない。

われすでに老後、今は衆を辞し菴に住して老を扶けて居るべけれども、衆の知識として各《おのおの》の迷を破り道を授けんがために住持人たり、是に依て或は呵責の言葉を出し、竹篦打擲《しっぺいちゃうちゃく》等のことを行ず、是頗る怖れあり。然あれども、仏に代りて化儀を揚る式なり。諸兄弟慈悲を以て是を許したまへ。と言へば衆僧みな流涕しき。―随聞記―

感涙にむせぶのが当然である、しかしこの連中は、注釈や述懐を聞いて初めて涙を流したのである。しかし道元は、如浄に相見えたときすでに、感涙にむせんだのであった。勿論これは叡智の差もあろう。が、それとともに道元がこの道の苦労人であることを考えなければならない。彼の燃ゆるような修道心に比ぶれば、彼が今までに教えを受けたところの長老達の教育は、あまりに生ぬるいものであった。

われ大宋天童先師の会下にして、昼夜に定坐して極熱極寒には発病しつべしとて、諸僧しばらく放下しき。われそのとき自ら思はく、たとひ発病して死すべくともなほただこれを修すべし、病無ふして修せず、この身をいたはり用ひてなんの用ぞ、病ひして死せば本意なり。大宋国の善知識の会下《ゑか》にて修し死に、死してよき僧にさばくられたらんは、まず勝縁なり。日本にて死せば、これほどの人に、如法仏家の儀式にて沙汰すべからず。修業して未だ契悟《かいご》せざらん先に死せば、結縁として生を仏家に受くべし、修行せずして身を久しく持ちても詮なきなり、なんの用ぞ、況んや身を全ふし病起らじと思はんほどに、知らずまた海にも入り横死にもあはんときは、後悔いかん。かくの如く案じつづけて、思ひ切て昼夜端座せしに、一切に病おこらず。—随聞記—

かくて如浄の、道元に対する期待のつよめられて行ったことはいうまでもない。ある日如浄は、特に道元を自室に招いて鞭撻した。

われ汝が僧堂の被位に在るを見るに、昼夜眠らずして坐禅す、甚だ好きことを得たり、汝向後必ず美妙の香気の世間に比なきものを聞かん、これすなはち吉祥なり、もし種々の触を発するも、また乃ち吉祥なり、直にすべからく頭燃を救ひて坐禅すべし。—宝慶記—

この信念、この実践、まことに驚異に値するものである。もとより道元は信念の人であり、実践の人であった。しかしそれを、かように最高頂にまで押し進め得たのは如浄の感化であった。

ある日、如浄は道元を招いて、是非自分の侍者になって呉れと頼んだ。侍者というのは現代の言葉でいう秘書で、かかる地位を外国人である道元に与えようとしたところにも、また如浄の道元に対する期待が、如何に大きかったかを推察することが出来る。そのとき道元は理由を具して侍者となることを辞退した。

その故は、和国に聞へんためにも、学道の稽古のためにも大切なれども、衆中に具眼の人ありて、外国人として大叢林の侍者たらんこと、大国に人なきに似たりと難ずることやあらん。最も恥ぢつべしと思ひて、書状を以つてこの旨を述べしかば、浄和尚聞いて、国を重んじ人を愧ぢることを感じ、許して更に請し給はざりしなり。—随聞記—

如浄はここでまた道元にこの心構えあることを喜んだ。こうして如浄は道元の一挙一動に、道元はまた如浄の一言一句に注意し、喜びを感じ合う日がつづいた。こうした人格と人格の、すなわち心と心との接触によって、如浄は自己の体得した真理をそのまま道元に伝えることが出来、道元はまたこれをそのままに受け取ることが出来たのである。ある夜、如浄が、僧堂で一修道者の居睡りしているのを見て、例の調子で、

参禅はすべからく身心脱落なるべし、只管《しかん》に打睡して何をなすにか堪えん《ママ》。—建撕記—

と叱咤した刹那に、道元は大悟徹底した。このことを道元は、

予重ねて大宋国に赴き、知識を両浙に訪ひ、家風を五門に聴く、遂に大白峰の浄禅師に参じて、一生参学の大事ここに畢りぬ。—弁道話—

と記している。五月朔日に如浄の門に投じて、間もなく仏法の真髄を悟り、九月十八日にはすでに、仏祖正伝の大戒の伝授を受けている。この間僅々四ヶ月半に過ぎない。如浄の家風は中々厳格で、その法を嗣ぐことを許されたのは僅かに六人にすぎなかった。

法嗣《はっす》にして出世する者六人、即ち六処に盛化す、承天の孤蟾如瑩、瑞巌の無外義遠、華厳の田翁頃公、自菴師楷、岳林の痴翁師瑩、及び日本の吾れ、六箇なり、皆師の印記を受けて出世す。—如浄禅師語録跋—

このとき道元は二十六歳である。その後なお二ヶ年、如浄の会下《えか》にあって修行を続け、安貞元年（一二二七）冬いよいよ天童山を辞して帰国の途に就いた。帰国に際して如浄は芙蓉道楷祖の法衣、宝鏡三昧、五位顕訣を与えて、

汝異域の人なるをもつて、これを授けて信を表す、国に帰りて化を布き、広く人天を利せよ、城邑聚落に住することなかれ、国王大臣に近づくことなかれ、ただ深山幽谷に居りて一箇半箇を接得し、わが宗をして断絶を致さしむることなかれ。—建撕記—

と、如浄は仏法の相続を最後まで繰りかえしたのであった。

七　京洛の生活

道元が支那から帰朝したのは嘉禄三年（一二二七）八月、そのとき彼は二十八歳であった。弘法利生の希望切なるものがあったけれども、時機未だ至らず、天福元年（一二三三）宇治の興聖寺に修道道場を開くまでの足掛け七年間を京都及びその附近で、そしてその最初約三ヶ年間を、建仁寺で送った。

山僧帰国以降、錫を建仁に駐むること一両三年。—典座教訓—

そのころの彼の心境は、

大宋紹定のはじめ、本郷に帰りし、すなはち弘法利生を思ひとせり、なほ重担を肩にかけたるが如し。—弁道話—

この一句によく反映している。一日も早く、理想とする真理体得の道場、禅林を開設したい、がしかしそれには多くの障礙があってその実現は、なかなか困難なことである。しかも現在の道場の生活は、彼の理想するそれとは大きな距離があり、そのために修道者たちはことごとく邪道に堕ちてゐる。まったくあせらざるを得なかったのである。

支那の修道道場を仔細に見聞してきた彼の眼には、この国の道場はあまりにも欠点だらけであった。その一つを典座にとって見る。

彼寺なまじいにこの典座職を置く、ただ名字ありて、全く人の実なし、いまだこれ仏事たるを識らず、豈《あに》敢へて道を弁肯せん、真に憐憫すべし、その人に遇はず、虚しく光陰を度り、みだりに道業を破る、かつてこの寺のかの職僧を見るに、二時の斎粥、すべて事を管せず、一無頭脳無人情の奴子を帯し、一切大小事総べて他に向つて説く。—典座教訓—

彼は支那の禅林でしばしば典座が枢要な役目であることを聞かされた。それだけにこの国に帰って、こうした典座の所行は先ず第一に眼についた。宝の山に入りながら空手にして帰るが如く、宝の海に到って空身で帰る如きものである、と彼は評したのであった。

しかし典座の、役目に対する自覚の浅薄さは、今にはじまったことではない。すでに、彼が支那に渡る前の建仁寺の生活に於いても、目撃していたことで、帰朝してから典座の所行が殊更に目についたのは、彼自身の眼が肥えたためであろう。がしかし、支那に渡る以前の建仁寺の、修道道場としての美点が、次に記すように、僅か五年の支那生活の間に壊されてしまっているのは、これは彼の目のせいばかりではなかった。

近来仏法の衰微しゆくこと眼前にあり。予始めて建仁寺に入りしとき見しと、後七八《しちはち》年過て見しと、次第にかはり行くことは、寺の寮々に塗籠《ぬりごめ》をおき、各各器物を持し、美服を好み、財物を貯へ、放逸の言語を好み、問訊礼拝などの衰微することを以て思ふに、余所も推察せらるるなり。—随聞記—

求道者が、清貧の中に修道をいそしむのを見て、世間は決して知らぬ顔はして居らぬ。必ず彼等の努力に感激して、生活費の献金を申し出るものである。法あれば食あり、というのは、恐らくこの間の消息を端的に表現した言葉であろうと思われる。しかし献金の額が一定の限度を超ゆると、人情の常としてその献金を奢侈生活に蕩尽し、その結果、修道の方が全く閑却されるようになる。ここに修道団体のもつ危機がある。その場合、この危機の到来を予期して、それを未然に防止するのが長老たちのつとめである。栄西、明全のような、すぐれた長老を失った建仁寺の生活が、迅速にかような危機への道を辿っていることが窺われる。また次のような事実も見られた。

世間の男女老少、多く交会淫色等の事を談ず、これを以つて心を慰むるとし興言とすることあり。一旦意をも遊戯し徒然も慰むるに似たりといふとも、僧はもつとも禁断すべきことなり。わが国も近ごろ建仁寺の僧正存世のときは、一向あからさまにも此の如きの言語出来らず。滅後にも在世のときの門弟子等少々残りとどまりしときは、一切に言はざりき。近ごろこの七八年《しちはち》よりこのかた、いまでの若き人たち時時談ずるなり。存外の次第なり。――建撕記――

かように修道の堕落は各方面に見られた。その結果、修道者たちは邪道に堕ちてしまっている。こうした人たちを朝夕見るにつけ、彼は居ても立ってもいられない気持におそわれた。一日も早く、自分の理想とするような修道道場を建設して、こうした、迷っている修道者たちを再教育せねばならぬと思うのであった。

道元は帰朝してからの三年間を、建仁寺の道場で過した。この間着々として、禅宗を移植するための準備は進められていた。彼は、日本の禅林は礎石から取り換えなければ駄目だ、と思っていた。そのためには、坐禅の方法、坐禅弁道の用意を、取り敢えず示して、禅林の規範、格式はその後にするのが順序であると考えた。

この国、坐禅弁道に於いて、未だその宗旨伝はらず、知らんと志さん者かなしむべし。この故に、いささか異域の見聞を集め、明師の真訣を記しとどめて、参学を願はん人に聞えんとす。この他叢林の規範、及び寺院の格式、いま示すにいとまあらず、また草々にすべからず。――弁道話――

先ず坐禅の方法に就いては、帰朝の年すなわち嘉禄三年（一二二七）に、普勧坐禅儀一巻を公にしている。前にも述べたようにその頃支那の禅林には、坐禅儀、坐禅箴等の名称を有する坐禅入門書が少からず流布していたが、彼の満足するものは一つもなかった。禅林生活の諸原則の示されている禅苑清規は、彼の最も尊重した書物の一つであるが、しかしそれに収録してある坐禅儀すらも、彼は誤謬ありとして斥けている。

禅苑清規、かつて坐禅儀あり、百丈の古意に順ふといへども、少しく新添あり。故に略にしては多端の錯りあり、広にしては昧没の失あり、教外別伝、正法眼蔵、わが朝未だ曽て聞くことを得ず、いはんや坐禅儀今に至るまで伝はるなし。　―普勧坐禅儀撰述由来―

そこで次には、坐禅弁道の用意についての著述であるが、これは大分おくれて寛喜三年（一二三一）、弁道話の名に於いて公にしている。坐禅の方法を記した坐禅儀を書いてから五年目である。その遅延の理由は、この間に寛喜二年（一二三〇）建仁寺を出でて宇治郡深草の安養寺に移り住んでいるので、それに関する諸準備や、後始末等のためであろうと思われる。この弁道話の中に、

自ら名利にかかはらず、道念を先とせん真実の参学あらんか。徒らに邪師にまどはされて、みだりに正解《しょうげ》をおほひ、空しく自狂に酔ひて、久しく迷郷に沈まん。何によりてか般若の正種を長じ、得道の時を得ん。これを集めて仏法を願はん哲匠、併せて道を訪ひ雲遊萍寄せん参学の真流《しんる》に残す。　―弁道話―

と記している。道元が教育の対象として取りあげているのは、修道者たち――なおくわしく言えばこの書の初めに述べた、顕密諸教団より離れて新しい宗教運動を起しつつある遁世者たち――が、真理の思慕を目指しつつ、しかも邪道に堕ちているのを、まず指導教化して、真理を体得せしめようとするのであった。

八　宗教の批判

道元の呼びかける相手が、遁世者であったことは注意すべき点である。彼等は、名利の巣窟と化し、仏法の精神のすたれた顕密諸宗の教団を見捨てて、真実の仏法を思慕し、彼等の信ずるままに、或いは念仏三昧に、或いは坐禅観法に精進している修道者である。道元自身かつてかかる遁世者の群に投じ、遁世者の修道生活には多くの清算すべきもののあることを熟知している。そして少くとも現在に於いては、かかる修道者の生活を彼等の理想する真理の体得にまで導くものは、禅宗を措いては他にないと云う確信にまで達していた。この体験、この信念こそ、彼をして彼の理想する修道道場としての禅林の開設を、急がしめた推進力であったのである。

このような迷える修道者たちの再教育のためには、まず禅宗の方法が卓越していることを示すため啓蒙的な、坐禅の入門書の撰述が必要であった。しかしそればかりではなお不充分である。さらに意識の水準の低い修道者が、名利の道場と化した今でもなお、真理体得の修道道場であると誤信しているところの、その頃の顕密諸宗の道場ならびに遁世者の集団が、正しい意味に於いて真理体得の道場でないことを、指摘する必要があった。

顕密諸宗批判

そこで彼の顕密諸宗寺院の批判であるが、この場合攻撃の重点は、名利の道場化している点に置かれている。

顕密諸宗寺院が名利の道場化していたことについては前にも述べたので、重複を避けてここでは省略することとする。そしてここには名利化以外――勿論直接間接これと関係をもつのではあるが――について述べて見る。先ず読経念仏の批判についてみよう。

この国の出家人は、大国の在家人にも劣れり。挙世愚かにして心量狭少なり。深く有為の功を執して、事相の善を好む。

読経念仏などの勤めに得るところの功徳を汝、知るや否や、ただ舌を動かし声をあぐるを仏事功徳と思へるいとはかなし。仏法に擬するにうたた遠く、いよいよ遥かなり。また経書をひらくことは、仏が頓漸修行の儀則を教へおけるを明め知り、教のごとく修行すれば必らず証をとらしめんとなり。徒らに思慮念度《たく》を費して、菩提を得る功徳に擬せんとにはあらぬなり。愚かに千万誦の口業をしきりにして仏道に到らんとするは、なほこれ轅《ながえ》を北にして越に向はんと思はんが如し。又円孔に方木を容れんとせんと同じ。文を見ながら修する道に暗き、それ医方を見る人の合薬を忘れん、何の益かあらん。口声を暇なくせる春の田の蛙の昼夜に鳴くがごとし。遂には益なし。況んや深く名利に惑はさるる輩、これらのことを捨て難し。―弁道話―

経典を読むのは、これを熟読翫味して、仏の示した真理体得の方法を探求し、その方法によって修行をし、真理を体得するところに意義があるのである。経典を読誦しさえすれば、その功徳によって真理の体得者となり得るとするのは、大きなる謬見である、というのである。これは単に顕密諸宗に限らず、この国の仏教のもつ一面の弊害を、直截に指摘したものとして注目に値するであろう。

かかる読経観に立つ道元は、追善供養についてもこれを批判する立場にあった。ところで彼の批判を知る前に次のことを知っておく必要がある。それは、その頃の慣習として、近親者の菩提を弔うために出家をするということが、少くなかったということである。そうした修行者は、自分の修行はそちのけにして、ただ近親者の菩提を弔うための追善供養にのみ専心していた。

孝順は最用なるところなり。然あれどもその孝順に在家と出家の別あり、在家は、孝経などの説を守つて生につかへ死につかふること、世人みな知れり。出家は恩を棄てて無為に入る故に、出家の作法は恩を報ずるに一人に限らず、一切衆生を等しく父母のごとく恩深しと思ふて、なすところの善根を法界にめぐらす。別して今生一世の父母に限らば、無為の道に背かん。日日の行道、時々の参学、ただ仏道に随順しもてゆかは、それを真実の孝道とするなり。忌日の追善、中陰の作善《さぜん》なんどは、皆在家に用ふるところなり。衲子《のっす》は父母の恩の深きことをば実のごとく知るべし。余の一切もまたかくの如しと知るべし。別して一日を占めてことに善を修し、別して一人を分て回向するは、仏意にあらざるか。戒経の父母兄弟死亡の日の文は、しばらく在家に蒙むらしむるか。大宋叢林の衆僧、師匠の忌日にはその儀式あれども、父母の忌日はこれを修したりとも見へざるなり。

—随聞記—

ここでも修道者の用意を説いていることは注意すべきである。修道者の、父母に対する報恩というのは、近親者の中陰の供養をし、また彼等の忌日ごとに追善の読経をする、というようなことにあるのではなく、毎日々々の修行を、仏の示した真理体得の方法に依拠して続けてゆくことこそ、真実の報恩であるというのである。

読経念仏と並んで造像起塔の問題がある。そのころの宗教家たちは、修道の道場を建設すると言って、民衆の苦悩をもかえりみず金を集めては仏像を作り、伽藍を営んでいた。そして、それで真理を探求するかというと決してそうではなく、名利の窟宅とするに止まっていた。彼はこのことを批判して次のごとく言っている。

当世の人、多く造像起塔などのことを仏法興隆と思へり。これまた非なり。たとひ高堂大観玉を磨き金をのべたりとも、これに依りて得道のものあるべからず。ただ在家人の財宝を仏界に入れて善事をなす福分なり。また小因大果を感ずることあれども、僧徒のことをいとなむは仏法興隆にはあらざるなり。たとひ草菴樹下にてもあれ、法門の一句をも思量し一と時の坐禅をも行ぜんこそ、まことの仏法興隆にてあらめ。—随聞記—

ここもまた修行者の立場である。修行者が伽藍や仏像の造立のために奔走するのは、決して仏法の興隆ではなく、ある場合には寧ろ反対の立場ですらある。修行者は、草菴ででもまたは樹下ででもどこででも宜しい、そしてまた一寸の時間でもかまわない、仏の教説の意味を考え、坐禅をすることこそ真の仏教興隆というのである。読経念仏にしろ、造像起塔にしろ、真理の体得という点よりすれば全く無意味である。かように無意味なことが、如何にも意味のあるように考えられていたのである。結界の問題もまたその一つであった。顕密諸宗の大寺院ではその周囲一定の地域を結界すなわち神聖な土地として、穢《けがれ》のあるものの出入を一切拒否した。女性はかような穢あるものとして、普通出入を禁制されていた。道元はこれを批判して次の如く言っている。

日本に一つの笑ひごとあり。所謂或ひは結界の境地と称し、或ひは大乗の道場と称して、比丘尼女人等を来入せしめず、邪風久しく伝はりて人弁ふることなし。稽古の人改めず、博達の士も考ふることなし。或ひは権者《ごんじゃ》の所為と称し、或ひは古先の遺風と号して、更に論ずることなき、笑はば人の腸も絶えぬべし。—礼拝得髄—

更に語をつづけて、

今至愚の甚しき人思ふことは、女流は貪淫所対の境界にてありと思ふ心を改めずしてこれを見る。仏子かくのごとくあるべからず。貪淫所対の境となりぬべしとて、忌むことあらば、一切男子もまた忌むべきか。染汚《ぜんな》の因縁となることは、男も境となる、女も境縁となる。非男非女も境縁となる。夢幻空華も境縁となる。或ひは水影を縁として、非梵行あることあり、或ひは天日を縁として、非梵行ありき。神も境となる、鬼も境となる、その縁数へつくすべからず。しかあれば淫所対の境になりぬべしとて嫌はば、一切の男子と女人と互に相嫌ふて、更に得度の期あるべからず。この道理仔細に点検すべし。—礼拝得髄—

この結界の思想には、本地垂跡思想の影響を見逃してはならぬが、根本的には、男性本位の考え方から女性は修道の妨げであるとする思想に立脚している。道元の立場は、女性は男性の性欲の対象となるからいけないというが、男性だって男性の性欲の対象となり得るではないか、というのである。かく道元が言うのは理由のあることで女人禁制の諸寺院では、男色の弊風が上下を風靡し稚児が賞玩され、一に稚児二に天台、一に稚児二に山王という、すなわち学問は二の次、まず稚児からと云う流行ぶりであった。道元は更に語を続けて云う、単に男性だけではない。夢でも幻でも乃至は神でも鬼でも性欲の対象となるではないか。それに女性だけを問題にするのは滑稽ではないか。そしてまた、もしこのように女性を嫌うならば、女性は真理を体得することは不可能ではないか、と。

われは大比丘なり、年少の得法を拝すべからず。われは久錬修行なり、得法の晩学を拝すべからず。われは師号に署せり、師号なきを拝すべからず。われは法務司なり、得法の余僧を拝すべからず。われは僧正司なり、得法の俗男俗女を拝すべからず。われは三賢十聖なり、得法せりとも比丘尼等を礼拝すべからず。かくのごとくの痴人徒らに父国を離れて他国の道路に跉跰するによりて、仏道を見聞せざるなり。——礼拝得髄——法を重くするは、たとひ露柱なりとも、たとひ灯籠なりとも、たとひ諸仏なりとも、たとひ野干なりとも、鬼神なりとも、男女なりとも、大法を保任し、吾髄を汝得せるあらば、身心を床座にして、無量劫にも奉事するなり。——礼拝得髄——

女性は大寺院内へ入るを許されないが、女性の修道者は男性の修道者より一段低い地位に考えられていた。道元は、それは無意味なことだ、というのである。真理の体得を目標とする修道者には、真理を体得しているか否かが、正師とするか否かを決定する唯一の基準である。修道者は、それが真理の体得者であるならば、若輩でも、後輩でも、女性でも、俗人でも、さては灯籠や露柱にでも、その教えを受くべきである。この国の修道者は女性、俗人は勿論若輩、後輩からですら、教えを受けることを嫌忌する。こんな心掛けで真理の体得をしようなどと思うのこそ笑止千万であると言う。灯籠、露柱にでも教えを受けよと言うところに、真理を重しとする彼の面目躍如たるものがあるではないか。

以上当時の顕密諸宗の諸特徴、読経念仏、造像起塔、女人禁制に関する彼の批判を観察した。その批判は、あくまで真理体得の立場に於いてなされて居り、顕密諸宗に真理を体得するという精神が全く失われ、世俗的な、つまり真理体得の立場とは正反対の、精神が支配的であることを暴露している。

遁世者批判

道元の、遁世者批判はより辛辣である。というのは彼の目標としたのが、この人々の有する、顕密諸宗の思想的残滓を清算させるための、顕密諸宗の批判よりも、この人々の現在有する思想、及び修道の誤謬を批判して、彼の理想する修道者にまで高めることは、より必要であったからである。

第一の問題は、遁世者たちは顕密諸宗寺院を離れて生活するので、修道生活に要する一切の費用を自分で準備し、または費用の出場所の目安をつけてから遁世するのを普通とした。そのために、遁世したいと思っても、その準備の出来るまでは遁世を延期する。そのうちに死亡したり、色々の事故のために、ついに遁世の素志を遂げ得ないということが少くなかった。この問題に対する彼の意見は次のようなものであった。一日ある客僧が彼の許を訪ねて法話をきいた後で、こんな質問をした。

近代遁世の法は各各の斎料などのことを構へ用意して、後の煩ひなきやうに支度す。これ小事なりといへども学道の資縁なり。闕《か》けぬればことの違乱出で来たる。今、師の御様を承り及ぶには、一切その支度なく、ただ天運に任すと、もし実にかくのごとくならば後時の違乱あらんか、いかん。

衣食住を充分準備して遁世するのが、このごろの遁世者の常法である。衣食住のことなど小さいことのようだけれども、これが闕けては修道が出来ない。今の御話では、天運に任すと仰せらるるが、それでは生活に窮して餓死する憂いはないかというのである。それに対して道元の答は、

事みな先証あり。敢へて私曲を存ずるにあらず。西天東地の仏祖、みなかくの如し、白毫《びやくがう》一分の福の尽る期あるべからず。何ぞ私に活計をいたさん。また明日のことは如何にすべしとも定め図り難し。この様は仏祖のみな行じ来れるところにて私なし。もしこと闕如して絶食せば、その時に臨んで方便を廻らさめ。かねてこれを思ふべきことにはあらざるなり。―随聞記―

自分が一人ぎめで言っているのではなく、古来多くの実例のあることである。予め衣食住のことを心配するのは愚の骨頂、準備しなくとも飢餓に陥るものではない。もしまた絶食しなければならないようなことがあったら、それはその時に考えれば宜しいではないか、というのである。修道生活と経済の関聯は修道者、ならびに修道者たらんとする人たちには、かなり問題となったもののようで、道元もこの問題でしばしば質問をうけ、また忠告も受けた。次は或る人の忠告である。

末世辺土の仏法興隆は、閑居静処をかまへ、衣食などの外護《げご》に煩ひなく、衣食具足して仏法修行せば、利益《りやく》も広かるべし。

正法の時代か、せめて像法の時代で、人々の仏教に対する信仰の旺盛な時ならともかく、すでに今は末法の世であり、しかもこの国は仏法を信ずることの薄い国ではないか。こうした時代に、こうした土地で修行するのは中々容易なことではない。衣食住の問題を解決してから、仏法を修行する方が宜しいと思うというのである。後に道元は、このことについて弟子たちに彼の意見を述べた。

しかあらず、それに附けては、有相著我《うさうちやくが》の諸人集りて学せんほどに、その中には一人も発心の人は出で来るまじ、利養につき財欲に耽りて、たとひ千万人集りたらんも、一人無からんになほ劣るべし。悪道の業因のみ自

ら積て、仏法の気分なきゆへなり。もし清貧艱難にして、或ひは乞食し、或ひは果蓏《このみくさのみ》等を食して、常に飢饉して学道せんに、これを聞きてもし一人も来り学せんと思ふ人あらんこそ、まことの道心者、仏法興隆ならめとおぼゆれ。艱難清貧によりてもし一人もなからんと、衣食裕かにして諸人あつまりて仏法のなからんとは、ただ八両と半斤となり。—随聞記—

仏法の修行には、先ず自分を捨てねばならぬ。修道生活をつづけていよいよ食えなくなったら乞食をするか、木の実草の実を食して修行を続けるが宜しい。かくてこそ始めて真理を体得することが出来る。またかかる修行者のあるを聞き、その人こそ正師と仰ぐに足る人として教えを受けんとする者こそ、真理の思慕者たるの名に背かないものである。というのである。かかる真理の体得者、思慕者、が一人でもあればそれこそ誠の仏法の興隆である。それに反してどんなに多くの修行者がいても、自分を捨て、財を捨て得ないものばかりであれば、とりも直さず仏法の衰微である。ここに、財欲を捨てよ、というのは財に対する執着を捨てよという意味である。

行道の人、居所などを支度し、衣鉢などを調へて後に行道せんと思ふことなかれ。貧窮の人、衣鉢資具に乏しくして調ふを待つほどに、次第に臨終近づきよるはいかん。故に居所を持ち、衣鉢を調へて後に行道せんと欲せば、一生空しく過すべきなり。ただ衣鉢などはなけれども、在家も仏道は行ずるぞかしと思ひて行ずべきなり。また衣鉢などは、ただあるべき僧体の飾りなればなり。実の仏道行者はそれにもよらず、より来らば有るに任すべし。あながちに求むることなかれ。ありぬべきを持たじとも思ふべからず。病も治しつべきを、わざと死せんと思ひて治せざるも外道の見なり。仏道のためには命を惜しむことなかれ、また惜しまざることなかれ。より来らば灸治一所、煎薬一種なんど用ひんことは、行道の障りともならじ、行道をさし置きて、病ひを治するをさきとして、後に修行せんと思ふは非なり。—随聞記—

衣食住の準備が充分でないから遁世しないとか、遁世するために不足しないだけの衣食住を準備するとかいうのがいけない。また、持っている衣食住を、修道の妨げとなるからといって捨ててしまうのもいけない。この辺のところが、所謂遁世者と道元の立場の相異である。要するに執着を離れることが肝要である、というのである。

学道の人、世情を捨つべきについて、重々の用心あるべし。世を捨て、家を捨て、身を捨て、心を捨つるなり。よくよく思量すべきなり。世を遁れて山林に隠居すれども、わが重代の家を絶やさず、家門親族のことを思ふもあり、また世をも遁れ家をも捨てて親族境界をも遠離すれども、わが身を思ひて苦しからんことをばせじ、病ひ起るべからんことは仏道なりとも行ぜじと思ふも、いまだ身を捨てざるなり。また身をも惜しまず難行苦行すれども、心仏道に入らずして我が心に違ふことをば、仏道なれどもせじと思ふは、心を捨てざるなり。——随聞記——

所謂隠遁者たちは、顕密諸教団を捨て、世を捨てればそれで能事了れり、としている。しかしそれだけでは、真理の体得を目標とする修道者の立場として、まだ不充分である。更にすすんで家を捨て、身を捨て、心までも捨てなければならぬ。遁世者の中には、山林に隠世して修行はしているが、家を捨て得ないで、一家一族のことを常に気にしている者がある。また世を捨て、家を捨ててはいるが身を捨てかねている者もある。なおまた、折角世をも、家をも、身をもすっかり捨ててはいるが心、すなわち自我を捨てかねている者がある。しかしこれでは真の修道者とは云い得ない、というのである。身心、ことに心を捨てるということは、言うこと易くして実際に行うことは中々困難である。

学道の人、身心を放下《はうげ》して一向に仏法に入るべし。古人云く百尺竿頭いかんが歩を進めんと、しかあれば百尺の竿頭にのぼりて、足を離さば死ぬべしと思ふて、強く取りつく心のあるなり。それを一歩を進めよと云ふは、よもあしからじと思ひ切りて、身命を放下するやうに、渡世の業より始めて一身の活計に至るまで、思ひ捨つべきなり。それを捨てざらんほどは、いかに頭燃《づねん》を払ふて学道するやうなりとも、道を得ることはかなふべからざるなり。ただ思ひ切りて身心ともに放下すべきなり。―随聞記―

誰しも自分は可愛いいものである。それだけにこの身、この心を、捨て切ることはなかなかに困難である。しかし捨てなければ真理を体得することは不可能である。とすればどうしてもこの身心を捨て去らねばならぬ。しからばこの身心を捨てさる方法はといえば、それはただ一つ、真理の体得の方法を示す仏祖の金言を絶対的に信頼することである、というのである。

第三の問題は、折角真理を思慕して顕密諸宗を離れたものの、いよいよ遁世者の群に投ずると、徒らに易きを求め、真理を体得するという希望を捨てて、この世では単に仏法と因縁を結ぶ程度にとどめ、その因縁によって来世で真理を体得しようというようになる。これがいけない。かかる考え方を清算しなければならぬ、というのである。易行につく場合の口実は、自分は体が弱いとか、頭がわるいとかいうのが普通であった。あるときこんな相談を受けた。

われは病者なり非器なり、学道には堪へず、法門の最要を聞いて独住隠居して、身を養ひ病をたすけて一生を終へんと思ふ。

自分は病弱の上に、頭脳も明晰の方ではない。従って真理の研究に精進しても結局駄目だと思う。それで研究はしばらく放棄し、山林に隠棲して、病気の養生をする積りである。よって、仏法の一番肝心のところだけを聞かせて頂きたい、というのである。甚だ以って虫のいい話ではある。

これは甚だ非なり。先聖必ずしも金骨にあらず、古人豈《あに》によく皆上器ならんや。滅後を思へばいくばくならず、在世を考ふるに人人みな俊なるにあらず。善人もあり、悪人もあり、比丘衆の中に不可思議の悪行なるもあり、最下品の器量もあり、しかあれども卑下しやめりなんと称して道心をおこさず、非器なりと云て学道せざるはなし。今生にもし学道修行せずんば、何れの生にか器量の人となり、無病の者となりて学道せんや。ただ身命をかへりみず発心修行するこそ、学道の最要なれ。―随聞記―

彼の答えには虚言もなければ方便もない、遠慮もなければ会釈もなく、ありのまま、信ずるままを卒直に披瀝するのが特徴である。この場合も真向から、それは非常に誤った考え方である。古聖、先哲の言行を想像して見るが宜しい。頑強な身体、明晰な頭脳を必ずしも恵まれていたわけではない。中には寧ろ最劣等の素質しか恵まれていなかったものすらある。真理を体得しようと云う鞏固な意志さえあれば、少し位の病気は快くなり、また素質も問題にはならぬ、と訓誡したのである。

真理を体得するだけの素質がないという口実を支持するのは末法思想である。この思想は当時の社会を風靡した思想で、この思想によれば、平安朝の中期に末法の時代に入っているのであるが、この末法の時代には人々の素質が劣って、仏法の修行が困難になるというのである。

世間の人多分曰く、学道のこころざし有れども世は末世なり、人は下劣なり、如法の修行にはたゆべからず、ただ随分にやすきにつきて結縁を思ひ、他生に開悟を期すべしといま言ふ。この言はまつたく非なり。仏教に正、像、末を立てること暫く一途の方便なり。在世の比丘必ずしも皆すぐれたるにあらず、不可思議に希有にあさましく下根なるもありき。故に仏種々の戒法などをまふけたまふこと、皆わるき衆生下根のためなり。人みな仏法の器なり。かならず非器なりと思ふことなかれ。依つて行せば必らず証を得べきなり。すでに心あれば善悪を分別しつべし。手あり足あり合掌歩行にかけたることあるべからず。しかあれば仏法を行ずるには、器をえらぶべきにあらず。人界の生はみなこれ器量なり、余の畜生等の生にてはかなふべからず。学道の人ただ明日を期することなかれ。今日今時ばかり仏法に随ひて行じゆくべきなり。―随聞記―

末法思想が天下を風靡し、修行者は勿論、名僧知識までこの思想にとらわれて、末法来たると怖れ、悲歎の涙にくれているこの時代に、正法、像法、末法の思想は方便説に過ぎぬ、と喝破していることは、彼の批判力が、時代思想の上に遥かに卓越するものであることを察するに余りあるであろう。それはとにかくとして、彼はこのように末法思想を批判し、末法到来におびえている遁世者に、真理体得への努力を勧告したのである。なおこの末法思想は、浄土諸宗の伝道には大いに有利であったが、道元のような立場にある者は、この思想にはかなり禍いされていたようである。遁世者たちも、彼の所説を聞いてなるほどその通りだ、とは思っても多くの不安が心に残されて、積極的に彼の許に奔ることが出来なかったようである。次の質問の背後にも、そうした不安がひそんでいることを見得るのである。

この行は今末代悪世にも修行せば証を得べしや。

かかる思想の支配的である社会に於いて、彼の宗教運動がこの方面からも、多くの困難を伴ったことが推測される。上の質問に対して道元の答えは、

教家に名相をこととせるに、なほ大乗実教には、正像末法を分くることなし。修すればみな得道すといふ。――弁道話――

遁世者は、顕密諸宗の教団は名利の巣窟で、真理体現の道場としての資格を全然喪失しているとして、それらの教団を離れ、彼等自身の信ずるままの宗教生活をしている人達である。こうした人々は全国的にみれば夥しい数に上っていた。この人たちは、とにかく真理に対する強い憧憬をもっていたということは新しい宗教運動者の見逃すことの出来ない点で、知識大衆を欠いでいる当時の社会に於ては、特に重視すべき集団であった。新宗教は、この集団の中の人によって創唱されたのであるが、またそれら新宗教の同情者も、この集団の中の人々である。しかし、この人々のもつ重大な欠点は何であるか。要するに独断的の信仰であり修道である。上に述べたような、財に対する欲望、自我への執着、易行の追求、みなこの独断的な信仰に出発している。これを充分に批判して、清算させさえすれば直にすぐれた修道者となすことができる。ここに、道元が遁世者に呼びかけた理由が

あったのである。

九　道場の開設

建仁寺に於いて普勧坐禅儀を著わして坐禅の方法を、洛南宇治深草安養院で弁道話を著して坐禅の注意を示し、また、一方顕密諸宗を批判し、遁世者に呼びかけるに至った道元は、天福元年（一二三三）即ち三十四歳の春、正覚禅尼等が、同じ深草にあった極楽寺を再興して、彼を迎えたので、寺名も観音導利院と改め、ここに移り住んで修道者の教育に従事した。この寺には仏殿があったので、これを坐禅堂に代用して、各地から集って来る真理の体得を目指す修道者たちの指導を始めた。こうして次第に修道者が集ってくるにつれて、いよいよ彼が多年希望していた理想的禅林を開設することが必要になってきた。そこで嘉禎元年（一二三五）、すなわち彼の三十六歳の冬、禅林の基本的堂舎である僧堂建設の計画を具体化し、その費用の寄附募集を始めた。その趣意書は大要次のようなものであった。

寺院はこれ諸仏の道場なり。神丹の仏寺は天竺の僧院を移せり。日本の精舎もまたかれを学ぶべし。その功大に、その徳厚く、国国に伝はり、人人に施こすところあらん。われ帰朝よりこのかた、一寺草創の志願を起して、日久しく月深し。いま勝地一処を、深草のほとり極楽寺の旧趾に得たり。観音導利院と名づく。ここに甲刹《かふせつ》を構え《ママ》んとす。寺院の最要は仏殿、法堂《はったう》、僧堂なり。この中仏殿はもとよりあり、法堂いまだし、僧堂最も切要なり。いまこれを建立せんとす。その為体《ていたらく》、七間の堂宇を建て、堂内に隔てなし、長床を設けて僧衆集り住し、昼夜の行道しばらくも怠らず、正中に聖僧《しやうそう》を安じて僧衆囲繞して住す。三宝一堂に帰崇する儀軌行ひ来れること久し。功徳も多く、仏事も広かるべし。一方の終功を求むべしといへども、偏く良縁を結ばんがために広く十方を化す。これ竺土漢土の勝躅《しょうちょく》なり。正法像法の僧儀なり。檀主の名字を聖僧の腹心におさめ置いて、万字の種智とし、自他の文彩とせん。この中に先立ちて得道の人あらんには、彼をこの衆の導師とせん。善知識にあらざらんや、独り人中に勧むるのみにあらず、天上竜宮も化すべし。仙府冥府にも聞ふべし。ただこれ釈尊転ずるところの法輪なり。法界の内外に及ぶことあらん。──建撕記──

この文によって、われわれは道元の、堂舎に対する考え方を察知することが出来る。即ち寺院の基本的堂舎を、僧堂、法堂、仏殿の三つとし、その中で僧堂が、最要であるとするところに、彼の面目を見ることが出来る。と言っただけでは、理解に困難な点があるだろうから、溯って禅林の堂舎組織の沿革を考えて見よう。原始禅林に就いて見ると、堂舎としては修道者の起居するところであり、坐禅するところである僧堂一つきりであった。この僧堂の他に、長老が修道者のために説法する道場として、法堂が出来たのは、かなり後のことであり、祈禱の道場である仏殿の出来たのは、更にその後のことである。ついでその後にさまざまの建物が出来たのであった。つまり禅林の基本的の堂舎は僧堂であり、他は附随的なものに過ぎない。しかるに、いつしか法堂を堂舎の中心と考え、あるいはまた仏殿を最要の堂舎であると考え、禅林を開設する場合に、先ず法堂や仏殿を建てて、余裕でもなければ、僧堂を建てることをしないというのは、真理の体得を目標とする禅林としては、本末顚倒であり、端的に言えば堕落である。それ故に道元が、僧堂の建設に重点を置いているのは、彼が、真理の体得ということに、如何に重きを置いていたかを示すものである。しかも第一義的には、僧堂の建設すらも彼自身にとっては、次のような意味を有するに過ぎなかった。

いま僧堂を立てんとて、勧進をもし随分にいとなむことは、必ずしも仏法興隆と思はず。ただ当時学道する人もなく、徒らに日月を送る間、ただあらんよりはと思ふて、迷徒の結縁ともなれかし、また当時学道のともがらの、坐禅の道場のためなり。また思ひ始めたることのならぬとても、恨みあるべからず。ただ柱一本なりとも立てて置きたらば、後来も、かく思ひ企てたれども、成らざりけりと見んも苦るしかるべからずと思ふなり。

—随聞記—

自分が僧堂建設のために、寄附金の募集に奔走したり、また設計監督をしたりすることそれ自身を、自分は必ずしも仏法の興隆と思っているのではない。いまのところ修道者も少く、暇であるから、遊んでいるよりもこうして僧堂でも建てれば、人々の結縁ともなり、また修道者の坐禅の道場としても、間に合うだろうと思っただけのことであるというのである。彼は多くの宗教家が考えているように、寺院の堂舎を整備することを、仏法の興隆とは考えていなかった。そうしたことに多くの時間を空費するよりも、その中のほんの僅かの時間でも坐禅瞑想した方が宜しいと考えていた。彼の求むるものは常に、形式ではなく、実質であった。しかし修道道場としての僧堂の完成したことは、彼に取っても喜ばしいことであった。

嘉禎二年（一二三六）即ち彼が三十七歳になった年の秋、僧堂その他の建物も、とにかく一応完成したので、観音導利院興聖宝林寺と改称した。

この頃各地から、多くの修道者が彼の道場に投じている。その中でも、最も注目に値するのは、日本達磨宗一派の修道者達の入門である。この日本達磨宗というのは、摂津三宝寺の大日能忍が、文治二年（一一八六）に彼の弟子練中、勝弁を、支那の阿育王山拙庵徳光の許に遣わして、自分の体得した真理の内容を詳細に報告し、確かに真理を体得しているという証明書を、受けさせたことに始まっている。しかし、真理を体得した長老に師事することもしないで体得した真理の内容には、厳密に批判すれば独断が少くなかったことは、否めない事実であろう。この能忍の門下の傑物は覚晏《かくあん》であるが、道元が興聖寺を開創したころには、覚晏の門下が大和の多武峯《とうのみね》、その他に散在して、積極的に、真理を目指す修道者たちの人気をさらい、各々多くの修道者達を集めてその教育に当っていた。この人々がその門下の修道者と一緒に、いま道元の門下に投じたというわけである。懐弉《えじょう》、懐鑑、懐照、懐義尼等がそうで、就中懐鑑は、義介、義尹《ぎいん》、義演、義準、義荐《ぎせん》、義運等の一党を引具していた。これ等の修道者は、その修道の方法に多少の欠陥はあったにしても、顕密諸宗の離脱者や、全くの独断的修道者であるところの遁世者に比すれば、余程その修道の方法は洗練されていた。人物としても俊才が多かったので、彼等は間もなく興聖寺道場の中心として、活躍することとなった。

その中でも懐弉は最も傑出していたもののようで、第一回の安居《あんご》に首座《しゅそ》、即ち修道者の筆頭の地位を与えられている。このとき懐弉は三十九歳、つまり道元より二歳年上であったわけである。この懐弉が首座になったときの道元の説法は注目すべきものである。

当寺初めて首座を請し、今日初めて秉払《ひんほつ》を行はしむ。衆の少きを憂ふることなかれ、身の初心なるを顧みることなかれ。汾陽《ふんやう》は僅かに六七人《ろくしち》、薬山は十衆に満たざるなり。しかあれどもみな仏祖の道を行じき。これを叢林の盛んなるといひき。見ずや、竹の声に道を悟り、桃の花に心を明らむ。竹豈《あ》に利鈍あり迷悟あらんや。花なんぞ浅深あり賢愚あらんや。花は年々に開くれども、人みな得悟するにあらず。竹は時時に響けども、聞く者ことごとく証道するにあらず。ただ久参修持の功により、弁道勤労の縁を得て、悟道明心するなり。これ竹の声のひとり利なるにあらず、また花の色の殊に深きにあらず。竹の響妙なりと云へども、自ら鳴らず、瓦の縁を待ちて声を起こす。花のいろ美なりといへども独り開くにあらず、春風を得て開くるなり。学道の縁もまたかくの如し。この道は人人具足なれども、道を得ることは衆縁による。人人利なれども、道を行ずることは衆力を以つてす。ゆえに今心《ママ》を一つにし、志を専らにして、参究尋覓《べき》すべし。玉は琢磨によりて器となる、人は練磨によりて仁となる。いづれの玉か初より光ある。誰人か初心より利なる。必ずすべからくこれ琢磨し、練磨すべし。自ら卑下して学道をゆるくすることなかれ。古人の曰く、光陰空しくわたることなかれ、と。今問う、時光は惜しむによりてとどまるか、惜しめどもとどまらざるか。すべからく知るべし。時光は空しくわたらず、人は空しくわたることを。人も時光と同じく徒にすごすことなく、切に学道せよといふなり。かくのごとく参究を同心にすべし。われひとり挙揚《こやう》するも容易にするにあらざれども、仏祖行道の儀、大概みなかくのごとくなり。如来の開示に随ひて得道するもの多けれども、また阿難によりて悟道する人もありき。薪首座非器なりと卑下することなかれ、洞山の麻三斤を挙揚して同衆に示すべし。―随聞記―

道元の理想とするところは、真理を憧憬してやまない修道者を教育して、真理を体得せしむるにあった。従って彼の教育は、後にも述べるように、厳格を極めたものであった。それに教団の経済も貧弱であったので、多くの修道者を収容もしなかったが、また実際のところ収容する余裕もなかった。衆の少きを憂うることなかれ、との言は興聖寺の禅林に、修道者が事実少かったことを示しているが、これは単に興聖寺に於いて、そうであったばかりでなく、永平寺の禅林に於いても、修行者の数は少かったようである。寛元二年（一二四四）、すなわち彼が四十五歳の秋、永平寺の道場で、修道者達に次のようなことを話しているのは、その間の消息を暗示するものではなかろうか。

なにを呼んで大叢林となし、なにを呼んで小叢林となすか。衆の多く院広きを以つて、大叢林となすべからず。院の小にして、衆の少きを以て小叢林となすべからず、もし衆の寡多、院の大小を以つて叢林の量となさば、則ち戯論《けろん》となる。たとひ衆多くとも、抱道の人なければ則ちこれ小叢林となし、たとひ院小なりといへども、抱道の人あれば則ちこれ大叢林となす。なほ民繁く、土広きを以て大国となさずして、君に聖あり、臣に賢あるを以つて大国と為すが如し。―永平広録―

遁世者の群団に於いては、要するに群団であって、教団の形をなしていなかった。ただ同じ地域に、家を建てていると云うだけで、経済も別であれば、その信仰も異っていた。また肝腎の指導者とてもなかった。遁世者は各々自分勝手の信仰によって修行していた。従って本人は有頂天になり、天狗になっていても、傍から見れば、他愛もない場合も少くなかった。彼等は世を捨て、家を捨ててはいても、自我への執着は、かえって増してさえいた。当時の修道者が、かような段階を通過したものであり、または、かような段階に逡巡しているものであることを考えれば、いま道元の禅林——叢林ともいう——が開設されたことは、よしその収容数は僅かでしかなかったにしても重大なる意義をもつものである。何となれば、禅林は一つの組織体であって、勿論経済も信仰も同一であり、すぐれた指導者までもちゃんといるではないか。他力の救済を求める遁世者のためには、浄土宗、浄土真宗の等の道場がその門を開いて、迎え入れていたにしても、自分の努力によって、即ち修道によって、真理を体得しようとする者のためには、栄西、明全なき当時、すでに建仁寺の禅林は、論ずるに足らないものであるとすれば、信頼するに足る道場は絶無であった。かような事情の伏在を考えるとき、道元が修道道場としての禅林のよさを、説く理由も明らかとなるであろう。

海中に竜門といふところありて、洪波しきりにたつなり。諸《もろもろ》の魚どもかのところを過ぎぬれば、必ず竜となるなり。故に竜門といふなり。いま思ふ、かのところ洪波も他所にことならず、水も同じく塩はゆき水なり。然れども定まれる不思議にて、魚どもかのところを渡れば必ず竜となる。魚の鱗も改まらず、身も同じ身ながら、たちまちに竜となるなり。衲子《のっす》の儀式もまたかくの如し、処も他所にことならねども、叢林に入りぬれば、必ずしも仏となり祖となるなり。食も人と同じく喫し、衣も同じく服し、飢を除き、寒を禦ぐこともひとしけれども、ただ髪を剃り、袈裟を着して、食を斎粥にすれば、たちまちに衲子となるなり。成仏作祖、遠く求むべきにあらず、ただ叢林に入ると、入らざるとは、彼の竜門を過ぎると、過ぎらざるとの別のごとし。

古来仏法を学ぶの人、或ひは草庵に独居し、或ひは精舎に共行す。独居の輩多く鬼魅魍魎のために侵され、共行の人天魔破旬にたぶらかさるる少し。未だ仏法の通塞を明らかにせずして、空しく至愚の独居を守る。豈《あに》あやまりにあらざらんか。―永平広録―

真理を体得するためには、禅林に入らねばならぬ。ここに於いては、自分だけ殊更に特別の修行をする必要はない。他の修道者たちと同じように、修道してさえいればそれで宜しい。すなわち、世間の人と同じようなものを食し、同じようなものを着て、飢えを凌ぎ、寒さをふせぐので、何も殊更苦行をするのではないが、ただこの道場に入って多くの修行者たちと同じような生活、即ち同じように髪を剃り、同じように袈裟を着け、そして食事を共にして、精進努力さえすれば、それで真理を体得することが出来るというのである。

宋土には、俗人等の常の習ひに、父母の孝養のために宗廟にて各々聚会し、泣きまねをするほどに、終には実に泣くなり。学道の人も、初めより道心なくとも、ただ強ひて仏道を好み学せば、終には実の道心も起るべきなり。初心学道の人は、ただ衆に随ふて行道すべきなり。早く用心故実などを学し知らんと思ふことなかれ。用心故実などのことも、ただ独り山にも入り、市にもかくれて行ぜんとき、あやまりなく能く知りたるは好きことなり。衆に随がふて行せば道を得べきなり。たとへば船に乗りて行くには、我は漕ぎゆくやうをも知らざれども、よき船師に任せてゆけば、知りたるも知らざるも、かの岸に至るがごとし。よき知識に随ふて、衆とともに行じて、私しなければ自然に道人となるなり。学道の人、たとひ悟りを得ても、今は至極と思ふて行道をやむることなかれ。道は無窮なり、悟りてもなほ行道すべし。―随聞記―

初心の修道者は、禅林の修行を難かしく考え過ぎている。しかし何も難かしいことはない。ただ他の修道者と同じように、やってさえ居ればそれで宜しい。修道の用心、故実なども気にする必要は毛頭ない、というのである。

さて禅林のあるところ必ず、生活の規範としての清規《しんぎ》がなければならぬ。というのは、禅林では先哲の修道と、同じような形式を取らしめることによって、修道者をして、真理を体得せしめようとするのであるから、伝統を中心に戒律、または僧伝、語録等に見ゆる昔からの真理体得者の修道記録を参考して、また当時の生活環境をも顧慮に入れて、生活の規範を作り上げ、修行者の修道生活を、それによって規制統一するのが好都合である。かような必要に応じて百丈懐海が清規を作ってこの方幾つかの清規が作られ、禅林のあるところ随時随処にこれらの清規が用いられて来たのであった。ところで道元の生活規範として採用した清規は、どの清規であったかが、ここでは問題である。

嘉禎三年（一二三七）春、つまり興聖寺に道場を開設してから二年目に、道元は、所謂永平清規の第一部典座教訓を編み、尋いで大仏寺に於いて、弁道法、更に永平寺に於いて、赴粥《ふしゅく》飯法、衆寮清規、知事清規を著している。しかし、この五部よりなる所謂永平清規は、清規の形式としては、極めて特殊なものである。というのは、この清規によっては禅林の生活の、あらゆる分野が網羅し尽されているというわけではないこと、またこの五部だけについてみても、一つの体系をなしていないこと、等である。私はこの特殊性は、次のように説明が出来るのではないかと思うのである。

道元は、ある一つの清規をそのまま採用したのであるが、支那の修道者のもつ生活環境と、日本のそれとは必ずしも同一ではない。従って、清規に記載されていないようなことで必要な知識があり、たとえ記載されていても、日本の修道者には、この点もっと突込んだ説明をする必要がある部分もあったであろう。で、恐らくはそうした重点に、全努力を集中しようという意図の下にこの五部よりなる清規は書かれたものであろう、と。かような見方は、典座教訓を何故に最初に著したか、を考えて見ても明らかである。彼は支那に渡る前に日本で、坐禅が修道の唯一至上の方法であることは勿論知っていた。しかし禅林内の雑役、たとえば炊事係と云うようなことにも、真理体得の道があろうとは夢にも知らなかった。その後彼は支那に渡って、こうしたことが立派に修道生活の一部として取り扱われていることを直接見聞した。こうした彼自身の体験に鑑みて、実際自分で修道者を指導するようになって、曽ての自分と同じようにどの修道者も陥っているであろう誤解、即ち修道は坐禅のみ、と考えている謬見を、打破する必要を痛感して、取り敢えず典座教訓の著述に着手したものと思われる。

そこで問題は次に移る。修道生活のあらゆる分野を、ある一つの清規に依拠したとすれば、その清規は如何なる清規であったろうか。そのことは今ここに論証は略するが、禅苑清規であった。前に述べたように、禅林清規の始めは百丈清規である。しかしこの清規は早く亡びて、その後に出来た清規では、北宋に出来た禅苑清規が最も優れている。その後ずっと遅れて、元代に入って勅修清規が制作されたのであるが、この清規とともに禅苑清規は清規界の双璧、しかも勅修清規が、祈禱中心的傾向を有するのに対して、禅苑清規は、坐禅中心の清規で、この点百丈清規なき今日、禅苑清規は清規界の最高峰である。ところで百丈清規に対する一つの謬った見解がある。それは百丈清規は元代まで残存したと云うのである。もしそうだとすると、道元は百丈清規を見たことにもなるのである。しかしこの説は、勅修清規が、勅修百丈清規とも云うので、当時百丈清規が残って居り、それを改訂したので、勅修百丈清規というのだとするのであるが、この説は成り立たない。それは百丈懐海と清規とは離るべからざる関係にあるので、当時の禅林では清規のことを百丈清規ともいっていたのである。つまりこの場合の百丈清規は、清規を意味する普通名詞である。かかる普通名詞と固有名詞としての百丈清規との混同が、この謬見を生んだ根元である。話は脇道にそれたが、とにかく道元の頃には百丈清規は亡んでいて、原始禅林の風貌を最もよく伝えているものとして、禅苑清規が心ある長老達の間に用いられていたのであった。

次に進んで、道元が禅苑清規を用いたとして、彼がこの清規を用うるに当って、そのまま用いたか、或いはまた批判して用いたかについて考えてみよう。結論から先きに言って置けば、決して彼はそのままを用いてはいない。充分に批判して用いていた。その一例を挙ぐれば、次のようなことがあった。あるとき懐弉はこんな質問をした。

叢林学道の儀式は百丈の清規を守るべきか。しかあれば、彼はじめに受戒護戒を以つて先とすと見へたり。またいまの伝来相承は根本戒を授くとみへたり。当家の口訣、面授にも、西来相伝の戒を学人に授く、これすなはち今の菩提戒なり。しかるに今の戒経に、日夜にこれを誦ぜよ、といへり。何ぞこれを誦ずるを捨てしむるや。

早速百丈の清規の名が出たが、ここでは普通名詞として用いられているので、軽く清規を意味しているに過ぎない。とすればここで問題にしている清規はどの清規かと云うと、それは上に述べた禅苑清規である。禅苑清規は坐禅中心の清規ではあるが、原始禅林の面貌とはかなり異ったものが混入している。その組織の方法も純一な坐禅の立場ではない。懐弉の指摘しているように受戒、護戒、坐禅の順序にしてもその感を深くするし、その中に、昼夜に戒経を誦すとしているが、これにしても純禅の立場からは若干の距離があることは、否定出来ないことである。この致命的の欠陥を指摘したのは、さすがは道元の高弟としての懐弉である。それに対する道元の答えは、

しかなり、学人もつとも百丈の規縄を守るべし。しかあるにその儀式は受戒、護戒、坐禅等なり。昼夜に戒経を誦しもつぱら戒を護持すといふは、古人の行履《あんり》にしたがつて祇管打座すべきなり。坐禅のとき何れの戒か持《たも》たざる、いづれの功徳か来らざる。古人行じおけるところの行履、みな深き心なり。私の意楽《いぎやう》を存ぜずして、衆に随ひ、古人の行履にまかせて行じゆくべきなり。—随聞記—

おそらく禅苑清規の作者の見解は、懐弉が指摘しているように、祈禱の意味に於いて戒経を誦したのであろうが、道元は大乗的に解釈してこれを生かしている。戒経を誦すと云うのは、取りもなおさず坐禅をすると云う意味ではないか、というのである。道元はかように明らかに致命傷であると思われる一句を、彼自身の血液をとっ

てそれに輪血することによって、巧みに再生せしめている。邪道に堕したと思われるこの一句も、彼の血液を受くれば修道の極致を示す言葉となっている。このあたり大哲人としての道元の面目が躍如としていると思う。道元の著書に親しむ何人《なんぴと》も、かびの生えた格言が一度彼の手にかかると、全く面目一新、潑剌たる内容をもつ言葉と早がわりすることを、見出すであろう。

道元は禅林の規範として禅林清規を、生かし得るだけ生かして使った。しかし修道者は、懐弉のようにすぐれた、即ち言葉に捉われず、道元の真意を端的につかみ得る者ばかりではない。従って懐弉に対すると同じような説明の仕方では修道者に誤解を起させることもあり得る。そうした恐れのある場合には、忌憚なくこれを批判して自分の立場を明示した。次はその一例である。

禅苑清規曽つて坐禅儀あり、百丈の古意に随ふといへども、少しく頤《い》師の新条あり、故に略にしては多端の誤りあり、広にしては昧沒の失あり。—普勧坐禅儀撰述由来—

坐禅は修道の核心である、これを批判したのも無理はない。

また清規に示されているような先哲のすぐれたる行状でも、時と処とを異にしているので、そのままに踏襲し得ないものも少くなかった。彼は、それを無理にこの国に於いて実施しようとは考えていなかった。

如来かつて雪山僧に裹服衣を許す。当山また雪時の薬石を許す。—示庫院文—

これは永平寺での出来ごとである。元来禅林では朝に粥、昼に飯の二食のみで、午後の食事は許していなかった。従って午後に食事をするのを飢渇の病を医する薬、すなわち薬石と云う名目で呼んでいる。永平寺は越前と云う寒国にあるので、従って夜おそくまで坐禅をするような場合には空腹だと殊に冷込みが激しい。それで冬の間だけ薬石を許すと云うのである。またあるとき、彼の弟子の一人が、仏教では乞食の法を讃歎しているが、行った方が宜しいか、如何かと質問した。そのとき彼は次のように考えた。

しかあるべし、ただし是れは土風に随つて斟酌あるべし、なにニても利生も広く、我が行も進まんかたにつくべきなり。これらの作法、道路不浄にして仏衣を着して経行せば、汚れつべし。また人民貧窮にして次第乞食もかなふべからず、行道も退きつべく、利益も広からざらんか。ただ風土をまほり、尋常に仏道を行じ行たらば、上下のともがら自ら供養を作し、自行化他成就せん。かくの如きのことも、時に臨み事に触れて道理を思量して、人目を思はず、自らの益を忘れて、仏道利生のために能きやうに計らふべし。―随聞記―

環境を無視してはいけない。環境に順応して、如何なる修道方法をとるかを考慮せよ、というのである。彼の性格は厳格である方面のみ高調されて、全く近寄り難い人であるかのように考えられているが、決してそうではない。真理の体得、この点はあくまでも厳格であった。しかしそれかと云って、先哲の遺風であるならば、時と所には無頓着に、修行者に押しつけようとするような人では決してなかったことを、記憶して置かねばならぬ。先哲の修道の方法になるべく従う方がよろしい。しかしそれも土地柄を充分考えて、人々のためをも顧慮し、また修道も進むような方法を取らねばならぬ。たとえば坐禅を久しくしていると疲れるから、逍遥緩渉することが必要であり、従って先哲が行っていたとしても、日本のような砂塵にまみれた道路で緩歩したら、着物がほこりまみれになって困るであろうし、また乞食の法がたとえすぐれた修道の方法であるにしても、農民の生活水準の低いこの土地で乞食をしたならば、事実農民は迷惑するであろう。それで土地柄を考えて、人々の迷惑にならず、自分達の修道も進むような方法をとることが必要である。先哲の遺風を慕うと云っても、その形式のみを模倣するのではいけない、常に、先哲修道の真意を考えて行動せねばならぬ。というのである。先哲の言行の見方についてはまた次のようにも言っている。

禅僧は善を修せず功徳を用ひずといふて、悪行を好むは究めたるひがごとなり。先規いまだ悪行を好むことをきかず。丹霞天然禅師は木仏を焼く、これらこそ悪事と見へたれども、一段の説法の施設なり。彼の師の行状の記を見るに、坐するに必らず儀あり、立するに必らず礼あり、常に尊き賓客に向へるがごとし。暫時の坐にも必らず跏趺して叉手《しゃしゅ》す。常住物を守ること眼睛のごとくす。勤修するものあれば、必らずこれを賀す。少善なれども是れを重くす。常途の行状、ことに勝れたり。彼の記をとどめて今の世までも亀鑑とするなり。―随聞記―

弟子たちの偏見を矯正するために、丹霞天然は木仏を焼却するという非常手段に出たのであるが、修行者はその真意を解せず、これを奇行化し、奇行を敢えてすることが修行者の真面目であるかのように考えている。修行者はそのように形式に拘泥してはいかぬ。すべからく先哲の真意を捉えるように努力せねばならぬと教えたのである。

十　修道の大綱（一）

真理を体得しようと志すものは、先ず真理に対する強い憧憬をもたねばならぬ。その強い憧憬を得るためには、第一に無常を観ずること、次に民衆の苦悩を救済しようとする大望を起すこと、そして名利の念を捨て去ること、が肝腎であると道元はいうのである。

無常を観ぜよ

まず無常を観ずることについて、彼は次のように言っている。

いま学道の人すべからく寸陰を惜しむべし。露命消えやすし、時光速かにうつる。暫くも存する間余事を管することなかれ、ただすべからく道を学すべし。今時の人、或ひは父母の恩を捨て難しといひ、或ひは主君の命に背きがたしといひ、或ひは妻子眷属に離れがたしといひ、或ひは眷属の活命存じがたしといひ、或ひは世人誹謗しつべしといひ、或ひは貧ふして道具調ひがたしといひ、或ひは非器にして学道に堪へがたしといふ。かくのごとく識情をめぐらして、主君父母をも離れ得ず、妻子眷属をも捨て得ず、世情に随ひ、財宝を貪るほどに、一生空しく過して、正しく命終のときに当つては後悔すべし。すべからく静坐して道理を案じ、速かに道心を起さんことを決定すべし。主君父母もわれに悟りを与ふべからず。妻子眷属もわが苦しみを救ふべからず。

財宝もわが生死輪廻を截断すべからず。世人もわれを助くべきにあらず。非器なりといひて修せずんば、いずれの劫にか得道せんや。ただすべからく万事を放下して一向に学道すべし。後時を存することなかれ。―随聞記―

真理を体得しようと志す者は、まず光陰は過ぎ易いものであること、身命は朽ち易いものであることをよく考え、明年明後年等といわず即刻修道生活に入るべきである。しかるに世間の人々は、両親がいる間は両親に孝養を尽さねばならぬとか、或いは君侯の命に背くことは出来ぬとか、または妻子一族と別れるのはつらいとか、家族の今後の生活をどうするかとか、中にはまた世間の口がうるさいとか、等の事情にかこつけて、修道生活に入ることを躊躇している者が少くない。また自分は貧乏だから、修道生活に入るのはいいとしても、遁世するためには相当に準備が必要であるがその費用が出来ない、というものもある。かと思うと家庭にも問題はないし、また貧乏でもないから準備に困ることもないが、頭がよくないから駄目だ、などと一身上の問題をいい事にして、遁世しないでいる者もある。しかし、かように躊躇逡巡している間にもやはり光陰は移り、自分の寿命は縮まりつつあるではないか、というのである。あるときこんな事があった。

久しく病床に呻吟していたある武士、病気が全快したら必ず遁世して、道元の指導を受けて修道生活に入ろうといっていた。その中に療養の甲斐あってか一時少し快くなったので、いよいよ修道するのかと思っていたら、その武士は一層のこと全快してからにしようといって、その時修道生活に入ることを敢えてしなかった。その中に病気が再発して再び重態におちいったので、今は一刻の猶予もならず、修道生活に入ることを決意し、修道の場所としての庵室を作る時間もないので、人の庵室を借りて、そこで修道生活をはじめたが、修道生活僅か二ヶ月目に死んでしまった。道元は、後にそのことを弟子たちに話してから、次のように附け加えた。

前夜に菩薩戒をうけ、三宝に帰して、臨終よくして終りぬれば、在家にて妻子に恩愛を惜しみ、狂乱して死せんよりは尋常ならねども、去年思ひたりしときに、在家をはなれて、寺に近づき、僧になれて行道して終りたらば、すぐれたらましと存ずるにつけても、仏道修行は、後日を待つまじきことと覚ゆるなり。身の病者なれば、病ひを治して後より修行せんと思ふは、無道心のいたすところなり。四大和合の身は誰れか病なからん。古人必ずしも金骨にあらず。ただ志だに至りぬれば、他事を忘れて行ずるなり。大事身の上に来れば、必ず小事を忘るる習ひなり。仏道は一大事なれば、一生に究めんと思ひて、日日時時を空しく過さじと思ふべきなり。古人の曰く、光陰空しく度ることなかれ、と云々。病を治せんと営むほどに、除かずして増気し、苦痛いよいよせめば、少しも痛みの軽かりしときに行道せんと思ふべし、強き痛みを受けてはなほ重くならざるさきにと思ふべし。重くなりては、死せざるさきにと思ふべきなり。病を治するには減ずるもあり、増するもあり。また治せざれども減じ、治するに増するもあり。これをよくよく思ひ分くべきなり。―随聞記―

とにかくこの武士は、臨終までの一二《いちに》ヶ月はすでに修道生活をしているのであるから、世間のことに追われて、生前遂に修道生活に入らなかった者に比ぶれば、まだましであるが、去年、修道生活がしたいと申し出《い》でたその時に、修道生活を始めていれば、も少し落ち付いた気持で死んで行けたであろうと思う。それにつけても修道生活は病気が全快してからとか、この仕事をして終ってから等と、将来に引きのばして置くべき性質のものではない。思い立ったその瞬間から始むべきものである。病気だから全快してからにしようと思う心がそもそも間違っている。それは真理に対する憧憬が弱いからだ。昔の修道者たちの誰だって、必ずしもそれほど頑丈な身体を持ち合せていたわけではない。しかしそれでも立派に真理を体得しているではないか。真理を体得するか否かは、志すなわち真理に対しての憧憬があるか無いかによるのである。例の武士にしても、危篤の状態にあったのであるから、すぐというわけにも行かなかったであろうけれども、少しでも快方に向ったときに早速始むべきであり、重態だったならば危篤の状態に陥らないうちに始めるべきではなかったか。真理に対する憧憬の強弱は、その人の無常観の深さに正比例するものである。とすれば病気の場合こそ、修道生活を始めるのに最も都合のいいときではないか。しかし、

古人の曰く、朝に道を聴いて夕べに死すとも可なりと。いま学道の人もこの心あるべきなり。曠劫《くわうごう》多生の間、幾たびか徒らに生じ、徒らに死せしに、稀に人身を受けて、たまたま仏に逢へるときこの身を度せずんば、何れの生にかこの身を度せん。たとひ身を惜しみ保ちたりとも、かなふべからず。つい《ママ》に捨てて行く命を、一日片時なりとも仏法のために捨てたらんは、永劫の楽因なるべし。後のこと、明日の活計を思ふて、棄つべき世を捨てず、行ずべき道を行ぜずして、徒らに日夜を過すは、口惜しきことなり。ただ思ひ切りて、明日の活計なくば餓へ死にもせよ、凍え死にもせよ、今日一日道を聴きて仏意に随つて死せんと思ふ心を、まず発すべきなり。しかるときは道を行じ得んこと一定なり。この心なければ、世を背き道を学するやうなれども、なほしり足をふみて、夏冬の着物などのことをした心にかけて、明日なほ明年の活命を思ふて仏法を学せんは、万劫千生学すとも、かなふべしともおぼへず。またさる人もやあらんずらん。存知の意趣、仏祖の教へにはあるべしともおぼへざるなり。―随聞記―

真理の体得を志すものは、光陰は過ぎ易く、身命は朽ち易いものであることを、強く心に銘記することが必要である。この強い無常観を起しさえすれば、どんな苦しい目に逢っても、たとえば明日の衣食の資に窮して、飢え死にするような場合にも、または寒さに堪えかねて凍え死にするような時にでも、真理体得のための努力を続けることが出来る。真理の体得というのは、この位の決意がなければ出来るものではない。

人の利鈍といふは志の到らざるときのことなり。世間の人の馬より落ちるとき、いまだ地に落ちつかざる間に、種々の思ひおこる。身をも損じ、命をも失するほどの大事出で来るときは、誰人も才学念慮をめぐらすなり。そのときは利根も鈍根も同じく、ものを思ひ義を案ずるなり。しかれば今夜死に、明日死ぬべしと思ひ、浅間

しきことに逢ふたる思ひをなして、切に励まし志をすすむるに、悟りを得ずといふことなきなり。なかなか世智弁聡なるよりも、鈍根なるやうにて切なる志を発する人、速かに悟りを得るなり。如来在世の周梨槃特のごときは、一偈を読誦することも難かりしかども、心根切なるによりて一夏に証を取りき。ただいまばかりわが命は存するなり。死なざる先に、悟りを得んと切に思ふて仏法を学せんに、一人も得ざるはあるべからざるなり。—随聞記—

素質の優劣が、真理体得の第一条件であるように言い触らす者があるので、これを信じている者も少くない。勿論素質の優劣が問題でないことはないにしても、これが第一条件ではない。要するに努力の問題である。真理体得に努力するかしないかが、真理を体得し得るか、否かの区別を分つものである。しからばこのような、真理体得への強い努力は、どこから生れ出て来るかといえばそれは、今夜死ぬかも、また明日死ぬかも知れぬ身であるということの自覚、すなわち世は無常であるということを、強く心に銘記することである。この強い無常観さえ起せば、頭脳がどんな鈍重であろうと、それは大した問題ではない、というのである。

まことにそれ無常を観ずるのとき、吾我の心生ぜず、名利の念起らず、時光の甚だ速かなるを恐怖す。ゆえに行道頭燃を救ふが如し、身命の牢ならざるを顧眄《こべん》す。故に精進翹足《げうそく》に慣る。すでに声色《しょうしき》の繋縛《けばく》を離る、自ら道心の理致に合す。—学道用心集—

要するに真理の体得を志すものは、先ず光陰は過ぎ易く、身命は朽ち易いものであることを、深く心に銘記せねばならぬ。そうすれば自我への執着即ち偏見から離れ、名利を捨てて一歩一歩真理へ近づくことが出来るというのである。

社会救済の大望を起せ

菩提心という言葉がある。それは真理に対する強い憧憬のことであるが、それには二つの動機が数えられる。その一つは上に述べたような深刻な無常観を起すことである。

菩提心多くは一心と名づく。竜樹祖師曰く、ただ世間生滅無常を観ずるの心また菩提心と名づく。—学道用心集—

いま一つの動機は、社会救済の大望を起すことである。

菩提心を起すといふは、おのれ未だ渡らざるさきに、一切衆生を渡さんと発願しいとなむなり、そのかたち、賤しといふとも、この心を起せば、すでに一切衆生の導師なり。—発菩提心—

真理への憧憬、無常観、社会救済の理想、この三者、そのいずれを先、いずれを後とすることは困難である。そしてこのことはまた、その制約関係についても同様である。しかしとにかく、この三つが相互に緊密に結び付いていることは確かである。

いまどき世人を見る中に、果報もよく家をも起す人は、みな心の正直に人のためによき人なり。故に家をも保ち、子孫までも栄ゆるなり、心に曲節ありて人のために悪しき人は、たとひ一旦は果報もよく、家を保てるやうなれども、終には悪しきなり。たとひまた一期は無事にして過すやうなれども、子孫必ず衰微するなり。また人のために善きことをして、その人によしと思はれ、喜ばれんと思ふてするは、悪しきに比すれば、勝れたるに似たれども、なほこれは、自身を思ふて、人のために真によきにはあらざるなり。その人には知られざれども、人のためによきことをなし、乃至未来までも誰がためと思はざれども、人のために善からんことをしをきなんどするを、まことの善人とはいふなり。況んや衲僧はこれに越へたる心をもつべきなり。衆生を思ふこと親疎を分たず、平等に済度の心を存し、世出世間の利益すべて自利を思はず、人にも知られず、喜ばれずとも、ただ人のためによきことを心の中になして、われは、かくの如くの心もちたると人に知られざるなり。――随聞記――

真理の体得を志す者は、他人のため、社会のため、一身を犠牲にする覚悟が必要である。その場合その犠牲に対して、物質的の報酬を求むることのいけないのは勿論のこと、世間から賞讃を受けるであろうとか、それを徳として自分の信望が高まるであろうとか、そうした無形の報酬を期待することも、修道者にとっては大禁物である。まったくそうした考えを捨て去って、恩恵を受けた人は知っていようが、知らないでいようが、そんな事には頓着なく社会のために善いことをなし、また犠牲的に働かねばならぬ。というのである。

あるとき道元は、修行者たちにその実例として、智覚禅師の出家したときの話をしたことがあった。その話というのはこうである。

この人は、はじめ官途に仕えていたが才幹もあり、しかも正直であったので、官吏としての人望も高かった。この人が地方官をしていた時に、国庫の金をひそかに持ち出して、誰にも気付かれないようにその日の生活に窮している貧乏人たちに施してやった。しかしそのうちに公金を費消していることが政府にきこえ、都に呼び返されて、取調べを受ける身となった。しかしその時彼は、最初から自分の身を犠牲にする積りであったので、一切口を緘して弁解することをしなかった。取調べの役人たちも、彼がまさか、と思ったのではあるが、事件は間違いもなく公金費消である。結局、死刑ということに決定した。しかし皇帝は、かねてから彼を大いに信任して居られたと見えて、彼は賢人であり、才人である。今この罪を犯したについては、必ずや何か深い理由があることであろう。彼の首を斬るときに悲しそうな顔をしていたら、早速斬って宜しい、が若《も》しそうでなくて、従容として死に就く覚悟のほどが見えたら、その罪は何か深い考えがあっての事に違いないから、斬ってはいけない。と首斬りの役人に命じて置かれた。ところが皇帝の予想にたがわず、いよいよ死刑という時にも喜んで落ち着いて死に就く覚悟が見え、しかも自ら役人に、自分の命は世の中の人々に捧げているのである、といった。首斬りの役人からこの報告を受けられた皇帝が彼の罪を、即座に許されたことはいうまでもない。そこで彼は修道者となったのであった、と。この話を弟子達にして聞かせた後で道元は次のように附け加えた。

今の衲子もこれほどの心を一度発すべきなり。命を軽んじ衆生を憐れむ心深くして、身を仏制に任せんと思ふ心を発すべし。もし先きよりこの心一念もあらば、失はじと保つべし。これほどの心、一たび起さずして仏法を悟ることは有るべからざるなり。―随聞記―

これ位の決心を一度起さないでは、真理を体得することは困難だ、というのである。

またあるとき、彼は更に卑近な例を挙げて修行者の用意を示している。

もし人来りて用事をいふ中に、或ひは人に物を乞ひ、或ひは訴訟などのことをもいはんとて、一通の状をも所望すること出で来ることあらんに、そのときわれは非人なり、遁世籠居の身なれば、在家等の人に、非分のことを云はんは非なりとて、眼前の人の所望をかなへずば、実に非人の法には似たれども、その心中をさぐるに、なほわれは遁世の非人なり、非分のことを人にいはば、人定めて悪く思ひてん、といふ道理を思ふて、きかずんば、なほこれ我執名聞なり。ただそのときに臨んで、よくよく思量して、眼前の人のために、一分の利益となるべきことをば、人の悪しく思はんことをも顧みず、為すべきなり。―随聞記―

たとえば、在家の人が訪ねて来て、依頼の手紙でも、または訴訟の手紙でも、とにかく一通書いて欲しいと所望したとしたら、そのとき、自分は世間を捨てている修道者であるから、世間の人に対して非道い事をいうのはいけないから、と思ってその在家の人の頼みを断るということは、一見如何にも修道者の態度のようではあるが、しかし、その修道者自身の心の中に立ち入って考えて見ると、自分は修道者である、非道なことをいって人から悪くいわれてもつまらないから止めて置こう、というような気持であることがままある。もしそういうような気持で、その依頼を断るのならば、それは修道者の態度ではないのである。すべからく修道者は、そうした場合自分自身の利害から離れて、眼前に頼みに来ているその人に、少しでも利益となるようなことなら、その依頼をそのまま受け容れてやるべきである。というのである。

名利の欲望を捨てよ

次に修行者は名利の念、即ち富貴栄達の欲望を捨て去らなければならない。

人の心も初めは道心を起して僧にもなり、知識にも随へども、仏となり祖とならんことをば思はずして、身の貴く、我が寺の貴き由を施主檀那にも知られ、親類眷属にも言ひ聞かせて、人に尊ばれ、供養せられんと思ひ、あまつさえ、衆僧はみな無当不善なれどもわれ一人道心もあり、善人なる由を方便して言ひきかせ、思ひ知らせんとする様もあり。これらはいふに足らざるもの、五闡提《せんだい》等の悪比丘の如し。決定地獄に堕ちる心ばへなり。これをもの識らぬ一向の在家人は、道心者貴き人なりと思へり。

修道者の中にははじめの間こそ、真理の体得を目指し、長老の指導に随って修行するけれども、いつしか富貴栄達の虜となり、本来の希望を投げ捨ててしまい、ひたすらに名利を希うようになるものが少からずある。自分の家柄や修道者の地位を誇り、または自分の住持している寺院の、寺格の高いことを信者の間に触れまわり、一族の間にも宣伝し、かくすることによって、信者及び一族の人たちの尊敬を一身に集めて、以て物質的の欲望を充たそうとする。また中には他の修道者たちの修道の方法、或いはまたその人格などをとやかく非難して、自分だけが真理を体得しているようなこと、そしてすぐれた人格者であることなどを直接、間接高調して、人々の尊敬を高めて、またその野望を満たそうとする者もある。こんな修道者を世間では高く買っているが、そんなのは無論真実の修道者ではないというのである。

ただ権実《ごんじつ》の経典を読むあるも、たとひ顕密の教籍伝ふるあるも、未だ名利を抛たずんば未だ発心《ほっしん》と称せず。—学道用心集—

いかに大乗、小乗の経典を読破し、顕密諸宗の典籍の相承《そうじょう》を受けていても、富貴栄達のために仏法の真理を研究している間は、要するに学者ではあっても、真理の体得を目標とする修道者の中に入れることは出来ぬというのである。名利の念の横溢が、この頃の顕密諸宗寺院の基本的特徴であることは上に述べたところであるが、このことは単に顕密諸宗のみではなく、すでに禅宗にもこうした傾向が顕著になりつつあった。

富貴栄達の欲望の禅林への浸潤は、禅林が社会に対して示した迎合的な傾向の中にも見出すことが出来る。かような傾向の中で最も典型的なものは、三教一致論と、祈禱の流行である。三教一致論というのは当時の支那の社会特に支配階級の間に勢力を持っていた儒教及び道教と、仏教とを結び付けんとする運動である。道元はいう、

孔子や老子の言句を見ることなかれ、専ら七仏世尊より今日に至るまでの仏仏祖祖の因縁を学ぶべし。もしそれ仏祖の因縁を管せずして、徒らに名利の邪路を務むる。豈《あに》これ学道ならんか。何れの祖師か孔子老子の涕唾を嘗めて仏祖の甘露とせりや。いま大宋の諸僧、しきりに三教一致の言を談ず、これ非なり。大宋の仏法地を払つて衰ゆ。古徳みな世尊を以つて、老耼《たん》に比するを嫌ふ。今の諸僧はみな談ず、如来と老耼と一致一等と。すべからく知るべし、今どきその人なきに依りて、かくの如くの患ひを致す。—永平広録—

真理の体得を志す修道者は、すべからく富貴栄達の希望を放擲しなければならぬ。しかるに儒教、道教が、支配階級の間に歓迎されているというので、彼等は貴族の歓心を求めて、言葉を換えて言えば彼等の高貴栄達の念を満足せしむるために、三教一致の論をでっち上げて得々としている。その心情が下劣であるというのである。

三教一致論によって、支配階級の歓迎する思想と仏教の結合とを企てた彼等は、他面彼等の修道生活の中に祈禱的要素を添加することによって、支配階級との接近を策していた。道元はいう。

兄弟《ひんでい》もし看経せんと要せば、すべからく曹渓挙ぐるところの経教によるべし、所謂法華、涅槃、般若等の経すなはちこれなり。曹渓未だ挙げざるの経、用ふるも何のためにもならず。故はいかん、古人経論をひらくは偏へに菩提のためなり。今人経論をひらくは偏へに名利のためなり。それ仏経教を説くは、諸衆生をして菩提を得せしめんがためなり。今人名利のために仏経をひらく、幾多仏意に違ふ、況んやまた短慮を以って広学博覧に擬す、まことにこれ愚の甚しきものなり。 ―永平広録―

曽て禅林に円覚経、首楞厳経の流行しているのを見て、道元はその内容を逸早く検討し、それは他の大乗経典の内容と比較して、その内容が低級なものであり、異端の説を多く含んでいることを看破していた。そこで如浄に師事するに及んで、如浄の意見を叩いて見たところ、この二経は昔より疑経と目されている、事実偽経で、後人の偽作したものであろう、先哲の語録に全く見えないところから見ると、禅林でこの経を用いるようになったのは、極く新しいことであろう。というのであった。その以後彼は自信を固め、機会ある毎にこの二経を排撃している。惟うに原始禅林に於いて、禅の精神の横溢していた頃には、祈禱は殆んど修していない。たまに修するようなことがあっても、それは修道者が真理の体得を祈る程度のものであった。それが貴族と接近するとともにいつしか、禅林は修道者のための祈禱の外に、貴族のための祈禱を修することとなった。かかる要求に応じて禅林に取り入れられたのが、円覚経、首楞厳経等一聯のための祈禱経典である。かように考えて来るときに、禅林が貴族の祈禱道場化することを嫌悪する道元が、これ等の祈禱経典を極力排撃する理由が判然として来るであろう。

道元が、禅林の修道者たちが文学に接近するのを喜ばなかった理由も、またこの点に存しているのである。文学も本来は、禅林のものではなかった。やはり禅林の貴族化の過程に、貴族的教養の一つとして取り入れられたに過ぎないものである。また近代の学者、聡明の魔に弄ばれ、以つて悟道となす。名利を発するの病にあひ、以つて効験となす。ただ一生一身を損壊するのみにあらず、またよく多生曠劫の功徳善根を損壊す、これすなはち学人の最も悲しむべきことなり。　―永平広録―

自分は聡明であるから真理を体得した、と考えているものがある。しかし聡明さだけで決して真理は体得出来るものではない。精進努力の力によってのみ真理は体得し得るものである。従って聡明さで真理を体得したと考える、そのことがすでに一つの謬見であるのに、かてて加えて自分の立身出世が立派にその真理を体得していることの裏書ではないかという者がある。かくてこの禅僧は二重の謬見に捉われていることになるのである。ここで多少の説明を試みてみよう。真理体得への努力を続けていれば、自然に修道者の人格に道徳があらわれて来て、自分では世間の人たちに知られることを予期せず、また期待せずとも、世間では次第に敬意を表するようになる。ところが、ここに一つ謬見の発生する余地がある。というのは上の事実を逆に行ったもので、世間で敬意を表するようになり、財宝も多く私有するようになると、世間でもそう思い、自分自身でもまた、真理を体得したような気持になることである。理論としては、逆は必ずしも真ならずの公理で、学問的に今更証明するまでもないことであるが、現実の社会では、なかなかに幅を利かす理論である。道元は言う。

いまだ聞かず、三国の例、財宝に富み、愚人の帰敬をもつて、道徳とすべきことを。道心者といふは昔より三国みな貧にして、身を苦しくし、一切を省約して慈あり道あるを、まことの行者といふなり。徳の顕はるるといふも、財宝にゆたかに、供養に誇るをいふにあらず。徳のあらはるるに二重あるべし、先ずは、その人その道を修するなりと知らるるなり。次にはその道を慕ふもの出で来たる。後にはその道を、同じく学し同じく行ずる。これを道徳のあらはるるといふなり。　―随聞記―

インド、支那、日本の三国の先哲の言をみても、財宝を多く私有し、世間の人々の尊敬を受けるからといって、これを修行が進んで真理を体得した証拠だ、としているものは唯一人もない。そんな考えは、無智な人間どもの謬見にすぎないのである。修行者は古往今来、富貴栄達の念を捨てて清貧に甘んずるのが、通り相場である、というのである。

富貴栄達の念を捨てるというのは、何も社会的のそれのみではない。修道者の集団内でも同様である。彼はあるとき次のような実例を挙げて説明した。

それは曽て、支那の天童山での出来ごとである。そのときの長老は海門禅師、その門下の修道者に元首座《しゅそ》というのがあった。この修道者は、すでに真理を体得した人で、平常の修道振りも、長老に比しても劣らない位立派なものであった。つまり修道者とはいえ、その人格、識見は、すでに長老級の人物であったというわけである。あるときこの人が長老をその部屋に訪ねて、何卒自分を修行者の副筆頭の地位に昇進させて頂きたい、と申し入れた。このことを聞いて長老は、歎息これ久しくして、自分は若い平修道者のころから長老としての現在まで、曽て未だ一度もこんな要求を受けたことがない。お前は修道者として、修道者副筆頭の地位を希望するというその心事を、辱しいとは思わぬのか、お前の実力はすでに自分よりもすぐれていると思っている。従って副筆頭でなくとも、筆頭でも乃至は長老の地位でも与えてはやろう。しかしお前が地位を望むのは昇進のためだろう。その心事こそ実に下劣である、自分にはそのことが残念である、お前のような立派な修道者がそれでは、一般の修道者たちの心事も推察がつくというもの、実に仏法も衰微したものである、と涙を流して訓誡した。この話をした後で道元は、次のような言葉を附け加えたのであった。

いまこれを案ずるに、昇進を望み、物のかしらとなり、長老とならんと思ふことをば、古人これを慚《は》ぢしむ。ただ道を悟らんとのみ思ふて、余事あるべからず。——随聞記——

修道者は自分の志すところに向って、一路邁進、絶対に他事を考えたり、傍見をしたりしてはいけない、というのである。

十一　修道の大綱（二）

世俗への執着を捨てよ

修道者は、身を捨て、心をも捨て去らねばならぬ。しかし多くの修道者は、この身、この心は無論のこと、世俗への執着をすら捨て得ないでいる。

近代の僧侶、多く世俗にしたがふべしといふ。いま思ふにしかあらず、世間の賢すら、なほ民俗に従ふことを穢れたることといひて、屈原の如きんば世を挙げて皆酔へり、われは一人醒めたりとも、民俗に随はずして、ついに滄浪に没す。況んや仏事はことごと皆世俗に遠背せるなり。俗は髪を飾る、僧は髪を剃る。俗は多く食し、僧は一食す。みなそむけり。然して後にかへつて大安楽の人となるなり。故に僧は一切世俗にそむけるなり。　―随聞記―

近頃の僧侶は、世俗にしたがうべしというが、しかしこれは世俗への執着を捨て得ない者のたわごとである。世俗を捨て、富貴栄達の欲望を捨て去ることこそ、修道者の第一の修行ではないかというのである。またあるとき女性の修道者が道元に質問した。戒律を守り通せない一般社会の女性でも、仏法の門に投じて修行することを許されている。自分たちは純粋の修道者であるから、少し位の過失があったにしても、それ等世俗の女性たちよりはまだ増しだ、と思うが如何か、というのであった。それに対して道元は、次のように答えた。

この義、しからず。在家の女人はその身ながら仏法を学して得ることはありとも、出家の人、出家の心なからんは得べからず。仏法の人を択ぶにはあらず、人の仏法に入らざればなり。出家在家の義その心異なるべし、在家人の、出家人の心あるは出離すべし、出家人の在家人の心あるは二重のひが事なり。用心大いに異るべきことなり。作すことの難きにはあらず、能くすることの難きなり。出離得道の行は、人ごとに心にかけたるには似たれども、能くする人稀れなればなり。生死事大なり、無常迅速なり、心を緩くすることなかれ、世を捨てば、実に世を捨つべきなり。仮名《けみやう》は、いかにてもありなんとおぼゆるなり。―随聞記―

世間の女性が、世間にあって仏法を研究する。修道の女性が、道場にいながら世間に執着する。ともに仏法を研究し、ともに世間に関係をもつ、一見同じように考えられるかも知れないが、しかし仔細に検討するとき、この両者の間には天地霄壌の差を発見するであろう。真理の体得を決定するものは、努力であり、真剣さである。この真剣さを闕《か》ぐ修道者は、その身はたとえ修道道場に在籍しても、その目的を達することは困難である。この真剣さをもつ女性は、その身たとえ世間に交わろうとも、真理を体得し得るのである。問題は形式ではなく、その実質にあるのである。仮名はいかにてもありなんと覚ゆるなり、の道元の一言は、この間の消息を道破して更に余すところがないではないか。

自我の執着を離れよ

世俗を捨て、一家を捨てたならば、次には自己を、つまり自分の身や心を捨て去らなければならない。

仏道を習ふといふは自己を習ふなり、自己を習ふといふは自己を忘るるなり。自己を忘るるといふは、万法に証せらるるなり。万法に証せらるるといふは、自己の身心及び他己《たこ》の身心をして脱落せしむるなり。―現成公案——

世俗を捨て、そして一家を捨てた修道者は、次には自己の身心をも捨て去らなければならない。従来修得した学問を鼻にかけている間は、真理を体得することは不可能であるので、まず最初にこれから捨て終《しま》わなければならぬ。

このことはよきこと、仏道にかなひたらめと思ふて、為したく行ひたくとも、もし仏祖の行履《あんり》になからんことは為すべからず、これ必らず法門をもよく心得たるにてあるなり。わが心にもまた、もとより習ひ来たる法門の思量をば棄てて、ただいま見るところの祖師の言語行履に、次第に心を移しもて行くなり。かくのごとくすれば智慧も進み、悟りも開くるなり。もとより学せしところの教家文字の功も、棄つべき道理あらば棄てて、いまの義につきて見るべきなり。法門を学することはもとより出離得道のためなり。わが所学多年の功積あり、何ぞたやすく捨てんと、なほ心深く思ふ、即ちこの心を生死繋縛《けばく》の心といふなり。よくよく思量すべし。たとひ古人の話語を究め、常座鉄石の如くなりとも、この身に着して離れずんば、万劫千生にも仏祖の道を得べからず。いかに況んや権実《ごんじつ》の教法、顕密の正教を悟り得たりといへども、身を執する心を離れずんば、徒らに他の宝を数へて自ら半銭の分なし。――随聞記――

当時の修道者の大多数は、一度は顕密諸宗の寺院に於いて教育を受けたものであることを、考えなければならない。彼等は名利の道場と化してしまった顕密諸宗の寺院では、真理を体得するのは困難であるとして、それ等の寺院を去って、禅林に入って修道に精進しているのであるから、従って、従来の見解は全然捨て去ってもよさそうなものであるが、そこは人情、顕密諸宗に関する自分の知識を鼻にかけ、知らず識らずの間に、自分の頭の中に、従来修得した顕密諸宗の知識によって尺度を作りあげ、その尺度によって、この道場の修行がどうだとか、こうだとか非難している。そのくせ顕密諸宗に心服しているかと云うと、すでに見捨てた位であるから何も心服しているのではない。ただ威張って見たいのである。しかも自分では最高の批判者気取りでいる。実に言語同断である。これに類した人間はいつの世にもいる者である。だがしかし、それでは結局、真理の体得など出来よう筈がない。すみやかにその尺度を、言葉を換えて言えば、従来の偏見のすべてを、捨て去ってしまうべきであるというのである。

一口に自分の身心を捨て去れと云っても、それはそんなに簡単なものではない。早い話が、修道者が道場に入って修行を始める。本来怠け者であるが修道者となった以上、公然と怠けるのは、修道者の名前に対しても気はずかしい。だが如何にも苦痛である。それで長老の見ているところでだけは、殊勝らしく修行しているように見せかけ、蔭では怠けているというような連中が少くない。これは自分の身を惜しんで修道を怠ける者で、勿論いけないことはいうまでもない。その次の段階にあるものは、蔭日向の区別なく、誰が見ていようが、どうしようが、脇き目もふらず修道にいそしんでいる。そして真理を体得するのは決して他人のためではなくて、自分自身のためである。自分こそ真理を体得して仏祖となって見せよう、と一生懸命修道を続けている。これは一見、自我の執着を離れているようにも見える。しかしわが身の立身出世と云う気持がまだ抜け切っていない。また中には真理を体得することによって、諸先哲に喜んでもらおうとか、または仏果菩提を成就しようと思うものもある。しかしこれも自分と云う気持をまだ捨て切ってはいないというのである。もしそうだとすれば、真に自我の執着と云うものを捨て去るには一体どうすればよいのであろうか。

ただ身心を仏法になげ捨てて、さらに悟道得法までをも望むことなく、修行するを以つて、これを不汚染《ふぜんな》の行人とはいふなり。有仏のところにもとどまることを得ず、無仏のところをも急に走過すといふは、この心なり。

―随聞記―

ここで注意せねばならぬことは、自分の身心を捨て去るというのは、自身の身心を切り捨てることでもなく、また粗末にすることでもないのである。

仏法の中にもそぞろに身を棄て、世を棄つればとて、棄つべからざることを棄つるは非なり。この土の仏法者、道心者を立る人の中にも、身を棄つるとて、人は如何にも見よと思ひて、故なく身を悪く振舞ひ、或ひはまた世を執せぬとて、雨にも濡れながら行きなどするは、内外ともに無益なるを、世間の人は即ちこれらを、貴き人かな、世を執せぬなど思へるなり。中に仏制を守りて戒律の儀をも存じ、自行化他、仏制にまかせて行ずるをば、かへりて名聞利養げなるとて人も管せざるなり。それが却つてわがためには、仏教にも随ひ、内外の徳も成ずるなり。―随聞記―

修道者の中には、この身心を捨て去れというと、早や呑み込みに自分の身を苦しめることと考えているものが少くない。しかし仏法で身心を捨て去れというのは決してそんな意味ではない。全く反対に自分の身心を最も大切に取扱えということである。われわれのもっている知識の中には偏見が少くない。その偏見を一度すっかり取り除いて、清算しなければ、われわれはどんなに修行しても結局真理に到達することは出来ない。従って真に幸福になり得ない。それで、この偏見を捨て去れというのである。決して身心を虐待せよと云う意味ではない。身心の虐待と考えるのは、すでに異端の考え方である。

学道はすべからく吾我を離るべし。たとひ千経万論を学し得たりとも、我執を離れずんば、終に魔坑に堕つべし。古人の曰く、若し仏法の身心なくんば、いづくんぞ仏となり祖とならんと、云々。われを離るるといふは、わが身心を仏法の大海に抛向《はうかう》して、苦しく愁ふるとも仏法に随つて修行するなり。もし乞食をせば人これを悪しみ、憎しと思はんずるなれど、かくの如く思ふ間は、如何にしても仏法に入り得ざるなり。世の情見をすべて忘れて、ただ道理に任せて学道すべし。わが身の器量を顧み、仏法に契ふまじなど思ふも、我執を持ちたる故なり。人目を顧み、人情を憚かるは、すなわち我執の本なり。ただ仏法を学すべし。世情に随ふことなかれ。

—随聞記—

この生死は、すなわち仏の御命なり。これを厭ひ棄てんとすれば、即ち仏の御命を失はんとするなり。これに滞りて生死に著すれば、これも仏の御命を喪ふなり。厭ふことなく、慕ふことなき、このとき始めて仏の心に入る。但し心を以つて量ることなかれ、言葉を以つていふことなかれ。ただわが身をも心をも放ち忘れて、仏の家に投げ入れて、仏の方より行はれて、これに随ひもて行くとき、力をも入れず、心をも費さずして、生死を離れて仏となる。—生死—

修道者は一切の偏見を捨て去らなければならない。たとえ如何に顕密諸宗を研究し尽していようとも、また如何に数千万巻の経典を読破していようとも、すっかり自分の偏見を捨て去って終《しま》わなければ、真理への到達は望めないことである。自分というものをすっかり真理の大海の中に投げ込んで、一作一行悉く真理の示すところに従ってこそ、初めて真の修道者である。もし真理が乞食をせよ、と命ずるならば、そんなことをすれば、世間の評判がどうであろうと、こうであろうと直に実践するだけの勇気が必要である。世間の評制を気にするようでは、真理の体得は困難である。ところで、真理を体得しようと希う者は、自分の偏見を捨て去って、真理の大海に身を任せねばならぬというのは、具体的にいえば、つまりこの世に於ける真理の体得者は道場の指導者即ち長老であるので、従って修道者は自分の偏見を捨て去って、長老の指導のままに修行すれば宜しいということになるのである。

しかるに近代の学者、自らの情見を執し、己見をもととして、仏とはかくこそあるべけれと思ひ、またわが存ずるように違へば、さはあるまじなどと云ひて、自らが情量に似たることやあらんと、迷ひあるくほどに、大方仏道の精進なきなり。—随聞記—

近頃の修道者の中には、自分の偏見でもって、予め真理の空中楼閣を作り上げ、この尺度と少しでも相異すれば、これは真理ではない、として、自分の尺度に合致するような学説をもとめ歩いている者がある。思わざるの甚しいものである。このように、自分という尺度をもち廻っているような修道者は結局、真理を体得することは不可能である。

学道の用心といふは、わが心にたがへども、師の言は聖教の言理ならば、全くそれに随ひて、もとの我見を捨てて改め行くべし。この心が学道第一の故実なり。われ昔日、我が朋輩の中に我見を執して知識を訪ひける者ありき。わが心に反するをば心得ずといひて、我見に相かなふをば執して、一生空しく過ぎて仏法を会せざりけり。　――随聞記――

修道者の最も注意せねばならぬのはこの点である。長老の指導するところであれば、それがたとへ自分の従来の見解と全く違っていたにしても、それが先哲の示すところと合致するものでさえあるならば、自分の見解の方が確かに間違っているのであるから、その長老の言に随って、早速に指導を受けて、自分の見解を是正しなければならない。この辺、道元の苦労人であることがよく偲ばれる。というのは、当時修道者を集めてその指導に当っている長老たちの中にも、真理を体得しているものは多くはなかったのである。そうした長老にしばしば遭遇している彼は、長老の真贋を鑑別する場合に、いつも先哲の言行を基準として批判していた。この経験のある彼にしてはじめて言い得るところの、懇切な訓戒の言葉である。長老の真贋に対する注意に就いては後に述べることにして、以下信頼に値する長老を得た場合に於ける修道者の態度に就いて少し記してみよう。

祖席の禅話を心得る故実は、わがもとより知り思ふ心を、次第次第に知識の詞に随ひて改めもて行くなり。たとへば仏といふは、わがもとより知りたるやうは、相好光明具足し、説法利生の徳ありし釈迦、弥陀などを仏と知りたりとも、知識もし仏といふは蝦蟆《がま》蚯蚓《みみず》ぞといはば、蝦蟆蚯蚓をこれぞ仏と信じて、日頃の知解《ちげ》を捨つべきなり。この蚯蚓の上に仏の相好光明、種々の仏の所具の徳を求むるも、なほ情見改まらざるなり。ただ当時の見ゆるところを仏と知るなり。もしかくの如く詞に随ひて、情見本執を、あらためもて行かば、自ら契ふところあるべきなり。―随聞記―

自分では仏というは、釈迦、弥陀のような慈悲の心の深い方をいうのだ、と理解していても、長老がもしも、仏とは釈迦、弥陀の如きものではなくて、がま、みみずの類のことをいうのだ、と教えたら、そのままそれを受け容れて、従来の理解を全く捨て去ってしまうべきである、というのである。勿論そのような長老が居よう筈はないが、これほどまでにも強く、偏見を去れ、と彼は教えている。その態度こそ全く、自分を長老の中に投げ込んでいる、ものである。こうした態度をそのまま、明全や、如浄に対して、示していた道元であったことが想い起される。私はあの場合の謙虚な道元の態度に、多大の敬意を表するものである。と同時に、ああした絶対の信頼を以って、身も心も托し得る長老を見出し得た道元を、羨望しないではいられないものでもある。

学道の人は、自解を執することなかれ。たとひ会するところありとも、もしまた決定よからざる事もやあらん。また、これよりもよき義もやあらんと思ふて、広く知識をも訪い、先人の言をも尋ぬべきなり。また先人の言なりとも、かたく執することなかれ、もしこれも悪しくもやあらん。信ずるにつけてもと思ふて、次第に勝れたることあらば、それにつくべきなり。―随聞記―

修道者は真理を体得してからでも、やはりいつも、偏見に陥ることのないように警戒しなければならぬ。自分自身では真理を体得したと思っていても、充分でない場合もありまた、より進んだ境地もあり得るのであるから、出来るだけ広く各地の長老の門を叩いて指導を受け、また語録、経典に親しんで、先哲の言行を学び、それによって常にたゆむことなく、自分の偏見を是正してゆかなければならない。しかし先哲の言行と云っても、それに捉われてしまうことは、これもまた一種の偏見である。で、それよりもすぐれた言行があったならば、前の立場を早速捨て去って、その新しい立場を取り入れ、それによって言行すべきである。

要するに、真理の体得を志す者には、勿論色々の段階はあるけれども、決して終点はないものであることを忘れてはならぬ。常に絶えざる精進、倦まざる努力によって、偏見を是正することを心掛けねばならぬ。

かように考えて来ると、仏道を習うというは自己を習うなり、自己を習うというは自己を忘るるなり、と、前に記した道元の言葉の中にもあるように、偏見を捨て去る、ことは或る意味に於いては、真理体得への修行の全内容である、とすら考え得るのである。したがって道元は、このことを最も強調している。今その著書の随所に見うけられるものの内、割愛するには余りに惜しい一、二、を更に紹介することとしよう。それは初心の修道者の用意を示したものである。

当世学道する人、多分法を聞くとき、先づよく領解《りやうげ》する由を知られんと思ひ、答の言葉のよからんやうを思ふほどに、聞く言葉が耳を過すなり。総じて詮ずる処、道心なく吾我を存する故なり。ただすべからく吾我を忘れて、人の言はんことを能く聞き得て後に、しづかに案じて、難もあり不審もあらば追ても難じ、心得たらば重ねて師に呈すべし、当座に領する由を呈せんとするは、法をよくも聞き得ざるなり。—随聞記—

修道者が説法を聴聞する場合には、すべての雑念を去って耳を傾けて聴聞しなければならぬ。そして後で静かに、充分に考えて見て、非難すべきことや、不審に思うことがあったならば、徐ろに難詰すれば宜しいし、またその論法が充分理解出来たならば、その旨を長老に伝えるが宜しい。即座に理解したことを示そうとあせり、また答の言葉の美弁麗句のみを考えている中に、折角の説法を聞きもらしてしまう修道者が少くない。自分に捉われているから、こんなことになるのだ、と教えているのである。

行者まづ心をだにも調伏しつれば、身をも世をも捨つることは易きなり、ただ言語につけ、行儀につけて人目を思ひて、このことは悪しきことなれば、人悪しく思ふべしとて為さず、われこのことをせんこそ、仏法者と人は見ん、とて、ことに触れて善きことをせんとするも、なほ世情なり。さればとてまた、ほしひままにわが心に任せて悪事をするは、一向の悪人なり。所詮悪心を忘れ、わが身を忘れて、ただ一向に仏法のためにすべきなり。向ひ来らん毎に、随ひて用心すべきなり。初心の行音は先ず世情なりとも、人情なりとも悪事をば心に制し、善事をば身に行するが、すなはち身心を捨つるにてあるなり。—随聞記—

このことは悪事だから、したならばきっと人が悪く思うだろうから、しないで止めて置こうとか、またはこれは実に善いことだから、これをやったならば、さすがは修道者だと人が思うだろうから、など考えて、善いことをしたりするのも、第一義的には共に世間に捉われている見解である。しかしそうかといって、自分の心に任せて悪事をするのでは、全くの悪人になってしまうのである。従って初心の修道者は、それが第一義的には、捉われた見解として否定されるような行為であっても、先ずとにかく悪事をしないようにし、つとめて善事を行うように心がけることが肝腎である、というのである。

十二　修道の大綱（三）

真理を憧憬して一切の偏見を捨て去った修道者は、真理に向って勇往邁進せねばならぬ。しかし、この場合修道者の最も注意すべきことは、真理体得の方法として何れが正しい方向であるか、誰が正しい指導者であるか、また如何なる方法によってこの難路を突破し得るか、を充分吟味し、見究めた上で、はじめて真理に向って邁進することが肝要である。そうした注意を闕《か》けば猪突の勇に過ぎなくなる。先ず第一の問題から説くこととしよう。

正法

真理を体得する方法として、何れが正道であるか。いうまでもなくそれは仏法である。その仏法の中で何が最もよく仏陀の修道の真精神を伝えているものであるか。それは仏祖正伝の禅宗である。その理由は、釈尊が真理を体得したと同じ方法で、また釈尊のそれと同じ精神をもって、修道するからである。

ただ仏祖の行履《あんり》、菩薩の慈悲を学して、諸天善神の冥に照す所を慚愧して、仏法に任せて行じもて行かば、一切苦しかるまじきなり。

なすべきことの中にも、一切のこといずれか大切なるといふに、仏祖の行履の外はみな無用なりと知るべし。―随聞記―

仏祖とは三世の諸仏、歴代の祖師を略した言葉であるので、つまり釈尊及び諸先哲のことであり、行履というのは、行状の意味である。これを要するに、諸先哲の行状に慣って修行せよ、というのが禅林に於ける修道の眼目である、というのである。

仏子は確かなる先規、教文顕然なり。また相承《さうじよう》伝来の知識現在せり。われに思量あり、四威儀の中に於て一一に先規を思ひ、先達に随ひ修行せんに、なじかは道を得ざるべき。俗は天意にかなはんと思ひ、衲子《のつす》は仏意に合はんと思ふ。修業等しくして、得果すぐれたれば一得永得ならん。かくの如きの大安楽のために、一世幻化のこの身を苦しめて仏意に随はんは、ただ行者の心にあるべし。しかありといへども、またそぞろに身を苦しめ、なすべからざる事をなせと、仏教には勧むることなきなり。戒行律儀に随ひもてゆけば、自然に身安く、行儀も尋常に人めも易きなり。ほどにただ、今案の我見の身の安楽を捨てて、一向に仏制に順ずべきなり。—随聞記—

四威儀というのは行住坐臥のことである。修道者は行住坐臥すべて、諸先哲の行った通りに行動しなければならない。そのために禅林には、諸先哲の行住坐臥を整理し、体系化したところの、清規《しんぎ》と名づくる独特の規範がある。この清規の示す通りを、真面目に実践することによって、われわれは一歩一歩真理に接近することが出来るのである。

学道の人、多分言ふ、もしそのことを為さば、世人これを謗せんかと。この条甚だ非なり。世間の人いかに謗するとも、仏祖の行履、聖教の道理にてだにもあらば依行《えぎやう》すべし。たとひ世人挙《こぞ》つて讃むるとも、聖教の道理ならず、祖師も行ぜざることならば、依行すべからず。それ故に世人の親疎われを讃め、われを誹《そし》ればとて、彼の人の心に随ひたりとも、わが命終るのとき、悪業にも引かれ、悪道へ落ちなんとき、彼の人いかにも救ふべからず。またたとひ諸人に謗せられ、憎まるるとも、仏祖の道に依行せば、真実にわれを助けられんずれば、人の謗ずればとて道を行ぜざるべからず。またかくの如く謗し、讃する人、必ずしも仏祖の行を通達し証得せるにあらず。何としてか仏祖の道を、世の善悪を以つて判ずべき。しかれば世人の情には従ふべからず。ただ仏道に依行すべき道理ならば、一向に依行すべきなり。—随聞記—

自分が為そうと思っていること、またはしていることを、世間の人たちは非難攻撃するかも知れない。しかしそれが仏陀及び先哲の行状と合致するものであるならば、飽くまでもそれを守り通さねばならない。もしまた世間の人たちがたとえ挙って賞讃するようなことであっても、それが仏陀及び先哲の行状に相反することであったならば、断じて一歩も近寄ってはならないというのである。つぎに第二の問題に移ることとする。

正師

誰が最も確かな、真理への案内者であるか。それはいうまでもなく真理の体得者でなければならない。しかしそうした理想通りの真理の体得者は、何処にでも居るというわけではない。道元のような、真理への強い憧憬をもっていた人ですらも、明全に相見したのは、志を立てて出家してから六年目であったし、その法を受け継いだ如浄に相見したのは実に十四年目のことであった。これを以ってしても正師に遭遇すると云うことが、如何に困難なことであるかが察せられる。世間の評判などと云うものはこんな場合当てになるものではない。直接自分でぶっつかって見て、正師であるか否かを見究めなければならない。しかし正師を正師と見究める眼力を養成すると云うことだけでも、事実それはなかなか容易なことではないのである。

近世学道の人、竜蛇弁ぜず、菽麦《しゅくばく》分たず、しかも究明せんと欲する、またまことに難し。—永平広録—

正師を、正師として見究めることが如何に困難なことであり、それを見究め得る眼力を有する者が如何に少かったかを示している。しかし正師を得ることが如何ほど困難であるにしても、正師を正師としなければ真理を体得する事は出来ないのである。かように考えて来ると、真理の体得と云うことが如何に難かしい事であるかが推察されるであろう。

幸いにして祖師を得ることが出来たならば、そのときこそ一切の偏見を捨て去って、正師の指導するままに行動しなければならないことは、言を俟たないところである。

仏仏祖祖、皆もとは凡夫なり。凡夫のときは必ずしも悪行もあり、悪心もあり、鈍もあり、痴もあり。しかれども尽く改めて、知職に随つて修行せし故に、みな仏祖となりしなり。今の人も然あるべし。わが身愚鈍なればとて、卑下することなかれ。―随聞記―

古来の先哲も、はじめは皆凡人であった。人並に悪い心も起したであろうし、悪い事もしたであろう。しかし正師に相見して修行をしてはじめて、仏祖と仰がるるような人になったのである。修行者たちもよくこのことを考えて、自分は頭が悪いから等と、悲観するには当らない、正師の教えに随って修道してさえ居れば、いつかは必ず目的を達することが出来るものである、というのである。

正師に随うことは、修道をする上に最も必要なことである。そして正師に随って居さえすれば、知らず識らずの間に真理に近づくことが出来るのである、が、しかし正師を正師として見定むることは、前にも述べたように困難なことである、然らば初心の修道者は一体どうすれば宜しいのか。

学人たとひ道心なくとも、良人に近づき、善縁に逢ふて、同じことを幾度も聞き見るべきなり。この言葉一度聞きたらば、重ねて聞くべからずと思ふことなかれ。道心一度起したる人も、同じことなれども聞くたびごとに心磨かれて、いよいよ精進するなり。また無道心の人も、一度二度こそつれなくとも、たびたび聞きぬれば、霧露の中を行く、いつ濡るるとも覚えざれども、自然に衣の潤ふが如くに、良人の言葉を幾度も聞けば、自然にはづる心も起り、実の道心も起るなり。故に知りたる上にも、聖教をば幾度も見るべし。師の言葉を聞きたる上にも、重ねて聞くべし。いよいよ深き心有るべきなり。学道のために障りとなるべきことをば、重ねてこれに近づくべからず。善友には苦しく、わびしくとも、近づきて行道すべきなり。―随聞記―

人格者に親しみ近づくは、霧露の中を行くが如し、衣を潤さずとも時に潤いあり、という古語の通りである。初心者は、その分相応に判断して、良師と思う人に就いて、先ず修行せねばならぬ。そして同じことをと思っても、充分自分で理解の出来るまで質問をする方が宜しい。また一方先哲の言行を知るために語録、経典に親しむことが必要である。そして修道の妨げになると思うことには絶対に近づかず、善友にはつとめて接近して、その鞭撻を受けるようにしなければならぬ。

正道

如何なる修道の方法によって真理は体得し得るか。その道はただ一つ、即ち坐禅瞑想する方法のみである。道元は常にこのことを弟子たちに繰り返していた。

禅僧の能くなる第一の用心は、只管打座すべきなり。利鈍賢愚を論ぜず、坐禅すれば自然によくなるなり。坐禅も自然に久しくせば、忽然として大事を発明して、坐禅の正門なることを知るべきなり。

しかあれば心の念慮知見を一向に捨て、ひたすら打坐すれば道は親しみ得るなり。しかれば道を得ることは正しく身を以つて得るなり。これによりて坐を専らにすべしと覚えて勧むるなり。

仏子と言ふは、仏教に順じて、直ちに仏位に到るためなれば、ただ教に随ひて、工夫弁道すべきなり。その教に順ずる実の行といふは、すなはちいまの叢林の宗とする只管打座なり。これを思ふべし。

坐禅瞑想することこそ、修道者が真理を体得することの出来る正門であり、核心である、と教えている。あるとき彼の高弟懐奘が、修道の方法に就いて、特別に教えを請うたときにも、次のように答えている。

只管打座なり。或いは楼上、或いは閣下に定を営み、人に交はりて雑談せず、聾《つんぼ》者の如く、瘂《おし》者の如くにして、常に独座を好むべきなり。—随聞記—

相手は道元の高弟の懐弉である。従ってここに示されたものは、禅の堂奥に到達した、或いはまさに到達せんとする者に対する指導の言葉であることを、先ず頭に置いて考えねばならぬ。ただ専心に坐禅せよ、場所を楼上、閣下何処でもよろしい、とにかく瞑想を妨げるような条件のない、静粛な場所であれば宜しい、そこで単独に坐禅せよ、というのである。

またあるとき弟子たちに次のような訓話をしたことがあった。

学道の最要は坐禅これ第一なり。大宋の人多く得道することみな坐禅の力なり。一問不通にて無才愚痴の人も坐禅を専らにすれば、その禅定の功によりて多年の久学聡明の人にも勝《すぐ》るるなり。しかあれば学人は只管打座して、他を管することなかれ。仏祖の道はただ坐禅なり。他事に順ずべからず。—随聞記—

先哲はみな坐禅によって真理を体得している。われわれもすべからく坐禅に精進し、それによって真理を体得しなければならぬ、というので何も事新しい議論ではないが、問題はこれからである。この道元の書に対して懐弉は次のような質問をした。

打座と看読と、ならべてこれを学するに、語録公案等を見るには、百千に一つもいささか心得ることも出来るなり。坐禅にはそれほどのことの験しもなし。しかあれどもなほ坐禅を好むべきか。—随聞記—

これは修道者の誰しもが、一度は懐く疑問であろう。自分は瞑想もし、また読書もしている。なるほど先哲の教訓や体験を書物で読んでいると、たまさかにはなるほどと共鳴して自分の心境がすすむこともある。しかし瞑想をしていても、なかなか心境の変化を来たすことはない。こんな状態が続いていても、やはり瞑想は続くべきであろうか、というのである。それに対して道元は、公案話頭を見て、いささか知覚あるやうなりとも、それは仏祖の道に遠ざかる因縁なり。無所得無所悟にて端座して時を移さば、すなはち祖道なるべし。古人も看護只管坐禅ともに勧めたれども、なほ坐を専らに勧めしなり。また話頭によりて悟りを開きたる人あれども、それも坐の功によりて悟りの開くる因縁なり。まさしき功は坐によるべし。―随聞記―

と。先哲の教訓によって真理を体得した人もある。しかしそれとても平生瞑想をして、心境が充分にすすんでいたからである。その根源に遡ってよく考えても見ないで、ただ先哲の教訓のみによって真理が体得出来ると考えるのは謬見である。すべからく真理を体得せんと希うものは、坐禅に精進しなければならない、というのである。

十三　修道の実際

修道の大綱については前に述べたが、あのような諸原則は、実際教育の場合如何に具体化させていたか、つまり道元の修道者教育の理論ではなく、道元の修道者教育の実際は、どんなものであったか。このことを知るのに最も都合のいいのは、暦仁二年（一二三九）、即ち彼が四十歳の年の四月二十五日、興聖寺で修行者たちに示した重雲堂式一巻である。先ず重雲堂式の名称について一言して置こう。雲堂とは、雲水即ち修行者を収容する堂の意味で、普通に用いられている言葉でいえば、僧堂即ち修道道場のことで、重雲堂は、この雲堂の重、即ち第二修道道場のことである。興聖寺の修道道場は前にも記したように、それほど大規模であったとも思われぬので、間もなく収容人員を超過し、第二道場の建設を必要としたものと思われる。式は規則の意味である。従って重雲堂式は、第二修道道場規則ということになるのであるが、別に修道道場規則と言うものの残っていない今日に於いては、彼の教育の実際を知り得る文献として注目すべきものである。

さて重雲堂式の内容は全部で二十一ヶ条であるが、今第一条から条を逐うて吟味して行くこととする。先ず第一条は、

道心ありて、名利を投げ捨てん人容るべし。徒らに誠なからん者容るべからず。誤りて容れたりとも考へて出すべし。知るべし、道心ひそかに起れば、名利たちどころに解脱するものなり。おほよそ大千界の中に、正嫡

の付属稀なり。わが国昔より今これを本源とせん。後を憐みて、今を重くすべし。

真理を憧憬する気持が旺盛であって、世俗的な富貴栄達の欲望を、全く捨て去っていること、これが、修道者として、この修道道場に容ることを許す第一条件である。道場の主事はこのことを常に念頭に置いて、修道者を銓衡し、その採否を決定せねばならぬ。この二条件は、修道者となることの基本的の資格であるから、これを具備しないものは、如何に博学多才であっても、絶対にこの道場に容れてはならぬ。また銓衡の場合にはこの男間違いなし、と思って修道者たることを許し、一旦道場に容れた者でも、その後の言動によって、自分の観察が誤っていたということ、即ち真理に対する憧憬が足りないとか、富貴栄達の希望を捨てていないとかいうことを発見したら、躊躇することなく、速刻、道場から出さなければならない。この場合、眼前の修道者に対する個人的、近視眼的な同情偏愛は、無窮の生命を有する修道道場の将来に、禍根を残すものであるから、断じて猶予してはいけない、というのである。最後の一句、後を憐れみて今を重くすべしに千鈞の重みを感ずる。真理を愛する教育者の立場は、かくこそあらねばならぬ。当面を糊塗する温情主義は、結局に於いて、教育の真精神を破壊するものである。後を憐れみて、今を重くすべし、この立場の上に立って、後年彼道元は、鎌倉幕府から土地寄進状を貰って有項天になって道場に帰って来た玄明首座を、禅林から放逐したのであった。第二条は、

堂中の衆は乳水の如く和合して、互に道業を一興すべし。今は暫く賓主なりとも、後にはながく仏祖なるべし。しかあれば即ち逢ひがたきに逢ひて、行ひがたきを行ふ、誠の思ひを忘るることなかれ。これを仏祖の身心といふ。必ず仏となり祖となる。すでに家を離れ、里を離れ、雲を頼み水を頼む、身を助け道を助けんこと、この衆の恩は父母にも過ぐべし。父母は暫く生死の中の親なり。この衆はながく仏道の友にてあるべし。

修道者として道場に入ったら、他の修道者と親密にしなければならない。そして切磋琢磨、手を携えて真理の体得を目標として、突進せねばならぬ、というのである。第三条は、

歩きを好むべからず、たとひ切要には一月一度を許す。昔の人遠き山に住み、遥かなる林に行し、人事稀なるのみにあらず、万縁ともに棄て、韜光晦跡せし心をならふべし。今はこれ頭燃《づねん》を払ふ時なり。この時を以つて、徒らに世縁をめぐらさん。歎かざらめや、歎かざらめやは。無常頼みがたし、知らず、露命如何なる道の草にか落ちん。まことに憐むべし。

修道者は修道に専念せねばならぬ。実際真理の体得は容易のわざではない。それにわれわれの生命は今日一日をすら計り難い。従って修道者は傍目もふらず、寸陰を惜しんで、修道に精進しなければならぬ。それに初心の修道者が、外出して遊び歩こうなどは以っての外のことである。従ってこの道場に於いては原則としてはこれを禁止し、特殊の事情ある者のみ、それも毎月一回を限って、外出を許可するというのである。実際修道の道場に於いて、外出を許すということは、数多の弊害を伴うものである。先ず、外出している間だけ修道が中断される。第二には、外出して社会の出来ごとを見聞することによって、初心者は厳粛なる修道生活を苦痛とするようになり、また抑圧されていた欲望が頭を擡げて来る。第三には、社会の悪風が外出者によって道場内に持ち込まれ、清浄な道場の空気を混濁する。従って初心者には、出来るだけ外界との接触を少くするために、外出を禁止するのが昔から道場の建前であった。道場が、多く山林の中に設けられたのはそのためであり、早い話が、道元が京都を避けて洛外宇治に移り、ついで北陸の一山村に移ったのも、修道者を外界から遮断することが、その主要な目的であった。第四条は、

堂の中にては、たとひ禅冊なりとも文字を見るべからず。堂にては究理弁道すべし。明窓下に向ふては、古教照心すべし。寸陰捨つることなかれ。専一に功夫すべし。

この道場は、坐禅弁道の道場であることを、常に心に銘じて居なければならぬ。そして寸陰を惜しんで、専一に坐禅弁道に精進しなければならぬ。従って、たとい先哲の真理体得の記録であるところの語録、僧伝でも、ここ

では研究してはならない。語録、僧伝の研究のためには、別に衆寮という定った読書室があるから、そこで研究すべきである。第五条は、

凡そ夜も昼も、去らんところをば、堂主に知らすべし。ほしいままに遊ぶことなかれ。衆の規矩にかかはるべし。知らず今生の終りにてもあるらん。閑遊の中に命をおはん。定めて後にくやしからん。

修道者となった以上は、修行に専念せねばならぬ。修行を怠けて、寺院内のあちこちを遊び廻っていてはならぬ。もし止むを得ない事情で、この道場を一歩でも離れる場合には、昼夜の差別なく道場の主事、即ち堂主に予め断ってからにしなければならない。というのである。第六条は、

他人の非に手をかくべからず。憎む心にて人の非を見るべからず。他の非とわれの是とを見ずんば、上敬ひ下恭らす、の昔の言葉あり、また人の非を習ふべからず、わが徳を修すべし。仏も非を制することはあれど、憎めとにはあらず。

修道者は、お互の非行を暴露し、非難してはならぬ。先輩の修道者は、後輩の非行を是正せしめるように努むることは必要であるが、その場合にも決して非難するような言動をしてはいけない。親切に教え導いてやるように注意することが肝要である。第七条は、

大小のこと、必ず堂主に触れて行ふべし。堂主に触れずして、ことを行はん人は、堂を出すべし、賓主の礼みだれば、正偏明らめ難し。

初心の修道者の独断専行は危険である。その危険を防止するために、禅林には長老があり、道場には主事、すなわち堂主がある。従って修道者は道場内の一挙一動すべて、主事の指示を俟って行うべきである。主事の許可を得ずして独断でことを行うような、換言すれば、指導者を無視したような行動に出《い》でた者は、速刻道場より追放せよ。というのである。第八条は、

堂の中、ならびにその近辺にて声を高くし、頭を集《つど》へて、物いふべからず。堂主これを制すべし。

修道道場では、専心に坐禅弁道すべきである。しかるに道場内や、またはその附近に於いて、高声に談話し、または幾人か集って雑談に耽っている者がある。これは単に、自分自身の修道に不真面目であるからいけないというばかりでなく、他の修道者の修道の妨げとなる恐れがあるから、主事はこうしたことのないように、よく注意すべきである。第九、第十、第十一、及び第十二条は、

堂の中にて行道すべからず。

堂の中にて数珠持つべからず。

堂の中にて念誦看経《ねんじゆかんきん》すべからず。檀那の一会の看経を請ぜんは許す。

堂の中にて洟《はな》を高くかみ、唾吐《つばき》を高く吐くべからず。道業の未だ通達せざらんことを悲しむべし。光陰のひそかに移り、行道の命を奪ふことを悲しむべし。自ら少水の魚の心あらん。

第九条から第十一条までは、説明する必要はないであろうから止すこととして、第十二条は、道場内では、出来るだけ静粛にして、他の修道者の修道を妨げぬように注意しなければならぬ。従って洟をかみ、唾を吐くと云うような些細なことにもよく注意して、少しも音を立てないように努めることが必要である、というのである。第十三条は、

堂の衆、綾織物を着るべからず。紙衣などを着るべし。昔より道を明らめん人、みなかくの如し。

修道者は、世間を捨て、一家を捨てただけでは、まだ充分でない。自分の身心をも捨てねばならぬ。一切を捨て去って、自分を真理の大海の中に投げ込まねばならぬ。かくて始めて真理を体得することが出来る。真理を体得した先哲は、一人残らず、真理は清貧の中にありと言っている。従って修道者は出来るだけ粗末な、例えば紙衣などを用いるようにし、たとい自分の家が裕福であっても、綾織物などを身につけることは、自分の修道のため

に宜しくないばかりでなく、他の初心の修道者の名利の欲望を刺戟する恐れがあるから、慎しまねばならぬ。第十四条は、

酒に酔ひて堂中に入るべからず。忘れて謝らんは、礼拝懺悔すべし。また酒をとり入るべからず。韮《にら》の香して堂中に入るべからず。

修道者に、酒、肉、五辛のいけないことはいうまでもないことである。それは、精神状態を錯乱せしめ、欲望を刺戟するからである。従ってこの道場に於いても、勿論禁ぜられていた。しかし、たとえば真理に対する情熱を欠いでいるとか、富貴栄達の念を捨て去り得ないでいるとか、そういうような修道の第一条件を闕《か》いでいるのではないので、その非を悟って反省するという気持が見えれば、道場に入ることを許したのである。この辺、道元の批判があくまで真理体得の立場に立っていて、少しも不純な気持の含まれていないことが察せられて、微笑まれるではないか。第十五条は、

諍論《いさかい》せん者は、二人とも下寮すべし。自ら道業を妨ぐるのみにあらず、他人をも妨ぐる故に、諍論はんを見て制せざらん者も、同じく科あるべし。

修道者は、父母、兄弟以上の親密さを以って、互に助け合って修道に精進せねばならぬ。また修道者は個人としても、自我の執着を離れていなければならない。諍論をするということは、この二つのどちらの立場から見ても、非難さるべき行為であるのみならず、諍論をした結果、他の修行者たちの平静な心をかき乱すので、その点の責任をも負わねばならぬ。従って、喧嘩した当事者は二人とも、留まることを許されない。また諍論を見ていて、これを止めることをしないで却って、好奇心を以って眺めているというような者も、修道者たるの資格のないものであるから、これも処罰する。要するに諍論者、傍観者ともに処罰する、というのである。第十六条は、

堂中の教に拘らざらんは、諸人同じ心にて擯出すべし。侵ししと同じ心にあらんは科あるべし。

単独で生活するのと違って、共同生活と名の付くものの中に入れば、各自のわが儘《まま》は許されない。まして、真理を目標としているこの道場に於いて、絶対にそうした事の許されよう筈がない。一挙一動、道場の規則に従うことを要求する。もし規則を守らないものは、道場の攪乱者として追放する。追放する場合主事は、慎重に、偏見を交えずに、処理することが必要であるのは、いうまでもない。が修道者も、常に真理の立場に於いて、その処分に満腔の賛意を表さねばならぬ。もし自分の偏見を以って処分を是非することあらば、その誹議者は処罰されるであろう、というのである。第十七条は、

僧俗を堂内に招きて、衆を起動すべからず。近辺にても、賓客とものいふ声高くすべからず、殊更修練自称して、供養を貪ることなかれ。久しく参学の志あらんか。あながちに巡礼のあらんはいるべし、そのときも必ず堂衆に触るべし。

この道場では、静粛を絶対に必要とする。従って、この道場に在籍している者の間でも、お互に起居動作に細心の注意を払って、他の修道者に迷惑をかけないように注意している位である、従って外部からの参観者は、修道の妨げとなるから原則としては、これを拒絶することとする。しかし、ながい間真理に憧憬しているというような特志家には、特に参観を許す。が、この場合にも必ず主事に断って許可を得なければならない。決して独断でそういうことをしないように、注意すべきである。また修行者の中には、自分の訪問者をこの道場の近くまで案内して来て、高い声で話をしている者もあるようであるが、あれは、他人の修道の妨げになることが少くないから、止めなければならぬ。これも同じく訪問者のあった場合の注意であるが、訪問者の質問に応じて、自分の修道の有様をありのままに話すのはいいが、えてこうした場合、先方が訊《たず》ねもしないのに自分の修行の進んだことを、それも多分に誇張して、お饒舌りしたがるものであるが、これは充分慎しまねばならぬことである。第十八条は、

坐禅は僧堂の如くにすべし。朝参暮請いささかも怠ることなかれ。

この道場は第二修道道場であるが、それは修行者を修道道場に収容しきれないから、ここに新しく増築して仮りに第二道場としたまでのことであって、修道に於いて何の差別もない。真理を体得するのに第一様式、第二様式の区別はないのである。そのためには、すべて坐禅弁道によらなければならない。道場内での坐禅、瞑想は勿論のこと、朝夕長老の部屋に入って自分の疑問を提出し、その指導を受ける入室も、決して怠ってはならぬ。というのである。第十九条は、

斎粥の時、鉢盂《はつう》の具足を地を落さん人は、叢林の式によりて罰油あるべし。

真理を体得するための努力、坐禅が修行者の修道の全部ではない。行住坐臥、すべて修道の内容をなすものである。中にも食事の場合の動作は、最も重視せられる。従って食事の場合、食器を土間に取り落したものは、自費で灯明料を出さねばならぬ、というのである。この灯明料として若干の金銭を納めることは、古くから行われていたことで、処罰としては勿論最も軽い部類に属する。しかしたとえ如何に軽い罰にしても、食器を誤って取り落した者に罰金を課するというところに、行住坐臥に如何に慎重さを要求していたかが、窺われるではないか。

第二十条は、

凡そ仏祖の制誡をば、あながちに守るべし。叢林の清規は骨にも銘ずべし。心にも銘ずべし。

以上は、修道者が修道道場の中で侵し易い諸点を示したが、しかし、これですべてを尽しているわけではない。釈尊及びその以後の諸賢哲によって、多くの注意、戒律が示されている。それは絶対に守らなければならない。また禅林には、百丈懐海以来、生活の規範としての清規がある。この清規にも、よく従わねばならない。修道者は、戒律、清規、そして自分が示したところの諸注意を、充分守って修道に専念するとき、始めて真理を体得することが出来るであろう、というのである。最後の第二十一条は、

一生安穏にして、弁道無為にあらんと願ふべし。

この道場に於いては、富貴栄達を祈る祈禱は許さぬ。しかし修道者は、一生無事息災にして修道が円滑に進行し、真理を体得することの出来るように、釈尊及び先哲の加護を祈るべきである、と教えている。

重雲堂式二十一箇条、その説くところは多岐多様に亘っている。しかし要するに彼の理想、すなわちこの道場の修道者を出来るだけ多く、しかも出来るだけ深く、真理を体得させようとする彼の真情によって一貫されている。

十四　越前隠棲

天福元年（一二三三）宇治に移ってから十一年目の寛元元年（一二四三）、即ち道元が四十四歳の時の七月十六日、興聖寺のことは一切弟子義準に托し、懐弉以下の弟子を引具して宇治を発ち、同月末越前志比荘《しびのしょう》に移った。領主波多野義重の招きに応じたのである。これより先興聖寺にいた頃には、彼の門を叩いた貴族や武士も少くなかったようである。彼自身、権門への迎合を喜ばず、従ってこうしたことを記すのを好まなかったので、彼の浩瀚なる著述の中にはこうしたことは殆んど見えないが、彼の伝記であるところの建撕記の中には、次のように記されている。

月卿雲客花族の車馬往来絶えず。縁に随つて法を説くの大家一百余所、また菩薩戒を授くるの弟子二千有余輩なり。

法を説くの大家一百余所、菩薩戒を授くるの弟子二千余輩は対句であるので、この場合そのままとることは出来ないが、かなり出入する者のあったことは推察するに難くない。波多野義重もその中の一人であった。

仁治三年（一二四二）壬寅十二月十七日雍州六波羅蜜寺側の雲州刺吏幕下に在つて衆に示す。―全機―

雍州は山城、雲州刺吏は、波多野義重のこと、即ち山城六波羅蜜寺の附近に、波多野義重の住宅があり、仁治三年十二月十七日道元は親しくその住宅に赴いて、義重始め一家の人々のために仏法についての講義をしたのであった。尋《つ》いで翌年、寛元元年四月二十九日、六波羅蜜寺にありて衆に示す。―古仏心―

と記している。ここの六波羅蜜寺は、恐らくは寺名としての六波羅蜜寺ではなく、地名としての六波羅蜜寺であって、波多野義重の邸宅を指しているのであろう。もしこの解釈が誤りでないならば、道元は少くとも引き続き二回は、波多野義重邸に赴いて説法していることになる。かように権門の請を受けてその邸に赴き、ここで正法眼蔵に収めるような重大な講義をしたことは、他に殆んど見当らぬことであり、しかも二度までかような説法を行っていることによって、波多野義重との関係が、他の貴族、武士等と比べて、格段の親密さをもつものであったことが察せられる。この頃、彼は山林隠棲を希望していたので、そのことを伝え聞いた信者たちの中には、その私有地の寄附を申し出たものが十数人に達したが、それらの土地は、或いはあまりに京都に近く、或いはあまりに遠い、というような具合で、彼の希望を満足させるような適当なものがなかった。そのとき、彼と最も親密な間柄の波多野義重が、

越前吉田郡の内、深山に安閑の古寺候。それがし知行の内なり。御下向ありて度生説法あらば、一国の運また当家の幸なるべし。

と懇願したので、道元は、

わが先師如浄古仏は、大宋越州の人なれば、越州の名を聞くもなつかし。わが望むところなり。―建撕記―

と、喜んでその請を容れ、早速波多野義重の支配地、越前志比荘に下向したのであった。そこで道元越前下向に就いての一つの問題、何故に道元は隠棲の地として越前志比荘を選んだか、の理由は明らかとなった。道元と波多野義重との密接な関係、波多野義重の支配地としての越前の国志比庄、これがここでは根本問題である。

次にはこのとき道元は、何故に京都の附近を離れようと決意したか、の問題を吟味してみよう。ここで問題は二つに分たれる。その一つは彼自身に関する問題であり、他の一つは対社会的の問題である。まず彼自身に関す

る問題から述べることとする。

道元は、本来隠棲的の傾向が強かったのであるが、このことは、支那に渡って如浄の門下に投じてから、いよいよ決定的となったようである。嘉禄三年（一二二七）いよいよ支那を引揚げて帰国をする時、如浄が餞別として、道元にはなむけた教訓の要点は、城邑聚落に住することなかれ、国王大臣に近づくことなかれ、ただ深山幽谷に居して、一箇半箇を接得して、わが宗をして断絶を致さしむることなかれ、というのであった。このことは建仁寺にいたときにも、また興聖寺に於いても、常に彼の念頭を去らなかった。のみならず、自分で実際に修道者の養成に当ってみると、なお更この言葉のもつ意味が、ますます身に沁みて味わわれるのであった。

こうした彼の気持のところに、仁治二年（一二四一）二月中旬無外義遠が送ってよこした彼の夢寐にも忘れなかった先師如浄の語録が、彼の手許に届いたのであった。彼の隠棲の希望は、この語録の到着によって拍車をかけられたもののようである。この時道元は四十二歳、如浄と別れてからすでに十五年目、如浄は道元の帰朝した翌年示寂しているから、如浄が示寂してから十四年目に当るのであった。道元は、帰朝してから一日として如浄のことに思いを馳せぬ日とてはなく、またひと時も彼の告別の辞を、念頭から離したことはなかった。この夢寐にも忘れ得ない如浄、彼の語録がいま手許に届いたのである。道元はその時、頂戴奉献、五体投地した、と自ら記している。そして新たなる感激を以って、如浄の残した一句一句を翫味し、そして如浄の家風を追憶した。如浄の法を嗣いだものは、道元の外に、承天寺の孤蟾如瑩、瑞巌寺の無外義遠、華厳寺の田翁頃公、自庵師楷、岳林寺の痴翁師瑩の六人きりなかった。他の五人が、充分禅の伝播している支那に伝道するのに対して、彼が伝道するこの日本に、禅を伝播せしむるか否かは、かかって彼の双肩にある。勿論道元は、如浄の告別の言葉にしたがって京都の街を捨てて、洛南宇治に叢林を開設したのではあったが、しかし宇治は、要するに京都の近郊にすぎない。貴族の出入が頻繁ではないまでも、彼の門を叩く者も少くはなかった。又中には彼を、その私邸に招ずる者もあった。他方興聖寺では、彼は、先哲の行状に目を通す機会も多く、感想を筆に托することも少なかった。こうした読書の生活、文筆の生活は、彼の坐禅瞑想と相俟って、彼の思想をますます豊富にし、純粋にした。かくて彼は、次第に自分の現在の生活に満たされないものを感じ、隠棲を希望するように傾いていた。そこに如浄の語録が到着したのである。彼は早速、語録の跋を書いたのであるが、その中に如浄の行持を讃えて、

山居を好み、出世を望まず、後皇帝より詔を受くるに二度までもこれを辞す。第三度に至つて天童山景徳禅寺に住す。

と記した一節がある。彼は無心にしてこれを書いたのであろうか。断じてそうとは考えられない。彼の心をつよく打つ或るもの、のあったことが偲ばれる。そのことは、行持の巻の撰述が、このことと一脈の関係を有することを考えるとき、更によくうなずかれるのである。

行持の巻の、上巻の執筆年月日は詳かでないが、下巻を書き終ったのが、仁治三年（一二四二）四月五日であるから、恐らくは、如浄の語録を受け取った仁治二年か、または翌仁治三年の初めであろう。とにかくこの巻を書いた頃には、隠遁の決意を全く固めていたもののようである。行持の巻の下巻末に、彼は次のように記している。

徒らなる声色の名利に、馳聘することなかれ、馳聘せざれば、仏祖単伝の行持なるべし。すすむらくは大隠小隠一箇半箇なりとも、万事万縁を投げすてて、行持を仏祖に行持すべし。

彼の決意のほどが偲ばれるではないか。行持の巻は、先哲の修行振りを書いたものであるが、特に、名利を投げ捨てて如何に真理の体得に精進したかが、中心眼目になっている。かく、先哲の修行振りを回顧することによって、彼の決意はますます固められたのである。以下彼が、思慕して止まなかった先哲の行持について、少しく述べてみよう。まず彼は釈尊について次のように記している。

慈父大師釈迦牟尼仏、十九歳の仏寿より、深山に行持して、三十歳の仏寿に至りて、大地有情同時成道の行持

あり。八旬の仏寿に至るまで、なほ山林に行持し、精藍に行持す。王宮に帰らず、国利を領せず、布の僧伽梨《ぎやり》を衣持し、在世に一経するに互換せず、一盂在世に互換せず、一時一日も独処することなし。人天の閑供養を辞せず、外道の訕謗《せんぼう》を忍辱《にんにく》す、凡そ一化は行持なり。浄衣乞食《こつじき》の仏儀、しかしながら行持にあらずといふことなし。

これが道元の書いた釈尊伝である。私は今更ここに彼の釈尊伝を、敷衍しようとするのではない。この釈尊伝によって彼が、当時如何なる角度から釈尊を眺めているか、言葉を換えて言えば釈尊の一生の中で、如何なる点に彼は最も多くの関心をもっていたか、が自ら明らかであろう。要するに釈尊が、名利を弊履の如くになげ捨てて修道した点に、彼は最も心を引かれたのであった。迦葉についても、彼が感激したのはやはりこの点であった。

摩訶迦葉尊者は釈尊の法を嗣いだ人であるが、彼の修道法は十二頭陀に尽きている。その第一は、人の請待に応ぜず、毎日乞食を行うこと、また修行者一食分の銭財をも受けぬこと。第二は、山上に止宿して、人家、聚落内に宿泊せぬこと。第三、衣服を他人に請わぬこと、また与うる人あるも受けぬこと、ただ墓場に捨てある死者の衣服を拾い集め修理してこれを着用すること。第四、野原、田圃、樹下等に止宿すること。第五、一日一食に止め、それ以上食わぬこと。第六、夜といえども横になって寝ることをせず、坐禅したままで睡眠すること。第七、寒さを凌ぐのには、三枚の衣服があればそれで充分である、それ以上の衣服を所持せぬこと。また夜具の中に入って寝ないこと。第八、墓場の中に居て、仏寺の中や、人々の中に交らず、かくすることによって常に、死人の骸骨を眺め、無常を観じ、ひたすら坐禅に努力すること。第九、単独で坐禅に専念し、他人と面接することを避け、また絶対に他人と同食しないこと。第十、まず果実を食し、後に飯を食うこと、飯を食って再び果実を食わぬこと。第十一、青天井の下に寝ね、樹の下や、家の中で宿泊しないこと。第十二、御馳走を食わず、また肉類を近づけず、麻油を体に塗らぬこと。この十二箇条である。この条々を、彼は最後まで守り通したのである。

道元は、迦葉のかかる清貧の生活を言葉を尽して讃美している。

名利をかなぐり捨てて、清貧の中に修道するという釈尊及びインドの哲人たちの行持は、支那の禅者たちにそのままに、いな寧ろ徹底した形に於いて受け継がれた。その中でも最もすぐれているのは、初期の禅者たちであった。従って道元は、口を極めて初期の禅者たちの行持を讃美した。

> 凡そ初祖、二祖かつて精藍を草創せず、薙《ち》草の繁務なし。凡そ三祖、四祖もまたかくのごとし。五祖、六祖も寺院を自草せず、青原、南岳もまたかくの如し。石頭大師は草庵に大石を結びて、石上に坐禅す。昼夜に睡らず、坐せざるときなし。衆務を虧闕《きけつ》せずといへども、十二時の坐禅、必ず勤めきたれり。いま青原の一派の天下に流通すること、人夫を利潤せしむることは、石頭大力の、行持堅固のしかあらしむるなり。

初祖菩提達磨、二祖大祖慧可《えか》、三祖鑑智宗璨《そうさん》、四祖大医道心、五祖大満弘忍、六祖大鑑慧能《えのう》の六代の間は勿論、六祖慧能下の青原行思《ぎょうし》も、南岳懐譲《えじょう》も、かつて伽藍を草創したことはなかった。これを要するに、百丈懐海以前には、伽藍というものはなかった。簡単な草の庵をむすんで、その中で坐禅をしていたのであった。八祖石頭希遷の時ですら、彼は大石の蔭に草庵を作っていたが、お粗末極まる草庵であったとみえて、風が吹き倒さぬ様にそれを大石に結び付けていた。そしてその石の上で、坐禅をつづけていたというのである。

四祖大医道心もまた、名利の念を捨て去って修道に専念した人であった。貞観十年（六三六）のことである。時の皇帝唐の太宗は、一度会いたいから是非出京して呉れ、とわざわざ使者を立てて彼に申し入れた。しかし彼は名利に接近することを、極度に忌避する人であったので、取り敢えずこの招きを辞退した。しかし皇帝は、再度三度使者を遣して彼の出京を求めた。そこで辞退の言葉に窮した彼は、三度目には、病気であるから遺憾ながら御意に応じかねると断ってしまった。ところがこの報告を受け取った太宗は、今度は本気に怒り出した。自分の支配するこの国土に住みながら、しかも自分がこれほどまでに礼を尽して迎えんとしているのに、仮病をつかって出京せぬとは、甚だ怪しからん、というので早速四度目の使者を出し、その使の者には次のように厳命した。若し、彼が今度も自分の要求に応じないならば、今はこれまでだ、彼の首をたたき斬って来い、というのである。意を受けた使者は、山に至って彼に会い、皇帝が重大な決意をしていることをほのめかして、是非出京するように勧めた。しかし絶対に応ずる気配がない、と見てとった使者は、今はこれまでと刀を抜いて威嚇した。しかし彼は、かかる威嚇にも些かも軟化する気色はなく、自らすすんで首の座につき、泰然自若としていた。その態度に吃驚した使者は、いまは主命といえども彼の首を斬るに忍びず、帰京して一伍一什を皇帝に奏上した。ここに於いて皇帝は、自分の軽挙を後悔するとともに、いよいよ彼の人格に傾倒し、その後は彼の意のままに、修道させることにした。この大医禅師の伝記を、感激を以って記しその後に、道元は次のような感想を記している。

身命を身命とせず、王臣に親近せざらんと行持せる行持、これ千載の一遇なり。太宗は有義の国主なり。相見物憂かるべきにあらざれども、かくの如く、先達の行持はありけると参学すべきなり。人主としては引頸就刄して、身命を惜しまざる人物をも、なお歎慕するなり。これ徒らなるにあらず、光陰を惜しみ、行持を専一にするなり。上表三返奇代の例なり。

話は少し脇道にそれるが道元が、皇室を深く尊崇していたことは、今更ここに喋々するを要しないであろう。ただ祈禱をすることを余り好まなかった彼が、定時に必ず聖寿万歳万々歳を、お祈り申し上げていることによっても、その尊崇の深さの一斑は察せられる。彼の忠誠の念が厚いだけに、朝廷の御祈禱の一々にも必ずその報酬を忘れぬ、またそのことを富貴栄達の便りとしようとする、当時の宗教家たちの心事が、嫌で嫌でたまらなかったのである。修道者は、修道を専らにするところにこそ真の忠誠はあると彼は考えていた。

また大梅山の法常禅師の修道は、なお徹底していた。

大梅山の絶頂に登りて、人倫に群せざるなり。草庵に独居す。松の実を食し、荷《はす》の葉を衣とす。かの山に小池あり、池に荷多し。坐禅弁道すること三十余年なり。人事絶えて見聞せず、年暦凡そ覚えず、四山青また黄のみを見る。思ひやるにあはれむべき風霜なり。師の坐禅には八寸の鉄塔一基を頂上に置く、この塔を落地却《らくちきやく》せしめざらんと功夫すれば眠らざるなり、かくの如く弁道すること死に至りて懈怠なし。

人倫は人々、落地却は地に落すことである。法常は、慶元府大梅山護聖寺の草創者である。上のように修道に専念していたときのことである。塩官の門下の一修道者が大梅山に入って、杖にする木を探し歩いている中に道に踏み迷い、思いがけなく草庵のところに出で、ぱったり法常に出会った。そこでその修道者は法常に、この山に入ってからどの位経つかを尋ねた。すると彼が答えて言うようには、自分は新緑と紅葉によって、わずかに時の推移を知るだけであるから、どの位経つかよく解らないと答えた。次に聚落に下りる路をたずねたところが、別に道とてはないから、この池から出ている小川に沿うて下りれば宜しい、と教えて呉れた。この修道者は、世に不思議なこともあればあるものだと思ったので、帰ると早速塩官に一伍一什を話した。この話を聞いて塩官は、曽て彼が江西にいたときに遭った奇特な一修道者のことを思い出した。そしてその後、その修道者は行方不明になっているので、恐らくそれだろうと思い付き、人を遣して法常を招いたが、法常はこれを辞退して山を下りようとはせず、次の一詩を残して、その居を更に山奥に移してしまった。

一池の荷葉《はす》衣とするに尽くることなし、数樹の松実食して余りあり。

たまたま世人に住居を知らる、更に茅屋を移して深居に入る。

道元は、この法常の伝記の後に次のような感想を附け加えた。

師の行持、昔今の知識とあるは同じく讃むるところなり。劣慧の者は讃むべしと知らず、名を貪り、利を愛することの中に仏法あらましと強為するは、小量の愚見なり。

行持は修行、知識は長老、強為は強弁の意である。この中にも、彼が名利を離れることを如何に憧憬していたかを、髣髴することが出来るではないか。

大円禅師は、百丈懐海の下で修行した人であるが、真理を体得すると、そこを去って大潙山《いざん》に登り、そこに草庵を結んで修道の生活を続けていた。そして雪の日といえども、風の日といえども、一日として怠ることはなかった。草庵の附近で拾った橡《とち》の実や栗の実が、彼の常食であった。勿論堂舎があるわけではなく、また家財道具などあるわけもなかった。しかし、こうした長老のいるところには、いつしか修道者が集まるもので、遂には天下の大道場として数千の修道者がいるようにさえなった。そこで道元は言うのである。

梵刹の現成を願はんにも、人情をめぐらすことなかれ。仏法の行持を堅固にすべきなり。修練ありて堂閣なきは古仏の道場なり。露地樹下の風遠く聞ゆるなり。この所在ながく結界となる。まさに一人の行持あれば、諸仏の道場に伝はるべきなり。末世の愚人、徒らに堂閣の結構に疲るることなかれ。仏祖いまだ堂閣を願はず。自己の眼目いまだ明らめず、徒らに殿堂精藍を結構する、全く諸仏に仏宇を供養せんとにはあらず、己が名利の窟宅とせんがためなり。潙山のその昔《かみ》の行持、静かに思ひやるべきなり。

修道者にとっては、修道が第一であって、堂舎は枝葉である。先哲の行状を見るが宜しい。彼等は修道に専念したが、その修道の道場としては、決して外形の立派な堂舎を、作ったわけではなかった。それどころか樹の下や露天で修行した先哲さえ少くはない。しかるに今の修道者たちはどうか。その目的とする真理の体得はおろか、漸く初歩の手ほどきを受けただけで早くも理想を忘れ、真理の道場の名をかりて、彼等自身の富貴栄達の野望を満たすため、堂塔伽藍の修造に余念がない。たとえ貧しい一つの草庵でも、或いは一樹一石にすぎなくとも、そこに真面目な修道が行われている限り、それは正しい意味の真理の道場であり、たとえ堂々たる七堂伽藍を具備していても、真面目な修道が行われていなければ、正しい意味に於いて仏法の道場とはいい得ない。というのである。

観音院の趙州従諗《じょうしゅうじゅうしん》もまたその適例である。
未だ曽て一封の書をもて檀那に告げず、僧堂大きならず、前架なし、後架《ごか》なし。あるとき床脚折れき、一隻の焼断の燼《じん》木を、縄をもてこれを結びつけて、年月を経歴し修行するに、知事この床脚を換えんと請するに、趙州許さず、古仏の家風聞くべし、趙州の趙州に住することは八旬より後なり、伝法よりこの方なり。正法正伝せり。諸人これを古仏といふ。未だ正法正伝せざらん余人は師よりも軽かるべし。未だ八旬に至らざらん余人は、師よりも強健なるべし。壮年にして軽爾《きやうに》ならんわれ等、何ぞ老年の崇重なると等しからん。励みて弁道行持すべきなり。四十年の間世財を蓄へず、常住に米穀なし。或ひは栗子椎子を拾ふて食物に充つ、或いは旋転飯食す。誠に上古竜象の家風なり。恋慕すべき操行なり。

後架は洗面所、床脚は坐禅する床の柱、古仏は真理を体得した長老の敬称、家風は風儀、常住はここでは倉庫の意、栗子は栗、椎子は椎の実、竜象は真理を体得した長老、または修道者の敬称である。そこで趙州は一度も信者の寄附は求めなかった。そのために、禅林の経常費すら思うに任せず、あるときなどは坐禅堂の柱が腐れて折れてしまった、しかし趙州は少しも騒がず、そこらから燃えさしの木片を拾って来て、縄で結び付け再びその床の上に上って、黙々として坐禅を続けた。その後数年経ってから係りの僧が、その柱を取りかえようと申し出たが許されなかった。彼は観音院に、四十年間長老として修道者の指導に当っていたが、倉庫には一粒の米穀もなくても、決して信者に寄附を求めようとはせず、栗や椎の実を食って、修道者たちとともに修道にいそしんだ、というのである。

唐代には、特にすぐれた修道者が多かったが、宋代に入ってだんだんそうした修道者は少くはなってきたが、しかし絶無ではなかった。その一、二、

楊岐方会《ようぎほうえ》が楊岐山の長老となった頃、楊岐山の禅林は全く荒廃し、特に修道者たちの起居する、修道道場の破

損は甚だしいものであった。時たまたま厳冬の候であったので、雪や霰が、坐禅をしている床の上に積るという位で、修道者たちは、落ち付いて坐禅も出来ない有様であった。そこで修道者たちは修理して欲しいと申し出たのであるが、楊岐方会は、言下にこの申し出を斥けていうのであった。

堂閣破れたりとも露地樹下には勝るべし。一方破れて漏らば、一方の漏らぬ処に居して坐禅すべし。堂宇造作によりて僧衆悟りを得べくんば、金玉を以つても造るべし。悟りは居所の善悪にはよらず。ただ坐禅の功の多少にあるべし。—随聞記—

先哲は、家の中で坐禅したのではない。樹の下や露天で坐禅をしたものだ。この建物が朽損しているとは言っても、露天よりはまだ増しだ。こちら側の屋根が損み、雲や霰が漏って坐禅するのに都合が悪いならば、向う側の漏らない方へ移って、坐禅をしたらどうだ。もしも建物の良否が真理を体得するか否かを分つ基準であるならば、自分はともかくも一山の長老であるから、皆の修道が進むように、金殿玉楼の道場でも建てよう。しかし真理の体得は坐禅の功にのみよるものであって、建物の良否などとは全然無関係である。皆は修道者ではあるが、まだほんの初心者に過ぎない。修道と無関係な堂舎のことなどを気にしないで、坐禅に専念したらどうだ。と、そして翌日の説法に、

楊岐乍住《しばらく》して屋壁疎なり。満床尽く布く雲の珍珠、項《うなじ》を縮却して暗に嗟嘘す。飜つて思ふ古人樹下の居。

の一詩を示したのであった。この行持に対する道元の感想は、

この日本国は王臣の宮殿なほその豊屋あらず、僅かに粗かなる白屋なり。出家学道のいかでか豊屋に幽棲するあらん。もし豊屋を得たるは邪命《じやみやう》にあらざるなし。清浄なる稀なり。もとよりあらんは論にあらず。はじめて更に経営することなかれ、草庵白屋は古聖の所住なり。古聖の所愛なり。晩学慕ひ参学すべし。違ゆることなかれ。

邪命は仏制にたがうことを営んで生活するをいう。ここにもわれわれは道元の理想の那辺にあるかを看取することが出来るのである。

芙蓉山の道楷禅師の修行振りは、最も勝れたものであった。彼の高徳を伝え聞いた皇帝は、彼に修道者としての最高の栄誉である禅師号と、紫袍とを贈って、その人格を表旌した。しかし名利に恬淡であった彼は、書状を上ってこれを辞退した。そして、すべての勝れた修道者がそうであったように、彼もまた芙蓉山の山奥に草の庵を結んで、ひたすら坐禅瞑想をこととしていたのであるが、それでも真面目な修道者は、文字通り荊棘を分けて彼の庵を訪ね、教えを乞うのであった。勿論、そうした特志家の数は、それ程多いものではなかったが、長い間には四五百人にも達した。しかしかような熱心な修道者たちも、芙蓉山の修行には容易に堪え得なかった。その修行振りは、彼自身の言葉の中に窺うことが出来る。

ただ汝が心を死了せんことを要す。投子《とうす》人をして米を弁ぜしめ、同煑共餐《どうしやぐさん》せしむ。汝が事を看取し得んことを要す。且従上の古聖かくの如きの榜様《ばうやう》あり、もし長処なくんば如何んか甘得せん。諸仁者もしまたここに於いて体究せば、まことに不虧人《きにん》なり。もしまた敢へて承当《じようたう》せずんば、向後深く力を費さんことを恐る。山僧行業とること無うして、忝《かたじけな》くも山門に主たり。豈《あに》坐して常住を費して頓に先聖の付属を忘るべけんや。いまは即ちほぼ古人の住持たるの体例を学ばんと欲す。諸人と議定す、更に山を下らず。斎に赴かず、化主《けしゆ》を発せず、ただ本院の荘課一歳の所得をもって、均しく三百六十分となし、日に一分を取つてこれを用ふ。更に人に随つて添減せず、以つて飯に備ふべくんば、すなはち飯となし。飯となして足らずんば、すなはち粥となす。粥となして足らずんば、すなはち米湯となす。新到の相見茶湯のみ、更に煎点せず。ただ一茶堂を置いて、自ら去つて取り用ひ、務めて縁を省いて専一に弁道せんことを要す。……それ出家は塵労を厭ひ、生死を脱するを求めんがために心を休《や》め、念を息《や》め攀縁《はんえん》を断絶す、故に出家と名《なつ》く。豈《あに》等閑の利養を以て平生を埋没せんや。直にすべからく両頭撒《さつ》開し、中間放下《はうげ》し、声に遇ひ色に遇ふ石上華を栽ゆるが如く、利を見名を見る、眼中屑《ぜつ》を著くるに似たるべし。況んや無始よりこのかた、これ曽て経歴せざるにはあらず、またこれ次第を知らざるにあらず、頭を翻して尾となすに過ぎず。かくの如きに於いて何ぞ苦苦貪恋をもちひん、如今やまず、更に何れの時をか待たん。故に先聖は、ただ人をして今時を尽却せしむ。よく今時を尽せば更に何の事かあらん。もし心中無事を得ば、仏祖なほこれ寃家《おんけ》の如し。一切の世事、自然冷淡、まさに始めて那辺に相応せん。汝見ずや、隠山死に至るまで敢て人に見えず、趙州死に至るまで敢へて人に告げずして、遍担す。橡栗《とち》を拾ひて食となす。大梅は荷《はす》の葉を以つて衣となし、紙衣の道者はただ紙を着、玄太上座はただ布を著く、石霜は枯木堂に居て衆と坐臥す。

遍担は沈黙、枯木堂は僧堂、承当は合点、新到は新参の修道者の意である。修道の障害となるものは、名聞利養、言葉を換えて言えば富貴栄達を希う心である。修道者は、これを見ること眼中に埃のは入《い》った時のように、瞬時の猶予もなくこれを取り去らねばならぬ。そして隠山、趙州、大梅、紙衣道者、玄太上座、石霜、投子《とうす》等の先蹤に随って、清貧の中にひたすら修道に専念せねばならぬ。従って自分は具体的に、次のような修道方針をとりたいと思う。第一、絶対に山を下らないこと。第二、絶対に信者の招待に応ぜず、また信者に寄附を求めないこと。第三、禅林の雑用を出来るだけ省いて、坐禅に精進すること。の三ヶ条であると云うのである。本来寺院の経済というのは信者に依存するものである。それも古くからある名刹で、すでに財産でもあるのならともかく、無一物の山中の一草庵に於いて、彼は全く信者との関係を絶ったのであるから、その経済は実に惨澹たるものであった。一日の食事がお粥一杯宛《ずつ》という有様であった。そのお粥も極く淡白なお粥にすぎなかったので、さすがの修道者も、居たたまらなくなって彼の許を辞し、山を下りる者も少くなかった。しかしこうしたことは覚悟の前、彼は依然としてその方針を続け、自己の完成に努めるとともに、真の修道者を作り出すことの努力を止めなかった。

芙蓉道楷は宋の政和八年（一一一八）に示寂しているので、道元が支那に渡った嘉定十六年（一二二三）を溯る僅かに百四年、従って道楷の逸話は、近代の名僧として多く伝えられ、また彼の事蹟は修道者の間に讃美されていたであろう。とにかく道元は、この芙蓉道楷の行持を特に敬慕していた。

これすなはち祖宗単伝の骨髄なり。高祖の行持多しといへども、暫くこの一枚を挙するなり。いまわれ等が晩学なる。芙蓉高祖の芙蓉山に修練せる行持、慕ひ参学すべし、これ即ち祇園の正儀《しやうぎ》なり。

先哲の伝え来った修道の真精神はここにある。そして取りもなおさずこれが釈尊の修道の精神でもあるというのである。

長翁如浄にも次のようなことがあった。宋の寧宗が披の高徳を讃えて、禅師号と紫衣を賜ったが、彼は書状を上って辞退した。そこで寧宗は、その心事を深く感じて彼に茶を与え先《ママ》られた。

誠にこれ真実の行持なり。その故は愛名は犯禁よりも悪し。犯禁は一時の非なり、愛名は一生の累ひなり。愚かにして捨てざることなかれ、暗くして受くることなかれ。受けざるは行持なり、捨つるは行持なり。六代の祖師おのおの師号あるは、みな滅後の勅謚なり。在世の愛名にあらず。しかあれば速かに生死の愛名を捨てて、仏祖の行持を願ふべし、貪愛して禽獣に等しきことなかれ。重からざる吾我を貪り愛するは、禽獣もその思ひあり。畜生もその心あり。名利を捨つることは、人天も稀なりとするところ、仏祖いまだ捨てざるはなし。或は曰く、貪名愛利すといふ。大きなる邪説なり、附仏法の外道なり。謗正法の魔党なり。汝言ふが如くならば、名利を貪らざるの仏祖は、利生《りしよう》なきか。笑ふべし、笑ふべし、また貪らざるの利生あり。またそこばくの利生あることを学せず、利生にあらざるを利生と称する魔類なるべし、汝に利益せらるる衆生は、堕獄の種類なるべし。一生の暗きことを悲しむべし。愚蒙を利生に称することなかれ、しかあれば師号を恩賜すとも、上表辞謝する。古来の勝躅《しょうちょく》なり。

道元は、行持の巻の冒頭、釈尊の行持を観察し、尋《つ》いで順次諸先哲の行持を、そして最後に天童如浄の行持に及んでいる。かくすることによって彼は、釈尊のすばらしい行持が、そのまま如浄に伝えられていることを、改めて認識した。しかも自分は如浄の嫡嗣、このすぐれたる行持は、自分でなくて誰が後に伝えよう、自分は万難を排して如浄の行持を、そのまま継承せねばならぬ。

いま仏祖の大道を行持せんには、大隠小隠を論ずることなく、聡明鈍痴をいふことなかれ、ただながく名利を投げ捨てて万縁に繫縛《けばく》することなかれ。光陰を過さず頭燃を払ふべし。大悟を待つことなかれ、大悟は家常の茶飯なり。不悟を願ふことなかれ、不悟は髻中の宝珠なり。ただまさに家郷あらんは家郷を離れ、恩愛あらんは恩愛を離れ、名あらんは名を遁れ、利あらんは利を遁れ、田園あらんは田園を遁れ、親族あらんは親族を離るべし。名利なからんも、また離るべし。すでにあるを離る、なきをも離るべき道理あきらかなり。

名利なからんもまた離るべし。真理を体得したと安心をするとき、直ちに邪道に堕する。自分は、更に更に精進を続け自己を完成すると共に後継者を、自分まで生かして来たこの仏法の大精神を後世に伝える後継者を、教育しなければならぬ。それには都の近くではいけない。先哲のすべてが、そうであったように山に入らねばならぬ。そして坐禅に精進すべきだと決意したのであった。

道元自身の思想の展開に於いて、すでに京都の附近を去って山に入り、より徹底した修道生活に入ろうとする気運が、強く動いていることは、上に述べたような行持の巻によくあらわれているが、このことに拍車をかけたものは、顕密諸宗の圧迫であった。勿論道元の教説は、浄土諸宗や日蓮宗、もしくは臨済宗のそれの如く、顕密諸宗に対立的ではなかった。そのことが、他の諸宗に対するような積極的圧迫を蒙らなかった重大な原因である。しかしとにかく顕密諸宗に対して批判的であったことは、前にも述べた通りであるから、顕密諸宗から喜ばれる筈はなく、消極的にもせよ圧迫を受けたことは否定し得ないであろう。かような雰囲気は直接、京都を離れようとする彼の決意を強めるとともに、一方彼の思想に影響を与えることによって、間接にも彼の決意を促したものと思われる。

次に彼が北国を選んだ理由であるが、それは波多野義重との関係に於いてのみ説明することは出来ない。それには次のことを理解する必要がある。その頃の社会は、荘園社会とも呼ばれることによって明らかであるように、全国の大部分の土地は少数の寺院、神社、貴族の掌中にあった。その少数の寺院とは、言うまでもなく顕密諸宗の寺院であり、神社はまた神宮寺を通じてその支配下にあった。貴族とても同じく顕密諸宗の影響下にあった。かように、直接間接顕密諸宗の支配下におかれている土地に、顕密諸宗以外の宗派の寺院を建てることは困難である。従って新興の諸宗は、顕密諸宗の勢力の弱いところに逃避することになるのである。初期の浄土宗、浄土真宗、日蓮宗、臨済宗が、北国東国に逃避したのは、こうした理由によるのである。しかして道元の場合には、権勢に近寄ることを好まないという条件が別に加わるので、東国は落第、結局北国に行くより外に方法がなかったのである。その北国の内で越前志比庄を選んだのは、それこそ波多野義重との特殊関係によるのである。とまれ道元が越前志比庄に下向した理由の第一としては、名利を全く捨て去って、専一に修道することが、自己をよりよく完成するために必要であり、また仏法の生命を将来に伝えるために、絶対に必要であるということを痛感したためである。

十五　永平道場

寛元元年（一二四三）、即ち四十四歳の年の七月下旬、道元は越前の波多野義重の家に到着した。波多野義重は取敢えず吉峰の古精舎を修理して道元をここに迎え、早速志比庄内市野山の東傘松峰の西に勝地を得て、道元のために新たに禅林の造営を急いだ。この造営の出来上る翌年の七月までの間の大部分の日子を、彼は禅師峰に赴いて、そこで過していた。寛元二年七月十八日、禅林の一部堂舎が完工したので、入山して傘松峯大仏寺と命名、即日祝国開堂の法要を行った。越えて九月一日には法堂が落成し、尋《つ》いで僧堂もまた竣工したので、十一月一日を以って傘松峯を改めて吉祥山とした。つまり吉祥山大仏寺ということになったのである。吉祥の名を選んだ理由は、

諸仏如来の大功徳は、もろもろの吉祥の中にて最も無上なり。諸仏ともに来つてこの処に入る、この故にこの地最も吉祥なり。　―永平広録―

としている。真理体得の道場として選ばれたこの地こそ、最も吉祥であるわけである。ついで寛元四年（一二四六）四月十五日、大仏寺を永平寺と改称した。ここにはじめて現在の吉祥山永平寺という山号と寺号との組合せが出来上ったのである。ところで永平の出典であるが、これについて、仏教がはじめて支那に伝った後漢の明帝の年号によったものであるとする説もあるが、それは恐らく誤りであろう。というのは、永平寺と名称を改めたときの説法に、次のような一節がある。

天は道ありて、以つて高清なり、地は道ありて以つて厚寧なり。人は道ありて以つて安穏なり。故に世尊降生して、一手は天を指し、一手は地を指す。周行七歩して曰く、天上天下唯我独尊と、世尊道あり、これ恁麼《いんも》なりといへども、永平道あり、大家証明せよ、やや久しうして曰く、天上天下、当処永平。―永平広録―

真理体得の道場として選ばれたこの地は、吉祥であるとともに当然永平であるべき筈である。道元の脳裡を去来するものは、真理の体得を措いては、他に何物もなかった。

永平寺での修道生活を特徴づけるものは何であるか。それは修道の徹底化である。道元は、彼自身いよいよ京都の地を去ろうと決意したときに、名利なからんもまた離るべし、の一句を残している。それこそ彼の永平寺禅林に対する理想を示すものであり、同時に永平寺禅林そのものの特徴を形造るものでもある。興聖寺禅林の生活も勿論厳粛なものではあった。しかしその厳粛さをより以上に徹底させたのが永平寺の禅林生活である。以下永平寺禅林に於ける経済生活と修道生活の一端を窺うこととする。以下先ず修道生活について考えてみよう。

坐禅瞑想

寛元二年（一二四四）七月十八日、道元は大仏寺に入山したのであるが、当時は、肝腎な修行の道場であるところの僧堂もまだ完成していなかったので、本格的の修道生活に入ったのは、翌寛元三年の夏安居《げあんご》すなわち夏期特別修道の第一日である四月の十六日からのようである。この日彼は修道者に次のような話をしてた。

何をよんでか大叢林となし、何をよんでか小叢林となす。衆多く院広きを以つて大叢林となすべからず、院小にして衆少きを以つて小叢林となすべからず。もし衆の寡多、院の大小を以つて叢林の量となさば、すなはち戯論《けろん》となる。たとひ衆多くも、しかも抱道の人なくんば、すなはちこれ小叢林なり。たとい院小なるも抱道の人あらば、すなはちこれ大叢林たり。なほ民繁く土広きを以つて大国となさず、しかも君聖に臣賢なるあるを以つて大国となすが如し、汾陽《ふんやう》善昭禅師の会中《えちう》はただ七八《しちはち》衆のみ、趙州は二十衆に満たず、薬山は僅かに十衆あり、しかも例して晩参をなす。近代五百七百及び一千僧を聚会すといへども、すでに抱道の人主席に具はるものなし。豈《あに》大叢林として薬山趙州汾陽等の会に比せんや。故に近代絶えて晩参なく、また講を絶す、先師天童の出世すなはち千載の一遇なり、澆運に当るといへども軌則尤も厳なり。或ひは半夜、或ひは晩間、或ひは斎罷《さいは》、すべて時節にかかはらず、或ひは入室の鼓をうちてすなはち普説し、或ひは小参の鼓を打ちて、すなはち入室せしむ。或ひは自ら僧堂の槌を打つて照堂に在りて普説し、普説し了つて入室せしむ。或ひは首座《しゆそ》寮前の板を打ちて、首座寮に就いて普説し了りて入室せしむ。すなはち希代の勝躅《しようちよく》なり。いま大仏すでに天童の子となり、また晩参を行す。これすなはちわが朝の最初なり。—永平広録—

叢林は禅林即ち修行道場、戯論《けろん》は謬見、抱道の人は真理を体得した人、会下《えか》は門下、半夜は午後三四時頃、斎罷《さいは》は午後一時頃より三時頃まで、入室は修行者が指導を受けるため長老の部屋に入ること、普説は長老が修行者のために僧堂でなす説法、小参は臨時の説法、照堂は僧堂の後ろに続いている堂舎、首座は修道者の筆頭、の意である。

叢林の大小は何を基準として決定すべきであるか。常識的には修道道場の規模が大きく、修行者の数の多い所を大叢林とし、規模が小さく、修行者の人数が少ければ小叢林とするであろう。が、しかしこれは非常に謬った観方である。いま国家について考えて見るならば、国土が広く住民さえ多ければ、たとえその国が乱れていても人々はその国を大国とよぶであろうか。いや恐らくそうではないであろう。上に聖天子を戴き、その下に賢宰相があって、立派な政治が全国の津々浦々にまでよく行き届いている国をこそ、たとえ面積が狭く人口が少くとも、人々は大国とよぶのではないか。修行道場にしても、やはりそれと同じ理窟である。如何に外部的の諸条件がすぐれていても、肝腎の指導者が真理を体得していなければ大道場とはいえない。しかしこれに反して、外部的の諸条件は如何に劣っていようと、その長老が立派な真理の体得者であれば、それをこそ大道場とよぶべきである。実例について見れば、汾陽善昭、趙州従諗、薬山惟儼等の道場には、七八《しちはち》人乃至二十人位の修道者しか居なかったけれども、それらは立派に大道場とよぶことが出来る。しかるに近来の禅林には修行者こそ五六百人乃至千人も収容して居ても、そこには真理を体得した長老がいないから、大道場とよばれる資格はないのである。ところでこの永平寺の道場であるが、この道場は規模は小であり、修道者もまた少数である。しかし先哲の修道の精神を、遺憾なく発揮するつもりである。その点充分大修道道場としての名に値するものと思うのである。その一例は晩の小参すなわち晩参である。この晩参の法は現在支那の禅林には全く行われていない。ただ天童如浄がこの法を行っているだけである。如浄は総じて小参をよく行っていた。朝、昼、夜の区別なく行っていた。この小参で真理の本質を説き、そして真理の本質を理解し得たと思う者、または講義の内容に疑問を起した者は、早速順次自分の部屋に入れて、試問または質問の需めに応じ、各修行者の理解の程度に応じて、真理の本質について、個別的に指導し、理解させるのであった。この講義、この指導、この二つを坐禅瞑想と併行して課することが修道者の教育には最も必要である。自分は如浄の法嗣《はっす》である。いまこの永平寺道場に於いては如浄の精神を嗣いでこの小参、入室を行うこととする。これらの法を行うのは、日本ではとにかくこれが初めてである。というのである。かような意気込みで永平寺の禅林は第一歩を踏み出したのである。修道者の起居については細密な規定であるところの弁道法の撰ばれたのが、同じくこの頃であり、先輩後輩の関係を規定した大己《たいこ》法の撰述が、この前年の寛元二年（一二四四）、知事清規の撰述が、この翌年の寛元四年であることを考えると、永平寺禅林開創の前後二三《にさん》年の間に、禅林の生活規範を多く制作していることが解り、如何に彼が永平寺禅林の経営に努力したかが窺われる。

尋《つ》いで、やや遅れて宝治三年（一二四九）正月には、衆寮に関する規定としての衆寮清規を選んでいる。修行者は、坐禅瞑想によって真理体得に精進するとともに、一方読書によって自己を鞭撻し、批判し反省することが必要である。この目的のために、坐禅道場としての僧堂の外に、読書室としての衆寮を、禅林は持っている。衆寮清規と云うのは、つまりこの衆寮に関する規定である。従って僧堂の生活が、最も厳粛に適切に行われていることを観察したわれわれは、歩を衆寮に運んで、読書室の雰囲気をつぶさに視察したいと思う。と言ったところで勿論、この衆寮清規を通じて観察するのである。

清規の第一条は、

寮中の儀まさに仏祖の戒律に敬遵し、かねて大小乗の威儀に依随し、一に百丈清規の如くすべし。清規に曰く、事大小となく、ならびに箴規《しんぎ》にかなふべしと、しからばすべからく梵網経、瓔珞《やうらく》経、三千威儀経などを看るべし。

衆寮は修行道場である。従って道場内のすべての行動は、禅林の生活規範であるところの清規に従わなければならぬというのである。ここの百丈清規は、普通名詞の清規の意味で用いられたもので単に禅林の生活規範の意味である。

第二条は、

寮中まさに大乗経ならびに祖宗の言句をみ、自ら古教照心の家訓に合すべし、先師衆に示して曰く、汝等曽て遺教経をみるや、闔《こう》寮の清衆、各各父母、兄弟、骨肉、師僧、善知識の念に住し、相互に慈愛し、自他顧憐し、ひそかに難値難遇の想ひあらば、必らず和合和睦の顔を見ん。もし失語あらば、まさにこれを諌むべし。もし重悔あらば、まさにこれに従ふべし。これはこれ見聞の巨益なり。よく親近の大利たるものか。忝《かたじけな》くも厚く善根を殖《ふや》せし良友に交はり、幸いに住持三宝の境界を拝す。また慶快ならずや。俗家の兄弟すらなほ異族に比せず、仏家の兄弟、すなはち自己よりも親しむべし。

この衆寮では一切の大乗経典及び語録、僧伝等、とにかく先哲の真理体得の方法、努力を記してある書物を読んで、それによって自分の修道の実際を批判し、鞭撻せねばならぬ。またこの道場では、修行者たちは父母、兄弟、師弟以上の親密と敬愛とを以って、切磋琢磨しなければならないというのである。

第三は、

寮中、高声に読経吟咏して、清衆を喧動すべからず。また励声を揚げて誦呪すべからず、また数珠を持ちて人に向ふはこれ無礼なり。諸事すべからく穏便なるべし。

衆寮に於いては、高声で読経、誦呪、吟咏することとすべていけない、それは修行者たちの読書を妨げるものであるからである、というのである。

第四は、

寮中賓客を接入して相見し、笑談すべからず。また商客、医師、相師等及び諸道の輩と問答すべからず。商客と問答するには、すべからく寮辺を避くべし。

この道場を応接室の代用にするのは宜しくない。また商人、医者、人相見をここに連れて来てはいけない。特に商人との話は、修道者の読書反省の妨げとなるから道場内は勿論、道場の附近をも避けるようにするだけの注意が肝要である。修道者には、初心者すなわち未だ富貴栄達の念を充分に清算しきっていない者もある。こうした程度の修道者が折角読書反省している時に商売の話などが聞えてくるのは、そうした人達の欲望を刺戟し、折角の修道を乱す怖れがあるというのである。こうしたところにも道元の、修道者に対する細心の注意が偲ばれる。

第五は、
寮中、頭を聚めて談話し、無慚無愧にして戯笑すべからず。たとひ笑ふべきの縁に遇ふとも、四念住これ住処、三帰依これ依止なり。少水の魚の如し、何の楽しみかあらんや、およそ前後肩と語笑すべからず。すでによくかくの如くならば、衆に処して山のごとくならん。
修道者は、世の無常を観じて、寸陰を惜み、真理体得のために努力精進しなければならぬ。初心の修道者はこの心構えが充分でなく、ともすれば道場の一隅に集って、または机に向っていても、前後左右の者と世間話に夢中になって、大声をあげて笑っている者がある。修道者の立場をよく反省して行動しなければならぬというのである。
第六は、
寮中、他人の案頭に到りて、他人の看読を観視して、すなはち自他の道業を妨ぐべからざるなり。雲水の最も痛みとなすところなり。
他人の机のところに出掛けて行って、読書しているのをじろじろ眺めるのは、眺められる方が迷惑千万であるばかりでなく、自分の修行のためにも宜しくないというのである。
第七は、
寮中法度の如くならざること、小事は寮首座《しゅそ》及び宿徳耆年、まさにこれを諫むべく、大事はまさに維那《ゐの》に報じて諫むべし。初心晩学は和敬随順して、まさに以つてこれを諫むべし。受くると受けざるとにより、明らかに道心の有無を知る。清規に曰く、言語事業動止威儀、まさに衆中の規矩に依り、ならびに委曲に提撕《ていぜい》すべし。後生を慈念すること、なほ赤子のごとくせよ。これ古老の心操なり。
多くの修行者のことであるから、その中には間違った行為をする者もあるであろう。そうした場合には、首席の修道者、人格者、または老年の修道者などが忠告してやるのが普通である。いずれにしても忠告者は、過失を侵した修道者に対して懇切に、しかも充分に納得の行くように教え導くことが大切である。教育者の立場は決して罪人を取り調べる者のような態度であってはならない。慈愛に満ちた両親の立場でなければならない。先哲はこの両親の子供に対する心持で、いつも修道者を指導して来たのである、というのである。

第八は、

寮中、世間のこと、名利のこと、国土の治乱、供衆の粗細を談話すべからず。これを無義の語、無益の語、雑穢の語、無慚愧の語と名づけ、かたくこれを制止す。聖を去ること時遠し、道業はいまだ成らず、身命は無常にして、光陰繫ぎがたし。しからば十方の雲衲、専ら光陰を惜しみ、精進してすべからく頭燃《づねん》を救ふが如くすべし。努力せよ、閑談して空しく時節を過すことなかれ。石頭和尚曰く、謹しんで参玄《さんげん》の人に申す、光陰空しくわたることなかれ、と。

世間話などに空しく時を過してはならない。すべからく修道者は寸陰を惜しんで、真理の体得に努力せねばならぬ、というのである。

第九は、

寮中、威儀を乱すべからず、合掌問訊すること、まさに法の如くなるべし。聊爾《れうじ》なることなかれ。およそ一切時法を軽んずべからず。

道場内の起居動作は、規定通りに守らなければならない。そして先輩には勿論、同輩、後輩に対しても、定められているように挨拶をせねばならない。決して粗略に亙らぬように注意すべきであるというのである。

第十は、

寮中、清浄の大海衆、すなはち聖、すなはち凡、誰か測度するものならんや。しからば面を見て人を測るは痴の甚しきなり。世尊の在世すらなほ盲目の比丘ありて衆に交る。況んや像末の澆運にはただ結縁を尊ぶ。何ぞ人を軽んずるものならんや。衣綴《えとつ》零落し、道具旧損するも、凡眼を以つて観ることなかれ、これを忽せにすべからず。古来有道の人、衣服に華やかならず、ただ道具を実にす。卑族軽んずべからず、初学笑ふべからず。たとへ笑はるるとも嗔恨することなかれ。況んやまた下下の人に上上智あり。上上の人に没意智あり。ただ四河の海に入りてまた本名なく、四姓出家して同じく釈氏と称せよとの仏語を念へ。

容貌とか、服装とか、または家柄などによって、人をとやかく批許してはいけない。修道者の群に投じた以上は、世間的のそうしたことは、全く批評の基準にはならないのであるというのである。

第十一は、

寮中、各各の案頭に、もし菩薩の像を安んぜば、これ無礼なり。また画図等を懸くべからず。

修道者たちの中に、自分の机の上に、仏菩薩の像や、或いは画像を安置するものがある。真理を体得出来るようにと仏菩薩に祈るその心掛けは宜しいとしても、仏菩薩を粗末にする怖れがあるから机の上に安置してはいけない、というのである。

第十二は、

寮中の兄弟、もし他人の案頭に到るの時、或ひは著衣、或ひは衩衣《しやえ》、時の宜しきによるべしといへども、必ずその儀あり。もし着衣せず、衩衣せず、不儀にして到る者に逢はば、相見すべからず。

修道者は如何なるときでも放縦であってはいけない。いつも礼儀正しくしていなければならぬ。この道場内で、他の修道者の机の所まで行くときでも、あたりまえに袈裟を着けているとか、または袈裟を手に持つとか、いずれにしても規定の服装をしていなければいけない。またもし、規定の服装をしていなければ、たとい自分を訪ねて来ても面接してはならない、というのである。

第十三は、
寮中の兄弟、案頭に在るのとき、他人の来るを見ば、まず床を下つて地に立ち、或いは著衣し、或ひは衩衣し、すべからく来者の儀にしたがつて、或ひは問訊し、或ひは触礼《そくれい》すべし。相見の威儀すべからく法の如くすべし。
修道者が、机に向っているとき、他の修道者が自分のところに訪ねて来るのを見かけたら、早速土間に下りて、迎えねばならぬ。そして先方が先輩か、同輩か、または後輩であるかに従って、服装も挨拶もそれぞれ型通りに行わなければならないというのである。
第十四は、
寮中の兄弟、寮中の上下間を穿歩《せんぽ》すべからず。また人の在不を論ずべからず。彼彼の案頭を歴観すべからず。
道場内を、あちらこちら歩き廻って、誰が居るとか居ないとか、またそこら中の机を一々のぞいて歩いたりすることは宜しくない。従ってそうした行動をしてはいけない、というのである。
第十五は、
寮中の案頭ほしいままに偃臥《えんが》し、板頭によりかかり、脚を露はし、体を露はし、衆のために無礼なるべからず。すべからく古聖先徳、樹下露地に坐せしの跡を憶ふべし。
この道場は読書反省の場所であって休息所ではない。従って、疲れたからと云って、横になったり、壁にもたれて脚を投げ出したり、また暑いからと云って肌ぬぎになったりすることは、遠慮しなければならぬというのである。
第十六は、
寮中の清衆、金銀銭帛等の不浄財を蓄ふべからず。これ古仏の遺誡なり。西天の初祖迦葉尊者、在家の時その家の富めること千倍して瓶沙王に勝れり。十六の大国を以つてしても隣となることなし。しかるに家を捨て道を修するのときは鬢髪長く衣服弊《やぶ》れ、糞掃《ふんぞう》を衣となし、乞食を食となし、まさに隠れんとするに至るまで、曽て改めず、道心の士知らずんばあるべからず。迦葉高祖すらなほかくの如し。凡夫末学豈《あに》自ら守らざるべけんや。

いつもいうように修道者は、まず富貴栄達の念を捨て去らなければならぬ。従って修道者が金銀財宝を貯える等ということは以ての外である。のみならず、そういうことをすれば他の修道者たちの欲望を刺戟して邪道に陥らしめる危険さえある。慎むべきである、というのである。

第十七は、

寮中の説話、常にまさに低声なるべし。鞋履《あいり》響かすことなかれ、洟《はなかむ》唾《つばはく》咳《せきする》呻《うめく》ならびに当に喧しからざるべし。倭語の華麗に耽けるなかれ、すべからく仏祖の実語を慣ふべし。たとひ仏祖の語句を談ずるも、朗声を挙ぐべからず。衆のために無礼なる所以なり。

道場の中で、止むを得ずお互同志にする話は出来るだけ低声にしなければならない。洟をかみ、唾を吐き、咳をするというような場合にも注意して、出来るだけ静粛にすることが必要である。たとえ釈尊や先哲の言行についての話をする場合にでも、大声で話すことは遠慮しなければならぬ。いつも、他人の読書の邪魔にならぬように、ということを頭に置いて行動しなければならぬというのである。

第十八は、

寮中にては、たとひ耆年《ぎねん》宿徳なりとも、衆のために無礼なるべからず。もし衆儀に違はば、維那《ゐの》まさにこれを暁示すべし。

老修道者、人格者でも、よく注意して、他の修道者の読書の妨げになるようなことは慎しまなければならぬ。これらの人々が、もし非法を行った場合、後輩である他の修行者が忠告することは穏かでないから、そのときは人事部長であるところの維那が、充分了解できるように説明し指導してやらなければならない、というのである。

第十九、二十は、

寮中、もし衣鉢及び諸色の物を落失せば、先づまさに榜《ぼう》を貼るべし。その榜に曰く、本寮某甲上座某時某物を遺落す。もし見得せる者あらば、請ふ拾遺の牌を掛けよ云々、すべからく清規によりて理断すべし。ほしいままに人を壊《やぶ》るべからず。

寮中遺落の物あらば拾遺の牌をかくべし。

衣服や食器またはその他の物を紛失した者があった場合、勝手に修行者の誰、彼に嫌疑をかけて、取り調べるなどと云うようなことは、慎まねばならぬ。ちゃんと禅林の生活規範であるところの清規に、そんな場合の手続が規定されてあるから、その方法によらねばならぬ、というのである。

第二十一は、

寮中、俗典及び天文地理の書、凡て外道の経論、詩賦、和歌等の巻軸を置くべからず。

衆寮では、先哲の言行に親しむのが目的である。従って修道の妨害となるような書籍は勿論のこと、そうでなくても修道に稗益することのないような書物は、一切これを読むことを禁ずるというのである。

第二十二は、

寮中、弓箭、兵杖、刀剣、甲冑等の類を置くべからず。凡百の武具を置くべからず。もし腰刀などを蓄ふる者は、即日に、すべからく寺院を追ひ出すべし。総じて悪律儀の器は寮内に入るべからず。

宗教界には僧兵の横行していた時代、社会的には尚武の教養を第一義とした時代、こうした環境の中にあっては、弓箭、兵杖、刀剣、甲冑、その他の武具は、寺院を守るために必要であり、また短刀の一振位は、修道者でも護身用として必要であった。当時のどの寺院も、どの宗教家も、自衛のためにそれ位の準備はしていたであろう。永平寺の在る越前志比荘は、勿論鎌倉幕府の御家人、波多野義重の所領であっても、すぐ近くの白山平泉寺には、北国第一の僧兵の大集団があり、また近接した福井平野には、東大寺、及び興福寺が、各々千数百町歩の私有地をもっているのである。こうした社会環境を考えて、この条を吟味しなければならぬ。世間的常識を捨てて、修道者の立場を守らしめようとする道元の固い決意が偲ばれるではないか。

第二十三、二十四は、

寮中、管絃の具、舞楽の器を置くべからず。

寮中、酒肉五辛を入るべからず、凡そ葷茄《くんじょ》の類、寮辺に招来すべからず。

この二条は今更説明する必要もないであろう。

第二十五は、

寮中相並んで座するとき、もしまさに為すべきことあらば、苦事は下座まづなすこと、これ僧儀なり。年少幼学座にありて上座の苦事を見るべからず。無礼なる所以なり。もしこれ好事ならば、すべからく上座に護るべし。これ諸仏の正法なり。

先輩に対する礼を忘れてはならぬ。誰しも苦痛に感ずるようなことは自分でなし、それと反対に愉悦を感ずるようなことは、すべて先輩に譲らなければならぬ、というのである。

第二十六、二十七、二十八は、

寮中、兄弟の把鍼《はしん》には、まさに把鍼の架に就くべし。把鍼の時、頭を聚めて雑談し、高声に多言することを許すべからず。すべからく仏祖の操行を念ずべし。

本寮は公界の道場なり。たとひ鬢髪を剃るといへども、不儀僧の輩は、寮内に経廻出入せしむべからず。寮内に夜宿せしむべからず。たとひ儀僧の輩といへども浮遊の類は、寮内に夜宿せしむべからず。寮内に俳徊せしむべからず。清衆を妨ぐる所以なり。
寮中度世の業を経営すべからず。

これらの諸条は改めて説明をする必要もないであろう。この二十八ヶ条の規則は、要するに衆寮は読書反省の道場であるから、修道者は読書反省に専念し、また他の修道者のそれを妨げないように努めよ、というのである。

十六　清貧の生活

古諺に、道は貧にあり、という言葉がある。上に述べたような、道元の真剣な修道生活も一歩その奥には入《い》ればまた、清貧の生活があった。

永平の弊刹、道路深遠にして、閑人到らず、貧窶《く》閑寂にして、学雲留め難し。―永平広録―

こうした清貧の生活は、彼の場合彼自身が寧ろ積極的にこれを求めたものであった。何故にかように彼は清貧の生活を求めたか。それは、自分の修道に清貧の生活が必要であったことにもよるが、それ以上に修道者をして真理を体得せしむるために、清貧であることが絶対に必要であると考えたからであった。以下少しく彼の清貧生活に対する憧憬の一端を記してみることとする。

あるとき彼は、儒教の経典の中の文句を引合いに出して、清貧の反対、つまり驕奢の生活の弊害を修道者達に説いた。その話と言うのは、大体次のようなものであった。

学人おのおの知るべし、人々大なる非あり、驕奢《おごり》これ第一の非なり。内外の典籍にこれを等しく戒めたり。外典に曰く、貧ふして諂《へつら》はざるはあれども、富んで奢らざるはなしといひて、なほ富を制して奢らざらんことを思ふなり。最もこれ大事なり。よくよくこれを思ふべし。わが身下賤にして高貴の人に劣らじと思ひ、人に勝れんと思ふは、驕慢の甚だしきものなり。しかあれど是は戒めやすし。また世間に自体財宝に豊かに福分もある人は、眷属も囲繞し人もゆるす。それを是とし驕る故に、傍らの賤しき人は、これを見て羨み痛むべし。人の痛みを自体富貴の人、いかやうにか慎むべきや。かくの如き人は戒めがたく、その身も慎むことならざるなり。亦心に驕《おご》る心はなけれども、ありのままに振舞へば、傍らの賤き人は羨みいたむべきなり。是をよくつつしむを驕奢を慎むとはいふなり。わが身の富は果報に任せて、貧賤の人見て羨むを憚らざるを、驕心といふなり。外典に曰く、貧家の前を車に乗て過ることなかれと。しかあればわが身朱車に乗るべくとも、貧人の前をば、はばかるべしと云々。内典も亦《また》かくの如し。—随聞記—

儒教の経典にはしばしば驕奢の生活の弊害を説いている。資産家は、自分の財産は自分の果報のせいであるとして、衣食住に贅沢の限りを尽し、貧乏な人達に威張り散らす。すると貧乏な人達は心の中では何と思っていても、表面ではともかく資産家の歓心を買って置く方が結局自分に有利であるので、どんな馬鹿げたことでも、資産家のすることとなら感心してみせる。すると本人の資産家はこれを正直に受けて、ほんとうに自分は偉い人間であるかのような錯覚を起して、いよいよ驕慢になる。するとまた貧乏な人達は迎合するというようなわけで、資産家自身ますます邪道に堕ちて人間の道から遠ざかって行くようになる。まあそれは資産家自身のことであるから宜しいとしても、資産家の奢侈生活は他の一面貧乏な人たちをして、自分の貧乏をますます苦痛と感ぜしめるような結果を招来する。これは非常な罪悪である。従って資産家は、先ずこの驕慢の心を抑えつけねばならぬ、その一例として、貧乏な家の前は、車に乗って通るのすら遠慮しなければいけない。と誡めている。そして、かように驕慢を誡むることは単に儒教のみでなく、仏教に於いても同様である、と道元は最後に附け加えている。

またある時道元は、こんな話を修道者達にした。唐の太宗に、或る属国から名馬、千里の馬を献上した。大変喜ぶだろうと思いの外、太宗は少しも喜ばなかった。そして左右の侍者たちに言うには、自分一人この名馬に乗って、敵陣に斬り込んで見たところで、家来達が今まで通りの馬に跨って従軍するのであれば、仕方がないではないか、魏徴の考えも恐らくそうであろう。とて賢臣魏徴を召して、その意見を求めた。魏徴は、帝の御考えと同じであると答えたので、太宗はその馬に金帛を負わせて返した、というのがその話の筋であるが、その話の後で道元は、次のように彼の意見を述べた。

世間の帝王だにも、無用のものをば蓄へ給はずして返せり。況んや衲子《のっす》は衣鉢の外は決定して無用なり。無用の物これを貯へて何にかせん。俗すらなほ一道を専らに嗜むものは、田苑荘園等を持することを要とせず。―随聞記―

一国の帝王でも、心ある人はこれだけの心遣いをしている。まして名利の念を捨て去って、修道に専念するわれわれ修道者に、衣服と食器の外に何が必要であろう。一切無用の物を蓄えてはいけない。寺有地なども、必ずしも必要ではない、と明言して居る。

またある時修道者が、修道に対する注意を彼に尋ねたときに、彼は次のように答えている。

学道の人は、すべからく貧なるべし。財多ければ必ずその志を失ふ。在家学道のものなお財宝に纏り、居処を貪り、眷属に交はれば、たとひその志ありといへども障道の因縁多し。古来俗人の参学する多けれども、その中によしといふもなほ僧には及ばず。僧は三衣一鉢の外は財宝をもたず、居処を思はず、衣食を貪らざる間、一向に学道すれば分分にみな得益あるなり。その故は貧なるが道に親しきなり。―随聞記―

修道者は、先ず第一に貧乏でなければならない。多くの財産をそのまま持って、修行しようとしても、結局その目的を達成することは、むづかしいのである。同じように修道に志しても、世俗の修道者と、道場の修道者とでは、どうしても真理を体得するのに遅速があるが、それは、この財産への執着に起因するのである。すなわち在俗の修道者も、同じように、真理の体得を目指しているのではあるが、在俗の生活を続けているのであるから、どうしても財宝に執着し、住宅に執着し、一家眷属に執着する、というようなわけで、修道の障礙となることが極めて多い。勿論古来在俗の修道者で、真理を体得した者もないではない。しかしそれこそ、誠に困難なことで、なかなかの努力家にして始めて、可能なことであり、そしてその体得した真理は、道場の修道者のそれとは、かなりの開きがあるのが普通である。道場の修道者は、二三《にさん》枚の衣服と食器の外には、全くの無一物であるので、従って財宝への執着もなければ、住宅への執着もなく、勿論世を捨てた者に、一家眷属への心配などあろう筈がなく、ただ専心修道をすることが出来るのである。とにかく真面目に努力さえしていれば、真理の体得は易々たるものである。従って、修道を志す者は、まず清貧の生活に入らねばならない。

在俗の修道者でも、真理を体得したほどの修道者はみな、清貧の生活を続けた人である。その適例に龐居士《ほうこじ》がある。彼が修行を始めるときのこと、財宝を残らず持ち出して海に沈めた。そのときこの有様を見ていた近所の人達は、勿体ないことだと思ったので、そんな無茶なことをしないでも、貧乏人に与えてやればどれほどか喜ぶであろう。それがいやなら、真理の道場にでも寄附すれば、修道の結縁にもなるではないか、といって思い止らせようとした。すると彼は、自分はいま財宝が修道の邪魔をする仇敵だと思って、海に捨てているのである。仇敵であると知りながら、人に与えるわけにはゆかぬ、この金銀財宝こそ、これまで自分の身心を苦しめた仇敵である。と言って一切の諌止を斥けて、海中に投げ捨てた。そして彼は修道生活に入り修道を続けたのであった。財宝まで捨ててしまう位なので生活費などを特別準備するわけもなく、早速生活費に困るのは眼に見えたこと、笊を商ってその日を過していた。道元はこの話をした後で、この位の決心があったからこそ、在俗の修道者でありながら真理を体得することが出来たのである、と訓戒している。

在俗の修道者にすら、そうした例がある位である。本格的の修道者にして、古来よりこの清貧生活をしないものは絶無であった。最初の真理体得者釈尊は、財宝を弊履の如く捨て去って、清貧の生活に入った人であるが、その後の諸先哲もその点みな同様であった。

我が門の祖師みな財宝を貯ふべからずとのみ勧むるなり。教家にも此宗を讃するには先ず貧を讃《ほ》め、伝来の書録にも貧を記して讃むるなり。いまだ財宝に富み豊かにして、仏法を行ずるとは聞かず。みなよき仏法者といふは、或ひは布衲衣常乞食《ななふえじやうこつじき》なり。禅門をよき宗と言ひ、禅僧を他に異なりとする、初の興りは、むかし教院律院等に雑居せしときにも、身を捨てて、貧人なる以つてなり。宗門の家風、まづこのことを存知すべし。聖教の文理を待つべきにあらず。わが身も田園等を持ちたる時もありき、また財宝を領せしときもありき。彼のときの身心とこのころ貧ふして衣盂に乏しきときを比するに、当時の心すぐれたりと覚ゆる。これ現証なり。――随聞記――

禅宗の諸先哲は一人残らず、財宝を貯えてはいけない、ということを高調している。他の諸宗から禅宗を讃むる場合には、禅宗の修道者が清貧の生活を理想とし、且つ実践すると云うことを賞讃するし、外典にも、禅宗の修道者の清貧生活を推賞している。しかし、そもそも仏教の立場は、清貧にあるのであって、禅宗はその立場を正しく継承して来たまでの事である。試みに歴史の書物を繙いて、真理の体得者というような人の事蹟を、調べてみるが宜しい。それらの人々はみな粗末な衣服を身にまとい、持ち物とては食器だけで、少しの財宝も身につけず、日毎に托鉢しては貧しい食物を得ていた。禅宗が清貧を理想とし、禅宗の修道者が清貧を実践する、このことの起源は極めて古いことである。そのかみ支那で、禅宗が独立するまでは、他の諸宗の寺院に寄生していたのであるが、その頃から他宗の生活とは、理想に於いても、実践に於いても格段の差を示していた。実に禅宗に家風というものがあるならば、この清貧生活こそその家風である。修道者はこの道場に入った以上、この家風に随わねばならぬ。しかし家風だからというだけでなく、事実清貧は、修道生活にとって絶対に必要である。これは自分の経験であるが、自分もかつて土地を所有していたことがあり、また財宝を持っていたこともあった。しかしその頃の心と、現在のように貧乏して、衣食の資にも窮するような時の心とを比較してみるに、現在の心の方が、余程真理に対する憧憬が強烈である。執着を離れている積りでいても、財宝を持っていればやはり、心の何処かに執着が残っているものと見える。従って修道者はまず第一に、清貧生活に入ることが必要である。先哲が清貧の生活を主張する理由が、いま身に沁みて解った、というのである。

あるとき修道者が、寺有財産について次のような質問をしたことがあった。支那の禅林には、必ず寺有財産があるから、従って修道者の生活が安定している。この国でも顕密諸宗の寺院には、寺有財産がついているけれども、禅林にはそれがない。しかしこれでは、修道者の生活にも困ることが、必ず起きて来るにちがいない。修道生活の安定のために、今の中に寺有財産の育成に努力して置いた方が宜しいと思うが、如何、というのであった。その質問に道元は次のように答えている。

なかなか唐土よりは、この国の人は無理に僧を供養し、非分に人に物を与ふることあるなり。まず人は知らず、われはこの事を行じて道理を得たるなり。一切一物も持たず、思ひあてがふことも無ふして、十余年過ぎ了りぬ。一分も財を貯へんと思ふこそ大事なれ。僅かの命を生くるほどのことは、いかにと思ひ貯へざれども、天然としてあるなり。人みな生分あり。天地これを授く。われ走り求めざれども必ず有るなり。況んや仏子は如来遺嘱の福分あり、求めずして自ら得るものなり。ただ一向にすてて道を行ぜば、天然これあるべし。これ現証なり。—随聞記—

自分が、禅林経営の衝に当ってから今まで十余年の間、全くの無一物で、また全くの無準備で、しかもとにかく、修業者を飢え死にさせることもなく過して来た。この自分の経験からでも、寺有財産を蓄える必要は毛頭ないと思う、というのである。

道元は衣に対する理想は、袈裟の場合の糞掃衣《ふんぞうえ》に最もよく現われている。この糞掃衣は全く世人の執着を離れたもので、従って出家に最も相応しいものとして、曽て釈尊の推奨したところであった。糞掃衣と云うのは、不浄または弊破のため、墓場その他に棄ててある布帛を拾い集めて、綺麗に洗濯し、破れているところにはつぎをあてて修繕し、袈裟に仕立てたものである。糞掃衣の材料となる不浄または弊破の衣服の種類には、四種糞掃、五種糞掃、十種糞掃等の分類があった。今十種糞掃に就いてみれば、牛嚼衣、鼠嚙衣、火焼衣、月水衣、産婦衣、神廟衣、塚間衣、求願衣、往還衣等である。しかし日本には、こうした糞掃衣の材料となるべきものはない。

いま日本国かくの如くの糞掃衣なし。たとひ求めんとすとも、逢ふべからず、辺地小国悲しむべし。ただ檀那所施の浄財これを用ひるべし。人天の布施するところの浄財、これを用ひるべし。あるひは浄命より得るところのものをもて、市にして貿易せらん。またこれ袈裟に作りつべし。—袈裟功徳—

結局、信者の施した浄財を以って、布帛を購い、それで袈裟を作らねばならぬ。そこでその布帛を購求するときの、生地の選択に対する注意としては、

袈裟をつくるには、粗布を本とす。粗布なきが如きは細布を用いる。粗細の布ともに無きには、絹布を用ひる。絹布ともになきが如きは綾羅を用いる。如来の聴許なり。絹布綾羅の類すべてなき国にては、如来また皮袈裟を聴許しましまします。—袈裟功徳—

なるべく下等の生地を用いるが宜しい。粗布があれば粗布、なければ仕方がない細布、それもなければ絹布、絹布もないときは止むを得ない、綾羅の類を用いよ。また絹布、綾羅もない時には、皮地を釈尊は許されている。

次に袈裟の色については、

おほよそ袈裟は、染めて青、黄、赤、黒、紫色ならしむべし。いずれも色のなかの壊色《えしき》ならしむ。如来は常に肉色の袈裟を御しましませり。これ袈裟色なり。—袈裟功徳—

袈裟には、青、黄、赤、黒、紫の色を用いるのであるが、しかし原色ではなく、壊色でなければならぬ。壊色と云うのは、つまり濁色で、木蘭色、茜色、泥色と云ったような色である。

この生地、この染色ともにその本旨は、執着を離れているを敬ぶにある。あるとき懐弉は次のような質問をした。

衲子《のっす》の行履《あんり》、旧損の衲衣等を綴り補ふて棄てざれば、ものを貪惜するに似たり。また旧きを棄てて新しきを随て用ふれば、新しきを貪求する心あり。二つながら咎あり。畢竟していかんが用心すべき。―随聞記―

ぼろぼろの袈裟を、つぎはぎして着ていれば物を惜しむようでいけないし、それかといって、それを棄てて新しい袈裟と取り代えれば、新しいのを求めているようで、これまたいけない。一方は物を惜しむようであり、一方は物を求めるようである。共にいけない。こうした場合には一体どうすれば宜しいか、というのである。それに対して道元は、

貪惜貪求の二つをだにも離れなば、両頭ともに失なからん。ただし、破れたるを綴て久しからしめて、新しきをむさぼらずんば、可ならんか。―随聞記―

要するに物を惜しむ心と、物を求むる心とを、共に捨て去れば宜しい。実際問題としては、破れているのを修繕して出来るだけながく用い、新しい袈裟を貪り求めなければ、それで宜しいであろう、というのである。なお普通の衣服に就いても、奢侈に陥ることを戒めている。

堂の衆、綾羅物を着るべからず。紙衣などを着るべし。昔より道を明めし人、みなかくの如し。―重雲堂式―

次に食に対する彼の理想は、清浄食である。

学道の人、衣食を貪ることなかれ。人人みな食分あり、命分あり、非分の食命を求むるとも得べからず。況んや学仏道の人にはおのづから施主の供養あり。常乞食たゆべからず。また常住物もこれあり、私の営みにあらず。果蓏《このみくさのみ》と乞食と信心施との三種の食は、みなこれ清浄食なり。その余の田商士工の四種の食は、みな不浄の邪命食なり。出家人の食分にあらず。―随聞記―

清浄食の第一は木の実、草の実である。第二は乞食、乞食とは托鉢行乞のこと、即ち修道者が鉢を捧げて、各戸に就いて食を乞うことである。第三は信者の寄附した金穀である。これが修道者の食物として、釈尊の選んだものである。しかし、第一の木の実、草の実は、インドとちがって日本では、修道者の生活を支うるほど豊富ではない。従って托鉢か、信者の寄附に俟つことになるのであるが、農民の零細な喜捨では、なかなか修道者の生活は安定出来ない。そこに色々の問題が起るのである。あるとき一修道者が次のような質問をした。

衣糧の二事は小縁なりといへども、行者の大事なり。糞掃衣《ふんぞうえ》、常乞食はこれ上根の所行、またこれ西天の風流なり。神丹の叢林には、常住物等あり。故にその煩ひなし。わが国の寺院には常住物なし。乞食の儀も即ち絶えて伝はらず。下根不堪の身、いかがせん。然あらば予が如きは、檀信の信施を貪らんとするも、虚受の罪随ひ来る。田商士工を営むはこれ邪命食なり。ただ天運に任せんとすれば果報また貧道なり。飢寒来らんとき、これを愁ひとして行道を礙《さ》へつべし。—随聞記—

尤もな疑問である。インドの初期仏教教団に行われたところの、糞掃衣、常乞食は、なるほど結構なことであるが、日本では、糞掃衣を作るといったところで、その材料となるべきものはなく、行乞の法はまだ行われていない。また支那の禅林には寺有財産があるから、生活費に窮することはないが、日本の禅林にはそれもない。そこで、止むなく信者の寄附を求めねばならないが、自分のように素質も劣り、精進もしない者が信者の寄附を受くれば、虚受の罪を蒙るであろう。かと云って天運に任せるとすれば、元来果報の乏しい自分は必ずや飢寒に苦しまねばならぬ。かように飢寒のことを気にしていれば、自然修行もおろそかになるだろう、と自分が悩んでいると、友人が次のように諫めてくれた。

汝が行儀はなはだし、時を知らず機をかへり見ざるに似たり。下根なり、末世なり。かくの如く修行せばまた退転の因縁となりぬべし。或ひは一檀那をも相かたらひ、若《も》しくは一外護《げご》をもちぎりて、閑居静処にして一身を扶けて、衣糧に煩ふことなく、静かに仏道を行ずべし。これすなはち財物などを貪るに非ず。暫時の活計を具して修行すべしと。—随聞記—

そんなに几帳面に考えては駄目である。第一先哲たちはわれわれとは素質が異う、それに世はすでに末世、釈尊や先哲の修道をそのままに実行しようというのが、先ず無理ではないか。末世の凡庸は、それに相応しい方法を考えねばならぬ、その方法というのは、まず信者とよく交渉をして、小ざっぱりした草庵を造り、衣食の面倒もすっかり信者に見てもらうことにして、何の煩いもなく徐ろに仏法の修行をする、ということにすれば宜いではないか、と智慧を貸して呉れた。しかし、この友人の言葉でも、自分は充分に満足が出来ない。こんな場合一体自分は、どんな方法によって修道すれば宜しいだろうか、と、道元に質した。その時の道元の答は、

ただそれ衲子《のっす》の行履《あんり》、仏祖の家風を学ぶべし。三国異りといへども、真実学道の者未だかくの如きのこと非ず。ただ心を世事に執着することなかれ。一向に道を学すべきなり。仏の曰く、衣鉢の外は寸分も貯へざれ、乞食の余分は飢ゑたる衆生に施せ、たとひ受け来るとも寸分も貯ふべからず。況んや馳走あらんや。外典に曰く、朝に道を聞て夕べに死すとも可なりと、たとへ飢ゑ死に凍へ死にすとも、一日一時なりとも、仏教に随ふべし。万劫千生、幾回か生じ、幾度か死せん。みなこれ世縁妄執の故なり。今生一度仏前に随ひて餓死せん、これ永劫の安楽なるべし。いかに況んや未だ一大蔵経の中にも、三国伝乗の仏祖、一人も飢ゑ死にし、凍へ死にしたる人ありときかず。世間衣糧の資具は生得の命分ありて、求めに依つても来らず、求めざれども来らざるにも非ず、ただ任運にして心に挟むことなかれ。—随聞記—

それほど神経質に心配する必要はない。インドでは勿論のこと、支那でも日本でも修道の先哲にして、飢え死にし、凍え死にした者はない。我見を一切捨て去って、仏法の中に自分の体を投げ込むことが必要である。そして、仏法の示すところに従って修行するが宜しい。そこには飢えもなければ、凍えもない、というのである。

支持者を見出して、その保護の下に修道するという方法は、日本では顕密諸宗の人々の間には、多く行われた方法である。

衣食のことは、かねてより思ひあてがふことなかれ。もし失食絶煙せば、その時に臨んで乞食せん。その人の用事いはんなど思ひ設けたるも、即ち物を貯る邪命食にてあるなり。衲子《のっす》は雲の如く定れる住所なく、水の如くに流れゆきて、よる処もなきをこそ、僧とはいふなり。たとい衣鉢の外に一物も持たずとも、一人の檀那をも頼み、一類の親をも頼むは、即ち自他ともに縛住せられて不浄食にてあるなり。かくの如くの不浄食等を以つて、養ひもちたる身心にて、諸仏清浄の大法を悟らんと思ふとも、とても契ふまじきなり。たとへば藍に染めたる物は青く、檗《きはだ》に染めたる物は黄なるが如く、邪命食を以つて染めたる身心は、即ち邪命身なるべし。この身心を以つて、仏法に臨まば、沙を圧して油を求るが如し。ただ時にのぞみとも角も、道理に契ふやうに、計ふべきなり。かねて、兎角思ひ貯ふるは、皆違ふことなり。よくよく思量すべきなり。―随聞記―

単一の保護者の下に修道することは危険である。一銭の金、一握りの米を受けるという関係に於いては、修道者は信者の意を迎える必要もなければ、またどんな厚かましい信者にしたところで、修道者をして、自分の意志のままに動かすことは出来ない。要するに依存の関係が、薄弱であるからである。しかしこの金が、十円となり百円となり、また一握りの米が、一石となり十石となり、遂には全生活費を、一人の保護者が支弁する、というような関係になればなる程、その修道者に対する保護者の圧力は、大きくなるものである。たとえ表面的にはどんな関係にあるにしろ、事実は保護者の頤使に甘んずる、ということになる。修道者の立場は、真理を体得することが目的である。しかし保護者は、そんな気永なことで満足するものではない。自分の家の繁栄を、自分の長命を、両親等の菩提を、祈ってもらうのこそ目的である。修道者が、道心堅固であり、保護者が修道に対して、深い理解を持っているというような場合は、そうでもないが、そうでない場合、修道者はかかる保護者の要求に引きずられ、いつの間にか修道を放棄して、祈禱者になるのが落ちである。この間の消息を、充分に看破していた道元は、先ず保護者を見付けてから修道をしようとする修道者を、常に誡めたのであった。

十七　鎌倉教化

越前永平寺に隠棲してから五年目、道元は四十八歳の年即ち宝治元年（一二四七）七月、時の執権北条時頼の懇請によって、鎌倉遊化を決意、八月三日永平寺を出発、その月の中旬鎌倉の地に足を踏み入れた。これより先道元が洛外興聖寺にあったとき、詳しく言えば彼の三十六七歳頃のこと、彼の許に教えを受けていた武士や貴族の中には、鎌倉に移駐して幕府の協力を得、禅宗を伝道することの有利さを、説く者も少なくなかった。栄西及びその一党の関東に於ける布教の成功、また浄土諸宗に見る東国伝道の成功等は、宗教界の事情に少しでも通じた者ならば、誰でも知っていたことである。顕密諸宗と緊密に結ばれているところの、旧政権の勢力圏内で、如何に努力してみても結局それは徒労である。顕密諸宗と腐れ縁をもたぬ新政権と結ばねば、今後新興宗教の伝道の成功は困難である。こうしたことは、その頃の人達としては寧ろ常識ですらあった。しかし道元は、権門に迎合することは嫌いであった。従って彼は、鎌倉移駐には絶対に反対したのであった。

然らず。もし仏法に志あらば、山川江海を渡りても来りて学すべし。その志なからん人に、往き向うて勧むるとも、聞き入れんこと必定なり。ただわが資縁のために人を誑惑せんか、また財宝を貪らんがためか。それは身の苦しみなれば、行かでもありなんと覚ゆるなり。—随聞記—

自分はみなのようには考えない。もし、真理に対する憧憬をもっているならば、途中いかなる困難を凌いでも、自分のところに教えを受けに来るであろう。やって来ないところを見ると、真理に対する憧憬がないのであろう。そんなところに、こちらから出掛けて行って、真理を説いて見ても仕方がないではないか。要するに、真理と云う立場からすれば、鎌倉に行くことは全く無意味のことであると思う。もしまた鎌倉に出向いて、権門の物質的援助の下に、禅林を経営しようというのであれば、それは名利に近づくことであり、修道者の最も嫌悪すべきことである。結局、自分は行かない方がいいと思う、というのである。ここに、仏教興隆に対する二つの見解を見ることが出来るであろう。一つは伽藍の整備、財産の増加、地位の向上と云うような、外形的の威容を以って、仏教興隆とする見方、いま一つは全く本質的に、真理の体得者の養成を以って、仏教興隆とする見方、勿論冷静に考えれば、後者が真の仏教興隆であることに、異論のあろう筈はない。しかし、外形的の威容を以って、仏教興隆であるかの如く錯覚する人々は、いつの世にも少くないものである。鎌倉時代の新宗教運動者の中にも、こうした錯覚に陥っている人の少くない中に、このような道元の直截なる立場の表明は、注目に値するであろう。とにかくそうした事情で、その鎌倉移駐は具体化しなかったのである。そして今度の遊化である。

北条時頼が執権職を継いだのは、寛元四年（一二四六）三月二十三日のことであるので、その翌年早くも道元を招請したわけである、時頼の真理に対する憧憬の切なるを見て、道元はその懇請を容れて時頼の指導に当った。時頼は朝夕政務の余暇には、道元の許に参じて修道に努力した。彼はそのときの指導の内容について、永平寺に帰ってから弟子たちに、次のように話している。

> 山僧昨年八月初三の日、相州鎌倉邸に赴き、檀那俗弟子のために説法す。今年今月昨日（宝治二年（一二四八）三月十三日）、寺に帰りて、今朝陞座《しんぞ》す。この一段のこと、或ひは人あって疑著せん。幾許の山川を渉って、俗弟子のために説法す。俗を重んじ僧を軽んずるに似たりと。また疑はん、未だ曽て説かざる底の法、未だ曽て聞かざる底の法ありやと。しかれども、すべて未だ曽て説かざる底の法、未だ曽て聞かざる底の法なし。ただ他の

ために説く、修善の者は昇り、造悪の者は堕つ。修因感果塼《かはら》を抛つて玉を引くのみ、しかも、かくの如くなりといへども、この一段のこと、永平老漢明得し、説得し、信得し、行得す。大衆這箇《しやこ》の道理を会せんと要すや。

—永平広録—

真理に二つはない。鎌倉での説法といったところで、ここで今まで話したのと、少しも異ったことはなかった。ただ時頼は、仏法修行にかけては初心者であるから、因果の理法を特に重視して、説いたまでである、というのである。

あるとき時頼が、禅の真髄を質ねたとき、彼は次のように和歌を以って平易に教示した。

教外別伝

荒磯の波もえよせぬ高岩に、蠣もつくべき法ならばこそ

不立文字

言ひ捨てしその言の葉の外なれば、筆にも跡をとどめざりけり

正法眼蔵

波もひき風も繋がぬ捨小舟、月こそ夜半の盛りなりけれ

涅槃妙心

いつもただわが故郷の花なれば、色も変らず過し春かな

本来面目

春は花夏郭公秋は月、冬雪さえて冷しかりけり

即身即仏

鴛鴦《おしどり》や鷗ともまだ見え分かで、立波あひに浮沈むかな

　応無所住而生其心
水鳥の行くも帰るも跡たえて、されども道は忘れざりけり
　道元の述懐や、和歌から察すると、時頼の修道は当時、まだほんの初歩の段階にあったもののようである、がとにかく、永平寺で修道者たちを教育する態度を少しもこわさないで、指導したもののようである。そのことに就いては、なお今一つの話がある。それは、夢窓疎石の法嗣である義堂周信の日記の中に見える、次の記事である。

　永徳元年（一三八一）九月二十五日、余及び太清府に参し、楞厳疏《りょうごんしょ》第五の六根証入の章を講ず。君ひそかに話して、天下の政事に及ぶ。曰く、万一変あらば天下を棄てんと欲す。当に永平長老の平氏を勧むるが如くなるべし。と、余と太清と密かに賛し、慰労して曰く、世を見ること弊履の如くせよ、これすなはち安楽長久の基なり。―空華日工集―

　道元が、鎌倉に滞在していたときから約百四十年後、永徳元年九月二十五日の出来ごとである。五山の碩学義堂周信と太清宗渭が足利義満のために、首楞厳経疏の六根証入を講じた後で、談たまたま天下の政治に触れたところ、義満が言うようには、もし天下に大事件でも起ったならば、曽て道元が北条時頼に勧めたように、自分も遁世する積りである、と言っているのである。このことによってわれわれは、道元が北条時頼に、遁世を勧めたということが、その頃の武士や禅僧の間に、すでに常識となっていたことを察することが出来る。道元が鎌倉に赴いた前後、鎌倉に居た禅僧たちが、ひたすら武家の歓心を求め、武家の頤使に甘んじて、武家の祈禱を事としていたのと思い合わせて、道元が飽くまでも自己の立場を堅持し、武家の偏見を是正して、真理の体得に努力せしめようとしている様を、髣髴せしめるではないか。彼は、武家に対しても一歩も真理の立場を離れようとはしなかったのである。

道元はあるとき、修道者にこんな話をしたことがあった。

故鎌倉の右大将、始め兵衛佐にてありしとき、内裡の辺に一日はれの会に出仕のとき、一人の不当人ありき。そのときの大納言おほせて曰く、是を制すべしと。大将の曰く、六波羅に仰せらるべし、平家の将軍なりと。大納言の曰く、近か近かなればなりと。大将の曰く、其の人に非ずと。—随聞記—

この話の後で彼は次のように言っている。

これ美言なり。この心にて後には世をも治められしなり。今の学人もその心あるべし。その人にあらずして、人を呵することなかれ。

われわれはここに、道元が一つの世間話を聞く場合にも、真理体得者の立場に於いて、していることを見出すであろう。そしてかかる真理の立場を一歩も離れなかった彼であるからして、鎌倉にいた頃時頼に対しても、積極的に種々の政治上の指導をもしたであろう、と考える主張には、賛意を表することは出来ない。従って次の一詩の如きも、色々の憶測を加えないで解釈するのが、却って彼の真実に近いのではなかろうか。

相州鎌倉にあつて驚蟄《けいちつ》を聞いて作る

半年飯を喫す白衣《びやくえ》の舎　老樹の梅花霜雪の中　驚蟄一声霹靂を轟す　帝郷の春色は小桃紅なり

宝治二年（一二四八）二月初雷の音に驚いて、下旬鎌倉を辞して、三月十三日永平寺に帰山した。これより先道元に傾倒した時頼は、彼のために一禅林を開創して、その止住を乞うたのであるが、彼はその請を斥けて、帰山してしまったので、半歳に亙る懇切なる指導に対する謝礼として、越前六条堡二千石の土地の寄進を、後に残っていた侍者、玄明首座《しゅそ》にまで申し出たのであった。

師越前に帰りし後、最明寺殿願心を遂げんがために、越前国六条堡二千石の所を、永平寺の領に寄進ありけれども、師つい《ママ》に受けられず、玄明首座と申す僧、この寄進状を持つて使ひせられしなり。かの堡御寄進を歓喜して、衆中に触れ歩き給ふを、師聞き給ひて、この喜悦の意きたなしとて、すなはち寺院を擯出し、玄明の坐禅の床までも切り取りたりと伝ふ、前代未聞のことなり。―建撕記―

土地寄進の話を受けて、玄明首座は有頂天になって喜んだ。その理由はこうである。当時禅林は、寺有財産をもたず、ために修道者たちは、絶えず生活の不安を感じていた。それで、噂にきく支那の禅林のように、寺有財産があったなら、どんなに落ち着いて修行が出来るであろうと、いつも修道者たちの愚痴はそこへ落ちて行くのだった。そうした修道者たちの寺有財産に対する欲求が、質問の形で道元のところへ持ち込まれていることは、すでに述べたように、幾度かあったことだった。かような修道者たちの要望が、やっと達せられたのである。玄明首座ならずとも、誰しも有頂天になるのが人情であろう、と言えば道元の、この問題に対する処分が、あまりに苛酷であったように聞えるが、暫く道元の立場を考えて見ることとしよう。道元は、彼自身の永い修道生活で、名利の欲望を捨て去るということが、如何に大切であるかを、痛感していた。洛南の地を去って、越前の山奥に隠棲したのも、この自分の経験によって、修道者を名利から遠ざけることが、彼等の真理体得の上に如何に必要であるかを、考えたのが一半の理由であったのである。越前に移ってからは、ますます清貧の生活を強調し、実践した。しかし修道者をして、名利の念から脱却させることは、なかなか困難なことであった。それのみか、彼が清貧を説く口の下から、寺有財産の必要について質問とも、詰問ともつかぬ質問を受けねばならなかったことが、幾度あったであろうか。そうしたところに今度の事件である。この処分は、永遠の生命を持つ真理体得の道場として、断じて温情的態度に出るべき場合ではない、この一挙によって、修道者の頭の隅にこびり付いて放れない名利に対する欲望を叩き出して終《しま》わねばならぬ、と道元は考えた。かような禅林の現実的状勢の中に於いては、追放の極刑に加うるに、玄明の坐禅の床まで切り取って捨てるという、この前代未聞の処分と称される道元の処分は、寧ろ絶対的に必要だったことが、理解されるであろう。そしてかような厳格な処分をなし得た道元こそ、内心玄明首座の立場に深く同情し、ひそかに枕を潤した人でもあったろうことを忘れてはならぬ。

道元が、永平寺に帰ってから洩らした感想の中に、次のような一詩がある。

山僧出で去ること半年余　なほ孤輪の太虚に処するが如し　今日山に帰り雲喜気あり　愛山の愛初めよりも甚し。

洛外宇治を去って、北陸の山奥に隠棲して五年目、時頼の懇請もだし難く、鎌倉に赴いて滞在七箇月、帰山して、山林生活のよさをまた沁々と味わうのであった。彼の山を愛するの詩は、現存しているものも少くない。が、次の六首はなかでもすぐれている。

山居六首

西来の祖道われ東に伝ふ　月に釣り雲に耕して古風を慕ふ　世俗の紅塵飛んで到らず　深山雪夜草庵の中

夜座《やざ》更闌《かうた》けて眠未だ熟せず　情《まこと》に知る弁道は山林に可なることを　渓声耳に入り月眼に到る　この外更に何の用心をか須《もち》ひん

久しく人間に在つて愛惜なし　文章筆硯既に抛ち来る　花を看鳥を聞くも風情少し　時人の不才を笑ふに一任す

三秋気粛清涼の候　繊月叢虫万感の中　夜静かに更闌《かうたけなは》にして北斗を看れば　暁天将に東を指すに到らんとす

三間の茅屋既に風涼　鼻観先づ参ず秋菊の香　鉄眼銅睛も誰か弁別せん　越州に九度重陽を見ることを

前楼後閣玲瓏として起る　峰頂の浮図六七層　月冷かに風高し箇の時節　衣は伝ふ半夜坐禅の僧

この詩の大意は、今更説明する必要もないであろう。詩中の、西来の祖道は正伝の仏法、即ち真理体得の方法、夜坐は夜の坐禅瞑想、弁道は修道のことである。

建長二年（一二五〇）、道元五十一歳のとき、後嵯峨上皇は、勅使を永平寺に遣して紫衣、及び仏法禅師の徽号を賜った。道元は再三辞退したけれども、御許しがなかったので、聖恩の厚きに感激して紫衣、及び徽号を拝受した。

そのときの感慨を、次の一詩に洩している

永平谷浅しといへども　勅命重きこと重々　却つて猿鶴に笑はれん　紫衣の一老翁

―建撕記―

十八　最後の訓誡

修道者の教育に専念しつつあった道元は、建長四年（一二五二）の夏の頃より、少しく健康を害し、それは次第に悪化したようであるが、翌五年の正月七日には、それでも病いを押して、八大人覚の稿を終えたのであった。元来八大人覚と云うのは釈尊最後の説法で、仏遺教経《ぶつゆいきょうぎょう》に記されているものである。その内容は、第一には欲を少くすること、第二は、足ることを知ること、第三は、寂静を楽しむこと、第四は、精進を勤むること、第五は、妄念せざること、第六は、禅定を修すること、第七は、智恵を修すること、第八は、戯論《けろん》即ち無益の言辞を弄せざること、の八箇条で、修道者の修行の大原則を示したものである。釈尊は、この大原則を示し、詳しく説明してから入滅したのであった。今、道元はこの釈尊説くところの修行の大原則を要約して示し、その後に次の如く附加している。

如来の弟子は、必ずこれを修習し奉る。これを修習せざらんは、仏弟子にあらず。これ如来の正法眼蔵涅槃妙心なり。しかあるにいま知らざる者は多く、見聞せることある者は少きは、魔嬈によりて知らざるなり。また宿殖《しゅくじき》善根の少きは聞かず見ず。昔正法像法の間は、仏弟子みなこれを知れり。修習し参学しき。今は千比丘の中に一両箇の八大人覚知れる者なし。憐むべし澆季の陵夷、たとふるに物なし。如来の正法、いま大千に流布して、白法未だ滅せざらんとき、急ぎ習学すべきなり。緩怠することなかれ、仏法に遇ひ奉ること無量劫にも難し、人身を得ることまた難し。たとひ人身を受くとも三洲の人身なし。その中に南洲の人身すぐれたり。見仏聞法、出家得道する故なり。如来の般涅槃《はつねはん》より先に、先立ちて死せる輩は、この八大人覚を聞かず、習はず、今われ等見聞し奉り、習学し奉る。宿殖善根の力なり。いま習学して生生に増長し、必ず無上菩提に至り、衆生のためにこれを説かんこと、釈迦牟尼仏に等しくして異ることなからん。

この八大人覚こそは、釈尊がその臨終に、われわれ修道者に、修道の大原則として残し給うた金言である。従って真理の体得を目指した古来の修道者は、みなこの大原則に従って修行したのである。この大原則に従って修行しない限り、厳密な意味に於いて、釈尊の流れを酌む修道者であるとは、いい得ないのである。しかし現在、自分こそは釈尊の流れを酌むものであると自称する修道者でも、この修道の大原則を知っている者は、極めて稀である。かように、この修道の大原則のあることすら知らない者は、名利の欲に踏み迷っているか、若しくは、因縁の薄いものである。釈尊の涅槃直後や、比較的接近した時代の人々は誰でも、真理体得の原則といえば、八大人覚であると云うことを知っていた。そして法の如くに修道し、真理を体得したものである。しかし現在では、千人の修道者の中に、この八大人覚のあることを知っている者は、僅かに一人か二人、それも覚束ない位である。幸いに宿縁あってこの道場に入った修道者たちは、この修道の大原則をよく承知することが出来たのだ。しかし知っただけでは何にもならないから、この方法に従って修道し、一刻も早く真理を体得せねばならぬ、というのである。

尋《つ》いでこの年の七月十四日、永平寺の道場を法嗣懐弉に譲って、修道者の指導を一任した。同時にまた道元は、自身で仕立てた袈裟一領を授けた。これは、仏法の真髄を相続させたという、証拠としてである。ちょうどそれは、かつて彼の師天童如浄が、芙蓉道楷から伝来した袈裟を彼に授けたのと、同じようなものである。この懐弉の受けた袈裟は、その後徹通義介、瑩山紹瑾、明峯素哲、大智祖継、と伝わっている。徹通義介の袈裟相伝記と

いうのが、現在大智祖継の開創した、肥後広福寺に残っている。その中に、

右件の法衣は、永平開山初祖の袈裟なり。その地は細布なり。初祖の在俗の弟子の中に、山城の国生蓮房といふ人あり、彼の妻室、初祖に於いて信心無二なり。自ら精進潔斎して調え織り、遥かに越州の永平寺に持参して、供養し奉るところなり。初祖信心無二の志に感じて、自ら裁縫して尋常に着用し、終に宝治二年（一二四八）の夏、袈裟嚢を縫てこれを納む。建長五年癸丑七月、永平の住持職を以つて、二代和尚に付せらる。時にこの袈裟を以つて、同じく二代和尚に付属す。然る間住持十八年の間、上堂布薩等に、この法衣を着用す。凡そ滅後二十八年、衣を離して宿することなく、護持頂戴す。

道元の理想とした袈裟は、釈尊の理想とされた袈裟、即ち不浄または弊破のため、世人の廃棄した糞掃衣《ふんぞうえ》を拾い集めて、綺麗に洗濯し、そして仕立てた袈裟であった。しかしそうした袈裟は、この国に於いては、揃えることは事実困難であった。というのは、路傍に廃棄された布地などは、全くなかったからである。従って、糞掃衣で揃えた袈裟は要するに理想で、実際には糞掃衣に近いもの、即ち世人の執着を離れた材料で作った袈裟を以って代用していた。篤信者の信施による布地、というようなものが、そうした理想に近いものとされていた。懐弉に与えた袈裟も、そうした布地によって、作られたものであった。すなわち彼の在俗弟子である生蓮房の妻女が精進潔斎して調進し、信施した布地で、これを道元自ら裁縫して、平生着用していたものである。この袈裟を懐弉に授けたのであった。

病気が悪化するとともに、彼はかように着々と、将来の用意を整えていた。こうした用意が進められていることを知った修道者及び在俗の信者たちは、深く憂慮し、京都に赴いて療養することを勧めたのであった。道元は、勿論そのままに、永平寺を離れることを好まなかったが、一同の熱心なる勧説を無下にも斥けかねて、八月五日山を下って、京都に向った。その途上の吟味に次のような詩がある。

十年飯を喫す永平の場
七箇月来病床に臥す
薬をもとめて暫く嶠《みね》を出づ
如来手を授けて医王にまみゆ

また和歌一首

草の葉に首途せる身の木の目山
　　空に路ある心地こそすれ

途中事も無く、京都に入り、高辻西洞院の俗弟子覚念の家に宿した。この月の十五日の中秋明月を見て、

また見んと思ひしときの秋だにも
　　今宵の月に寝られやはする

の一首を詠んだ。

病床の一日静かに起き上って、徐ろに室内を歩きながら、低声に次の経文を誦した。

もしくは園中に於いて、もしくは林中に於いて、もしくは樹下に於いて、もしくは僧房に於いて、もしくは白衣舎、もしくは殿堂にありて、もしくは山谷曠野に於いて、この中みな塔を起し、供養すべし。故いかんとなれば、まさに知るべしこの処は、即ちこれ道場にして、諸仏はここに於いて、阿耨多羅三藐三菩提を得、諸仏はここに於いて、法輪を転じ、諸仏はここに於いて、般《はつ》涅槃す。

そして自ら筆をとって、これを柱に書き付けた。この経文は、妙法蓮華経の一節であって、直訳すれば、園林、山野、僧房、俗舎はすべて、諸仏の真理を説いた道場である。故にそこに塔を建てて、諸仏に供養せよ、というのである。道元はこの経文を書き終って、再び筆を取り上げ、その部屋の名を、妙法蓮華経庵と書き記した。恐

らくその真意は、自分も釈尊と同じく、真理を体得し、その園林、樹下、僧房、俗舎、もしくは山谷曠野に於いて真理を説いた。真理を説いたところは、すべて真理の道場である。今京都の信者の家に於いて、示寂しようとしている。この信者の家も、すなわち真理の道場である、というので、妙法蓮華経庵と命名したのであろうと思う。

かくて八月二十八日夜半、沐浴して衣を整え、次の詩を書した。

五十四年　第一天を照らす　この踍跳を打して　一千を触破す　咦　渾身着処なく　活きながら黄泉に陥る

書き終ると入寂した。時に彼の世寿五十四である。その席にあった者は、波多野義重、覚念、及び懐弉等であった。一同悲歎の涙にくれたのであったが、中にも懐弉は驚きのあまり、一時人事不省に陥ったとさえ伝えられている。ついで遺骸を天神中の小路の草庵に移し、ついで東山簗地の小寺に移し、法の如く火葬して遺骨を収め、九月の六日、懐弉等は遺骨を奉じて京都を出発し、十日の夕刻永平寺に到着した。しかして十二日の午後方丈に於いて、法要を営み、本山西北隅に地を相して埋葬した。現在の承陽殿が即ちこれである。なお禅師示寂の建長五年八月二十八日を、太陽暦に換算すると、九月二十九日に当るので、現在ではこの日を以って忌日としている。

道元の示寂後六百二年を経て、嘉永七年（一八五四）二月二十四日、孝明天皇は勅書を永平寺に御下しになって、仏性伝灯国師の諡号を賜り、更に二十五年を経て明治十二年十一月二十二日、明治天皇は承陽大師の徽号を加賜し給うた。

十九　著書解題

正法眼蔵　九十五巻

この書は一種の全集であって、寛喜三年（一二三一）より建長五年（一二五三）まで、つまり道元三十二歳より、彼が示寂した五十四歳に至るまでの、二十三年間の講述を集成したものである。全部で九十五巻、その一々が、修道者に真理の本質を理解せしめ、体得せしめようとする彼の、精力的努力の表現でないものはない。その内容は、禅の本質、伝統、及び規範等の各分野に亘り、その対象とする修道者の水準も、必ずしも一様ではない。こうした多様性の中にわれわれは、偉大なる真理体得者としての彼、卓絶せる指導者としての彼の姿を、髣髴せしめ得るであろう。その講述の場所、及び書目は次の如くである。

安養院

弁道話

計一巻

興聖寺

摩訶般若　現成公案　一顆明珠　重雲堂式　即心是仏　洗浄　洗面　礼拝得髄　渓声山色　諸悪莫作　有時

袈裟功徳　伝衣　山水経　仏祖　嗣書　法華転法華　心不可得　後心不可得　古鏡　看経　仏性　行仏威儀

仏教　神通　大悟　坐禅箴　仏向上事　恁麼　行持　海印三昧　授記　観音　阿羅漢　柏樹子　光明　身心学

道　夢中説夢　道得　画餅　都機　空華　菩提薩埵四摂法　葛藤　全機（波多野義重邸）　仏心（六波羅蜜寺）

計四十六巻

吉峰寺

三界唯心　説心説性　仏道　諸法実相　密語　仏経　無情説法　法性　陀羅尼　洗面　面授　坐禅儀　梅華

十方　春秋　大悟　祖師西来意　優曇華　発無上心　発菩提心　如来全身　三昧王三昧　三十七品菩提分法

転法輪　自証三昧　大修行

計二十六巻

禅師峯

見仏　偏参　眼睛　家常　竜吟

計五巻

永平寺

虚空　鉢盂　安居　他心通　王索仙陀婆　示庫院文　出家　洗面　三時業　八大人覚

計十巻

未詳

四馬　出家功徳　供養諸仏　帰依三宝　深信因果　四禅比丘　唯仏与仏　生死　道心　受戒

計十巻

従って合計九十八巻となるのであるが、大悟の巻は、興聖寺と吉祥寺の両所に於いて、洗面の巻は、興聖寺、吉峰寺及び永平寺の、三箇所に於いて説かれているので、この重複を除けば九十五巻となるのである。

正法眼蔵の最後の巻である八大人覚の奥書に、懐弉の記として次の一文がある。

右本は、先師最後御病中の御草なり。仰せに、以前撰むところの仮字正法眼蔵など皆書き改め、幷《なら》びに新草具御草案等のこと、すべて一百巻撰ぶべし云云、既に草し始め給ひ、この御巻は第十二に当るなり。この後御病漸々に重さを増す。よつて、御草案等のことすなはち止むなり。故にこの御草は、先師最後の教勅なり。我等不幸にして一百巻の御草を拝見せず。最も恨となすところなり。もし先師を恋慕し奉るの人は、必ずこの巻を書《うつ》して、護持すべし。釈尊最後の教勅にして、且は先師最後の教勅なり。

この奥書によれば、道元には、現在九十五巻しか残っていない正法眼蔵を、一百巻まで著作する意志のあったこと、更に全部に亘って、改訂する希望があったことが、察せられるのである。そしてまた懐弉が、一百巻の御草を拝見せず云々、と遺憾の意を表していることによって、道元示寂当時、一百巻揃っていなかったことも明らかであり、従って現存の九十五巻というのが、恐らくは当時残された全部か、或いは、それに近いものであることが察せられる。

普勧坐禅儀　一巻

本書は嘉禄三年（一二二七）、道元二十八歳のとき、支那から帰朝早々に著わしたものである。従って大体、嘉禄三年秋冬の間と推定して宜しいと思う。内容は坐禅の方法、注意、を修道者に示したものであるが、正法をこの土地に布かんとする、当時の彼の熱意と、抱負が躍如としている。本書には流布本と、それとかなり字句の相違する道元自筆本の二種がある。流布本というのは、永平元禅師語録や、永平広録に収載されているもので、従来も、そして現在に於いても、禅林ではこれが用いられている。しかし現在越前永平寺には、自筆本が所蔵されている（本書巻頭に掲出したものがそれである）。この自筆本は、奥書によって天福元年（一二三三）、即ち彼三十四歳の年の中元の日に、山城観音導利興聖宝林寺、つまり興聖寺に於いて浄書したことが、知られるのである。恐らくこの自筆本が、嘉禄三年（一二二七）普勧坐禅儀著述当時の面影をそのまま、或いは多分に、伝えるものであって、流布本はその後、彼の在世中に修道者の読誦に適するように、幾度か文句に修正を加えて出来上ったものと思われる。従って流布本も、道元の著作であることは確かである。

学道用心集　一巻

本書は天福二年（一二三四）、即ち興聖寺を開創した翌年、彼の三十五歳の春著したものである。その内容は、第一、菩提心を発すべきこと、第二、正法を見聞せば必ず修習すべきこと、第三、仏道は必ず行によって証入すべきこと、第四、有所得心あって仏道を修すべからざること、第五、参禅学道は正師を求むべきこと、第六、正師を知るべきこと、第七、仏法を修行して出離を欣求せんとする人は、すべからく参禅すべきこと、第八、禅僧の行履《あんり》のこと、第九、道に向って修行すべきこと、第十、直下承当のこと、この十箇条である。即ち修道者に、修道の大綱を示したものである。しかし、本書によって、彼の修道方法は尽されているわけではない。本書は彼が本格的に、修道者の指導に当って二年目の著作であることを注意する必要がある。彼の修道の方法論は、実際教育の経験によって、この後益々微に入り細に入っていることは、その後の述作の中に窺われる。しかし、簡潔に修道の要綱を説いている点では、本書は最もすぐれているものである。

永平清規　二巻

本書は六部よりなっている。まず第一部は、典座《てんぞ》教訓、この書は嘉禎三年（一二三七）春、彼三十八歳の年、宇治興聖寺に於いて著作したものである。内容は、炊事主任の心得を説いたものであるが、彼の修道というものが、現実生活と切り離されたものでなく、不二のものであったことが、よくあらわれている。第二部は、弁道法、これはその著作年時を詳かにしないが、寛元二年（一二四四）七月から、寛元四年六月までの間の著作であることは推定出来る。すなわち永平寺が、未だ大仏寺という名称であった頃のものである。従って、彼の四十五歳から四十七歳の間に当る。その内容は、坐禅を中心として、毎日の修道生活に必要な知識を、圧縮したものである。第三部は、赴粥《ふしゅく》飯法であるが、本書もその著作年時を詳かにしない。永平寺で示したということは、明らかであるので、寛元四年（一二四六）から建長五年（一二五三）の間、彼の四十七歳から五十四歳までの間の著作であることを知り得るに止まるのである。その内容は、食事の作法を示したものである。第四部は、衆寮清規で、宝治三年（一二四九）正月、彼の五十歳のときの著作である。その内容は、禅林には、坐禅をするための僧堂と、読書をするための衆寮とがある。その衆寮、すなわち読書室に関する諸注意である。第五部は、大己《たいこ》五夏《げ》の闍梨に対する法である。本書は、寛元二年（一二四四）吉峰寺で著作したもので、全篇六十二箇条よりなり、後輩の、先輩に対する礼儀を規定したものである。第六部は、知事清規で、寛元四年（一二四六）六月十五日、四十七歳のときの著作で、その内容は知事の心得を示したものである。以上の六部が、永平清規の内容をなすものである。がしかし、この六部相互の間に有機的関係がないこと、また修道生活の全部に亘った記述でないこと、等が普通の、所謂清規と称せらるるものと、かなり趣を異にするのである。しかし、それかと言って本書の価値は、決して減殺されるものでないことは、勿論である。道元は、修道者の指導に当って常に、巧みに要点をつかんで指導しているが、本書もやはりその通りで、修道生活の全般的の規定は、従来からある清規にまかせて、本書に於いては修道生活の核心、要点を取りあげて、懇切、丁寧に修道者に示しているのである。

宝慶《ほうきょう》記　一巻

本書の著作年代は詳かでない。これは、建長五年（一二五三）道元示寂の後、その高弟懐弉が、彼の遺書を整理した際に見出したものである。内容は、宝慶元年（一二二五）天童如浄の門下に投じて、親しくその薫陶を受けたときの記録である。遺憾ながら完結はしていないが、如浄の家風を知ることが出来るとともに、道元と如浄との関係を示すものとして、注目すべき文献である。

永平元禅師語録　一巻

道元の寂後、高弟の詮慧《せんえ》ならびに懐弉によって、編纂されたものである。著作の年代は詳かでないが、建長五年（一二五三）の示寂より十二年目の文永元年（一二六四）に、寒巌義尹《ぎいん》が支那に渡るときに、この書を携行して行っているので、その間に完成したものであることは、明らかである。収むるところのものは、興聖寺語録、永平寺語録、小参、法語、坐禅箴、自賛、偈頌の七部である。

永平広録　十巻

本書は道元の示寂後、高弟の懐弉、詮慧、義演等の共同編輯になったものである。その内容は、興聖寺語録第一、大仏寺語録第二、永平寺語録第三、永平寺語録第四、永平寺語録第五、永平寺語録第六、永平寺語録第七、永平寺語録第八、永平寺語録第九、永平寺語録第十、であるが、永平寺語録が十巻の中八巻で、また第二の大仏寺は、永平寺の旧称であるので、これを加えると実に十巻中九巻までが、永平寺での語録である。正法眼蔵に於いては、永平寺の述作は九十五巻の中十巻に過ぎないのと、著しい対比をなすものである。従って永平寺時代の、円熟した彼の家風を知るのには、絶好の文献である。永平元禅師語録は、恐らくはこの広録の中から、珠玉篇を抜き出して、編輯したものであろうから、この永平広録著作の年代は、永平元禅師語録より溯るものではなかろうか。とすれば、少くとも文永元年（一二六四）以前の編輯である。

正法眼蔵随聞記　五巻

道元の言葉を、懐弉が筆録したものである。懐弉が道元の門下に投じたのは、文暦元年（一二三四）、歳三十七歳のときである。それから嘉禎三年（一二三七）、四十歳までの間約四年間の筆録である。これを道元にすれば、彼の思想の漸く円熟した、三十五歳より三十八歳までの間に相当する。懐弉は始め叡山に学び、のち、達磨宗覚晏上人の門に投じた人であり、道元が興聖寺の禅林を開創するや、転じて道元の門に入った修道者である。即ち当時の修道者が、新興諸宗にまで奔った径路、――先ず出家して顕密諸宗の寺院に投じ、不満を感じてそこを去り遁世者の仲間に入り、ここでもまた宗教的欲求を満足せしめ得ないで、今度は新興諸宗に投ずる、――という型式を踏んで来た、言わば修道者としての苦労人である懐弉、そしてまた思想的にも、人格的にも、かなり練れている人であっただけに、この懐弉の筆録は、道元の風貌を最もよく伝えているもののようである。文章も平易であるので、道元の真髄に触れようとするならば、まず第一にこの書を繙くべきである。幸いこの書は、和辻哲郎氏の手によって校訂され、岩波文庫の中に収められているので、容易く入手することが出来る。

その他、彼の著書、及び著書に準ずべきものには、正法眼蔵仏向上事、得度略作法、教授戒文、傘松道詠、御遺言記録等があることを附記して置く。

以上の諸書は、曹洞宗全書宗源部上、下に全部収載されて居り、また、単行本としては、大久保道舟氏編、道元禅師全集に網羅されて居る。

道元

〔第二作〕

序

われわれの課せられて居る歴史的使命は、東亜共栄圏の確立にある。そしてそのために、国内革新が絶対に必要とされる。まことに現代は、大化改新、明治維新にも匹敵すべき大転形期である。かかる時代には、社会各層に亙って多量の、有能な指導者を必要とする。しかもそれら指導者の具備すべき条件は、現代の倫理学に於けるそれでは充分でない。転形期に於ける偉人達の伝記が反省され、また雑多な修道形式が反芻される所以である。

道元は、日本の思想・宗教界に於ける第一等の人物、それだけに、最も知性豊かな偉人である。勿論彼の目指せるところは真理の体得であり、吾々の目標は東亜共栄圏の確立である。ただし、その真理に対する批判・情熱・意欲は、ともすれば自己陶酔に陥り勝ちな現代のわれわれに対する、無上の鑑戒である。

禅は、あらゆる修道形式の根幹をなすものである。ただしそれは、支那に於いて特異な発展を遂げた宗教だけに、東洋思想の極致ともいうべきものを含んで居る一面、支那民族的性格をも持って居る。そうしたものの中には多分に外道的なものがあり、そして初心の禅者は、ともすればかかる外道的なものに眩惑されて、所謂野狐禅に堕する。しかし現代人の真実に求めて居るのは、円転滑脱でも、洒脱超俗でも、はたまた大言壮語でもない。われわれの生活に理想を与え、そして、ともすれば挫折しようとするその理想に、情熱を与うる宗教としての禅なのである。道元はこの点に於いても、極めてすぐれたるものをもって居る。何となれば、道元は真理の立場に於いて、外道的夾雑物を排除し、実践の宗教として最も純粋なものに再組織して居るからである。従って修道論に関心をもたざるを得ないわれわれは、禅に於ける修道論の極致として、また最も知性的なる修道論として、道元のそれを再検討する必要があると思う。

本書に於いては、まず彼が真理を体得するまでの過程を、天台と真言、新興の浄土、日本の臨済、本場の禅宗、正伝の祖道、の五項に分って叙述した。これまでの道元研究に於いては、ひたすら禅宗的の角度から取り上げられて居るが、それでは充分に彼を描き出すことは困難である。なるほど、最後のしめくくりをしたのは正伝の仏法である。しかしそれまでに天台・真言・浄土・臨済等の仏教思想は勿論、道教・儒教までも充分に摂取して居る。換言すれば、求道者の立場に於いて、東洋思想の精髄を心ゆくまで吸収し消化して居るからである。

次に諸宗の批判、学人の啓蒙、禅林の開設の三項に於いては、批判者、啓蒙者、そして教育者としての彼の面影を紹介した。教育の再吟味の要請されて居る現在、東洋的な教育法はいま一応、問題とされねばならぬ。平凡なことばではあるが、教育者と被教育者とが一枚になったとき始めて教育は可能である。その適例をわれわれは、宝慶記にあらわれた被教育者道元に、また随聞記にあらわれた教育者道元に、見出すことが出来る。

富貴を求めず、権勢に阿らず、その示寂に至るまで一向に真理への道を歩み続けた道元の人となりは、深仙の閑居、理想の清貧、及び精進の一生、の三項に明らかにし得たと信ずる。理想とか、精進とか、信念とかいう言葉を、現代のわれわれは余りにも頻繁に口にする。しかもその実践のいかに貧弱であることよ。筆者また道元の行状の前に忸怩たらざるを得ぬ者である。

道元の真髄に触れるためには、じかにその著書によらねばならぬ。難解であると折紙を貼られて居る彼の著書、その一半の理由は、適当な解説書のないことである。著作の要旨の一項、かかる欠陥を補って余りありと自負するものではないが、些少なりとも諸賢を裨益することあらば幸いである。なお略年譜を附したことは、本書の叙述が年代記的になされていないので、それを補足する意味に於いてである。なおそれは、畏友大久保道舟氏の年表によった。

道元は私の私淑する人物である。しかし本叢書の性質上、敬語は一切省略した。

なお本書は、嘗《かつ》て楽浪書院の需めによって執筆せるもの、今回は、楽浪書院と三笠書房の諒解の下に現代叢書の一冊として刊行することとした。

昭和十六年五月

圭室諦成

一　天台と真言

一

道元が誕生したのは土御門天皇の正治二年（西暦一二〇〇（以下同、西暦の語を略す））、日本紀元では一八六〇年の正月二日のことである。ところで、一八六〇年（一二〇〇）というのは一体どんな年代であったか、まず手取り早くその前後の政治的事件を拾ってみる。前年の一八五九年（一一九九）に鎌倉幕府の創立者源頼朝薨去、この年一八六〇年（一二〇〇）頼朝の寵臣梶原景時鎌倉より追放、ついで駿河清見関で誅戮、また翌々一八六二（一二〇二）年源頼家将軍補任、間もなく一八六四年（一二〇四）には伊豆修善寺で暗殺されて居る。一言にしてこれを尽せば、源氏の勢力すでに凋落の兆を示し、北条氏の実力次第にこれに取って代ろうとする時代である。また宗教という限られた世界についてみれば、前々年の一八五八年（一一九八）には、法然はすでに選択本願念仏集を著してその立場を鮮明にし、翌々年一八六二年（一二〇二）に、栄西は建仁寺を創建して禅宗を天下に紹介して居る。つまり顕密諸宗の温床の中に自ら成育しつつあった浄土宗、隣邦支那に於いて圧倒的に流行していた禅宗が、新時代の機運に刺戟されて本格的にこの国宗教界に登場した時代なのである。これを要するに一八六〇年（一二〇〇）という年代は、頼朝が鎌倉幕府を創立してから二十年目、政治的にも従ってまた宗教的にも、新興の気運が漸く一つの安定を示そうとしている時代である。こうした時代に彼道元は、しかしこうした新時代の空気に対して寧ろ反対の立場を固執する伝統の都京都で、しかも反幕派の巨帥、内大臣久我通親を父とし、九条基房の女を母として生れて居る。

三歳のとき父を喪い、その後は叔父九条師家の手許で教育を受けた。伝によれば四歳にして李嶠雑詠を読み、七歳にして周詩を賦し、毛詩、左伝を読んでよくその意味を了解したと言われて居る。この伝えには、伝記の常として多少の誇張が含まれて居ることを認めねばならぬが、しかしそれにしても、普通の場合よりも早く教育を受け、またその進境の並々でなかったことは充分窺い知ることが出来る。当時のことを、後年彼自身次のように語って居る。

われもと幼少の時より好み学せしことなれば、今もやゝもすれば、外典等の美言案ぜられ、文選等も見らるゝを、詮なきことゝ存ずれば、一向に捨つべき由を思ふなり。われ幼少の時外典等を好み学しき、後入宋伝法するまでも、内外の書籍を開き方語に通ずるまでも、大切の用事、亦《また》世間のためにも、尋常ならざることなり。——随聞記——

つまり彼自身文学や哲学について興味を感じていた。それだけに、その理解も進んだわけである。ところで、文学や哲学と言っても、勿論この国のそれではなく、支那文学や支那哲学である。このことは充分注意されねばならぬ、即ちこれだけ支那学についての基礎が出来ていたことが、支那学の上に立つ仏教の理解に役立ったことは勿論、仏教を批判する素養を作り上げていることも考えねばならぬ。また支那哲学、殊に実践的、合理的、現実的な儒教の教養は、後年叡山を見捨てた彼をして、その頃多くの修道者の辿った信仰的な浄土教への道をとらせずして、実践的な禅宗に向わしめたことに、また当時の禅僧に比しても、著しく合理的、現実的傾向の濃厚である彼の思想に、果して無関係であろうか。なお支那文学に対する教養が、つまり文章について一見識を備えていたことが、言葉で表現することの難かしい禅宗の真髄を、あの程度にまで消化して説き示すことを可能にしたことは言うまでもないとして、支那留学を決行させた有力な一因であったであろうことも考えて置かねばならぬ。要するに彼が幼時に哲学や文学の研究に精進していることは、彼の思想を考える場合閑却すべからざる問題であるどころでなく、極めて重大な問題である。

ついで八歳のとき、彼を慈しみ育てた母親も、彼を残してこの世を去ってしまった。死に臨んで母親は、「汝相構へて出家学道して、わが後世を弔ふべし。」と遺言したと伝えられている。とにかく母の死は、幼年の彼に大きな精神的衝撃を与えたものの如く、後年彼自ら、「われ始めてまさに無常によりて道心を発した。」と弟子達に語って居ることによっても明らかであるように、彼の出家の動機も実にここに胚胎して居るのである。建暦二年(一二一二)(一八七二)漸く十三歳になった年の新春早々、彼はいよいよ年来の宿望を果すために、夜中に自宅を抜け出して、叡山の麓に叔父良観法印を訪ね、その斡旋で、横川般若谷の千光房の室に入った。そこで問題は、彼は叡山で一体何を学んだか、ということになる。そのことの理解のために、一応叡山を中心として、当時の既成宗教、つまり天台宗、真言宗、及び華厳宗等の、一般的情勢を記して置こう。

二

華厳宗及び天台宗は、真言宗即ち密教とは本来的には異った内容をもっていたのであるが、九世紀より十二世紀に至る四百年の歴史は、これらの諸宗派をして、みな一様に貴族の宗教へ、つまり貴族的宗教としての諸特質をそれこそ遺憾なく具備する密教へ、転化せしめたのであった。その結果、これらの諸宗派に属する中央の諸寺院は、貴族の御用寺院として、彼等の信仰の中心となり、彼等よりの喜捨によって、その財産を瞬く間に増大せしめ、すでに十一、二世紀の頃には、その保護者である貴族の財力を凌ぐ程度にまで裕福になっていた。それに加うるに、それまで豪族の保護の下に土地を蓄積して来た地方寺院が、その所有地を新興の武士より奪取される危険から免れるために、政治的にその庇護を求むるに及んで、これら中央大寺院はこの請を容れてそれが保護を引き受くるとともに、それら地方寺院の所有地を直接自己の支配下に置くことの用意をも怠らなかった。かようにして、その財力は年とともに増大し、遂には中央大寺院は、他に比類のないような大土地所有者とさえなったのであった。

一方、十一、二世紀の社会はすでに、貴族の子弟に新しい地位を与うることを困難としていたので、彼等の大部分は生活の方便として寺院に進出し、僧侶となっていた。そして僧侶になった貴族の子弟は、その有する世俗的特権を利用してその門閥を寺院内に作り上げ、門跡を主班とする封建政治制を確立した。かくの如き封建政治制の確立によって、中央の諸大寺院は、封建領主、封建領主に忠誠を誓う武士団、及び封建的領有地、というが如く、封建的組織体としての必須条件を具備するようになった。

ただしかしこの場合寺院は、その有する軍団の兵力のみを以ってしては、その所有地を完全に確保することは困難であったという事実が注意されねばならぬ。それは、それらの土地が零細な形で全国に分散していたためである。従ってそうした欠陥を補うためには、言わば宗教的方法による軍備を充実する必要があったのである。その場合採られた方法というのは、寺院に鎮守を勧請し、そしてその所有地に分祠を祀り、かくすることによって、寺院の土地をすべて一旦形式的に鎮守領とすることによってそれを聖化し、神の威力によって他の侵略を防ぐ、という方法であった。とにかくかような方法を以て、寺院はその軍備の欠陥を巧みに補うことによって、封建社会に適応するような形態に自らを再編成したのであった。以上触れた諸点について、今少しく立ち入って述べてみることとする。まず寺院の土地蓄積の問題から始めてみよう。

三

私僧房の僧侶は、早くから貴族のために繁栄や呪咀の祈禱を行い、その報酬として土地の寄進を受けたものである。ところで、十世紀末葉頃には、貴族の覇権は特定の一家に帰してしまい、たとえば、藤原道長に見るような全盛の時代をさえ現出して居るので、彼等は、すでに繁栄や呪咀のための宗教は必要とせず、一歩前進して、彼等が現実に享有して居る幸福を、そのまま来世にまで永続させたい、という希望を充足させる宗教を要請したのであった。僧侶たちは、現実的な祈禱宗教に、更に幸福を未来にまで保証する来世宗教を加味して、かような貴族の要求に応じたのであった。そしてその結果、この場合にも、寺院は尨大な土地を貴族から受け取ったものである。

ついですでに十二世紀に入っては、さすが全盛を誇った貴族も、その反対勢力であるところの武士の出現によって、その唯一の財源である土地を侵略され、従ってまた、その社会的圧力も漸く衰退し、失意の状態に陥って居る。すでに現実の社会に生き甲斐を感じなくなった彼等にとっては、来世の幸福こそ唯一の希望である。僧侶たちは、このような貴族の要求にもまた充分に満足を与えた。そしてこの時期にもまた、いくばくかの土地が寺院に寄進せられて居る。

要するに僧侶たちは、真理にのみ奉仕すべき仏教を、単に貴族の宗教的要望に追随する宗教として改編することによって、数百年に亘って貴族に奉仕し、ために尨大な土地を受けとり、結局他に比類をみぬような大地主となったのである。土地が唯一の財産であった当時に於いては、つまりそのことは、同時に天下の大富豪となったことを意味するものであった。

四

中央大寺院の所有地には、上に述べたようなものの他に、地方寺院の寄進にかかるものがある。かように地方寺院の土地が中央大寺院の有に帰したのは、それは主として本末の関係を通じてであった。然らば、かかる関係は何故に生じたのであるか。中央大寺院の所有地は多くの場合租税を免除されていたので、官吏の苛斂誅求に堪えかねた地方小寺院としては、その所有地を形式的にこれら中央の大寺院に寄進し、自分はその従属者として管理料の名目で年貢の一部でも確実に受けとることが、むしろ有利であったこと、そしてまた地方の小寺院が、治安警察力の薄弱である時代に、官吏、豪族、百姓などの侵略からその所有地を守ることはなかなか困難なことであったので、これよりも一切を大寺院に寄進して自分はその末寺となり、本寺が政府に対して有するところの政治的圧力に依頼して土地を確保することが、かえって賢明の策であったことなどの理由によって、十世紀頃から中央大寺院と本末関係を結ぶものが著しく増加した。

本末の関係は初めかくの如く、末寺側の政治的要求に基いて発生したのであるが、しかし一旦本末関係を結べば、本寺は末寺の要求などは全く無視し、それを単なる経済的関係に改編し、出来得るかぎり末寺よりの収入を増大することのみを心懸けるようになったのである。かように、この本末関係を通じて地方寺院の土地は極めて簡単に、しかも頗る迅速に中央大寺院に集中してしまったのである。

五

上に述べたように、寺院に集中した尨大な土地は、門跡のものであった。単に土地のみではなく、大寺院の実権者を意味する座主、長者、長吏、別当等の地位、及びそれらに附属する宗教関係の典籍など、殆んど一切を挙げてまた門跡の支配するところであった。ところで一体門跡は、如何なる方法によってかように、寺院の全財産を自分の手に集中せしめ得たのであろうか。そのことを理解するためには、寺院内に於ける僧侶の私有財産蓄積の行程を一応吟味して置くことが必要であると思う。

七世紀の四分の三世紀以後、僧侶の間で経済的に余裕のある人々は、寺院に附属する正規の僧房とは別に、寺院の隣接地に土地を選び、そこに私費で簡易な住宅即ち私僧房を建て、そこから寺院に出勤するというようなことになっていた。かように自分で住宅を持ち、その経営のために一定の経常費を拈出することが是非必要になってくると、私有財産に対する僧侶達の欲望は著しく高まり、その蓄積が急速に進んだのであった。そしてかような住宅は、それに附随する家具、経典などとともにその相続者に譲られた。かくの如くしてこれが何代かを経るうちに、最初にみたような貧弱なものではなく堂々たる構えの住宅となり、その名称も何々院と称するようになっていたのであった。すでに九世紀にはこうした事実が見られる。

かようにして遂には、一つの寺院内に於いて、国家の衰微とともにその支持の下にあった本寺は次第に衰えるのに、一方子院は貴族の保護の下に益々繁栄する、という珍現象をさえ呈するようになった。そして、本寺の財産よりも子院のそれの方が遥かに優勢となり、一方その衰退とともに国家権力が本寺に及ばなくなったのと相俟って、本寺の支配権すらも次第に子院の手に移ることになった。そしてかように貴族の庇護の下に財産と勢力とを得た子院は、次第に同一寺内の土地、建物をその手に集中させ、また劣勢な子院は結局有力なそれの支配下に入るというような過程を経て、すでに十一世紀には僅かに二三《にさん》の子院が、同一寺院内の数百数千にも達した子院、僧房、及び土地を分割支配するようなことになっていた。そして覇権をその掌中に収めたこれら小《ママ》数の子院には、きまって上流貴族の子弟が住持するようになり、門跡の名を以って称ばれるようになった。

これを要するに門跡は、その源流を尋ぬれば、上代の寺院機構の矛盾として発生した一私住宅に過ぎなかったのであるが、ここに僧侶たちが私有財産蓄積の拠点を見出し、これを、発展途上の貴族と積極的に結び付けたために、それは次第にその内容を充実させ、遂に寺院機構の根幹をなし、その財産の主要部分をその手に集中せしめたのである。かくて寺院は、国家機関としての曽ての地位はその痕跡さえどめぬ程度にまで清算され、全く門跡の私有財産に転化させられてしまったのであった。

六

かくて同一寺院内は勿論のこと、全国の土地は門跡の掌中に集められるに至ったのであるが、次に門跡の手に集中した土地の特質を吟味して置くことが必要である。

まず第一にそれは、上に述べたことから推察出来るように全国の各地に分散する零細な土地の集積であることである。従って、国家の政治的実力がある限度以下にまで衰えると、これらの土地の確保は極めて危険な状態に陥るわけ、つまり寺院は、自らの実力によってその所有地を維持せねばならなくなる。ところが寺院の所有地は、零細な形で全国に分布して居る、従ってそれらの土地の警備のため平時に軍団を駐屯させることが不可能であるばかりでなく、一旦他から侵略を受けた場合、中央大寺院に常備する軍団を派遣することさえ困難である。畢竟、中央諸大寺院の有する軍団がその威力を発揮し得るのは、せいぜい寺院附近の極めて狭い地域にすぎず、従って土地の確保のためには、自らの有する軍団の威力に頼ることも困難であったという次第である。とすれば、その対策は如何にすべきか。ここに、寺院領の宗教的軍備の問題があるのである。具体的にいえば、まず神を寺院内に勧請する。それが即ち鎮守社である。そしてまず寺院境内を、ついでその所有地を鎮守社の所領ということにして、神に対する民衆の信仰によって土地を守った。そしてかような企図は、神の信仰の強かった当時のこととて見事に成功したのであった。

七

上に述べたように、封建社会の成立に対応して寺院はそれ自らを、封建社会に適応するような形態にまで再組織していた。それも封建領主に隷属するものとしてではなく、それと対立するものとして、つまり封建領主としての再組織であった。しかし寺院が封建領主となったと言ったところで、武士の場合とは多少趣きを異にするものがあった。それは寺院の有する軍団の劣勢と、かような欠陥を補う宗教的軍備に、最も特徴的にあらわれていた。そして寺院のもつかような性格こそ、その世俗化、貴族化を促進するものであった。と言うのは、封建領主として最も多くの経費を必要とする軍備を、宗教的軍備とすることによって、軍事費を著しく節減することが出来、かくして得た経済的余力を全部奢侈に消費し得たからである。そのことは又門跡の地位が上層貴族によって独占され、その他の枢要な地位もことごとく、二流、三流以下の貴族に占められることによって益々拍車をかけられたのであった。

ところで貴族の子弟は、何故にかように寺院に進出したのであろうか。八世紀、九世紀と、ひたぶるに上向線を辿りつつあった頃には、貴族はその一族に対して実入りの多い新しい地位を潤沢に準備することが出来た。しかし、貴族も衰退の一路を急ぐようになっては、これまで通りの生活を維持することさえすでに困難であるので、過剰人口の収容などは思いもよらぬことであった。そこで相続者以外の貴族は、寺院に進出することを余儀なくされたのである。かような貴族の寺院進出は下級貴族に於いては十世紀の初頭もしくはその以前からのことであり、一流貴族の間に於いてさえも、十一世紀の末葉にはこうした傾向が支配的となっていた。そして貴族が寺院に進出するとともに、主要な地位はすべてそれらの人々の独占するところとなってしまったのであった。

元来上代の仏教は、学問を第一としていた。従って僧侶の昇進を決定する唯一の条件もまたその学問的才能であった。毎年、数千の修学者の中から一人若《も》しくは数人が選ばれて研学竪義となり、講師を経て僧綱の位に進み、更に順を逐うて昇進したものである。従って天下の秀才はこの研学竪義を目がけて寺院に雲集したものであったが、この登竜門も、貴族の寺院進出とともにその手に独占されてしまったのであった。つまり貴族の出身でなければ、どんな秀才でも僧綱の位にまで昇ることは殆んど不可能である代りに、貴族でさえあればたとえどんなに才能が劣っていても、一流貴族ならば権大僧都、二流どころで権少僧都、三流でも法眼までは一挙に昇ることが出来たのである。

これを要するに経済的余裕と、貴族の進出によって、寺院の生活は瞬く間に世俗化し、貴族化してしまった。そしてかような世俗化、貴族化は、修道に一向精進することを必要とする寺院の場合には、単に衣食住の奢侈というに止まらず、それは直ちに肝腎の修道生活——勿論当時修道的の要素は極めて乏しくなっていたが、それすらも——を全く駄目にするという悲しむべき結果を招来するものであった。要するに寺院が、封建社会に適応するようにそれ自らを改組したとき、かれ本来の修道院としての性質を、全く喪失してしまったのであった。つまり貴族の進出を通じて醸し出された寺院の空気には、憂うべきものがあった。上の好むところ下これに随う、単に貴族出身者といわず一般僧侶たちの目的とするところは、仏法の真理を学ぶことではなく、実に富貴栄達の地位に到達することであったのである。

八

道元の投じた頃の顕密諸宗寺院は、大体以上の如き機構をもつ、換言すれば全く世俗化してしまって居るものであった。

閑話休題、道元は、かくの如く世俗化してしまって居る叡山で、一体何を学んだのであろうか。伝記によれば、

「山家の止観を学し、南天の秘法を習ふ。」つまり正統派の仏教学を修めたとされて居る。ところで正統派の仏教学は、その頃一体どんな状態にあったのであろうか。

教道の師も、まず学問先達に等しくして、よき人となり、国家に知られ、天下に名誉せんことを教訓する故に、教法等を学するにも、まづこの国の上古の賢者に等しからんことを思ひ、大師等にも同じからんと思ひき。―随聞記―

叡山の長老は、ひたすらに真理を求めて叡山に辿りついた少年道元に、名僧知識となって天下に名を挙げよ、と教えた。仏教の衰微は、不用意に発せられたこの一語の中に尽されて居る。修道者の教育に従事する長老までもが、いかに富貴栄達に執心し、のみならずそれを理想としていたかを、彷彿せしむるではないか。名利のために僧侶という職業を選んだ人達には、それでよかったかも知れぬ。しかし道元には、物足りなかった。彼は高僧伝を披見して、明らかにそれが真理への道でないことを確めたのであった。

因みに高僧伝、続高僧伝等を披見して、大唐の高僧、仏法者の様子を見しに、今の師の教へのごとくにあらず、またわが起せるやうな心は、みな経論、伝記等には厭ひ憎みけり、と思ひしより、漸く道理を考ふれば、名聞を思ふとも、当代下劣の人によしと思はれんよりも、たゞ上古の賢者、向後の善人を恥づべし。等しからんことを思ふとも、この国の人よりも、唐土、天竺の先達、高僧を恥ぢて、彼に等しからんと思ふべし。乃至諸天、冥衆、諸仏、菩薩等に等しからんとこそ思ふべけれと、この道理を得て後には、この国の大師は、土瓦の如くに覚えて、従来の身心みな改めき。―随聞記―

かかることがあってから、彼はますます書物に親しみ、一日の大半を経蔵つまり図書室で過した。(当時の叡山は、とにかくこの国に於ける仏教研究の中心と自負していただけに、そこの図書室には、インド、支那、そして日本の、仏教関係の典籍を剰すところなく網羅していた。)しかし彼の目指すところは、読書に精進することによって物識りになろうと考えていたのではなかった。誰に聞いても皮相的な中途半端な説明しか期待出来ぬ仏教の真理を、書物を通じてじかに先哲に聴こうとしたのである。と言ったところで、読書についても適当な指導者をもたなかった彼のこと、しかも十三、四歳の少年にすぎなかった彼のこと、先哲の著書に親しむことによって仏法の真髄にじかに触れても、その意味を充分に酌みとることは出来なかった。従って新しい疑問は次々に雲の如くに起った。しかし当時の叡山には、残念ながら、かかる疑問を質す学者がいなかった。といえば、いかにも大袈裟にきこえるかもしれぬ。しかし前に述べたように、実質的には全く教学の衰微していた叡山、そこに僅かに残存して居る学者も、富貴栄達のために研究に従事して居るという時節に、若冠ながらも真理を目指して一向に精進して居る彼に、納得出来るように教えてくれる学者がいよう筈はないではないか。彼にはそのことが、この上もなく悲しかった。そんなわけで仏教学の初歩を学んだ彼は、早くも叡山を見捨てて、真理への旅に上らねばならなかった。

二　新興の浄土

一

すでに叡山は自分の生涯を托すべきところではない、と道元はひそかに心に期していたであろうけれども、いますぐに叡山を辞去しようとは考えていなかった。しかし機会というものは偶然にやって来るものである。彼が十八歳になってまもなくのこと、一つの疑問に逢着した。それは他でもない。その頃の叡山の教学では、われわれは本来成仏して居るので今更修行を必要としない、ということになっていた。彼にはこの点が不可解であった。つまり本来本法性、天然自性身、であるならば、諸先哲が修道生活に精進したのは一体何のためか。これは、いかにも真理への道に精進する修道者らしい疑問ではないか。勿論この疑問に対して、形骸に堕してしまっていた叡山の教学は、充分に納得出来るような説明を与えることは出来なかった。

ここで少年道元をいためつけた即身成仏思想とは、一体どんな内容をもつものであるかを一応顧みて置かねばならぬ。この思想は天台の基本思想の一つであるが、この国に於いてよく言えば日本化、悪く言えば著しく歪曲されていた。しからばまず支那天台の即身成仏思想というのはどんなものであったか。そこに於いては、原則として現世成仏つまり現実の世界にて仏の位に昇る、ということは許されていない、ただ例外としてはそれを許して居る場合もあるにはあるが、その時には必ず多生修行、即ちわれわれが現実世界に生れ出づるまでの幾生涯に於いて、仏法を修行した結果であるとして居る。

かかる内容をもつ即身成仏思想を、最澄はこの国に輸入した。そこでこの思想が一体いかなる変化を起したか。最澄を去ること久しからざる五大院安然の教学に於いては、現世に於て成仏することが寧ろ当り前のこととして取扱われ、それも過去幾生涯に亙る修行の結果、この世に於いてはじめて成仏出来るというような面倒なものでなく、現世だけの修行で充分成仏し得る、ことになって居る。

それが平安朝末の叡山の教学に於いては、現世の修行すらも否定して居る。つまりわれわれは本来成仏して居ることになるので、問題はただその自覚さえ得れば宜しいというのである。ところで成仏の自覚を得るといえば、教養を要するかに考えられるが、この場合のそれは、ただしかく信仰さえすればそれで成仏出来る、とするのである。(藤田海竜氏の研究による。)

つまりこの国に於いて、天台思想が実践的なものから信仰的なものへ転化する過程に於いて、その一翼としてこの思想もまた、信仰的つまり実践否定的なものへ移行したのである。天台思想のもつ信仰的側面の躍進的展開を企図した法然や親鸞には、従ってこの上もなく都合のいい思想であった。しかし真実の実践的仏法を目指して居る道元には、歪曲として、また堕落としてしか受け取れなかった。彼等はともに叡山に学んで居る。しかし一は叡山仏教の新展開のため、一は叡山仏教否定のために山を去ったのである。彼等の歩む道、それは仏教という埒内についてみれば、まるで反対の立場に立つものである。とすれば一つが浄土教に、他の一つが禅宗へ、向ったのもまた当然過ぎるほど当然のことではないか。ところで、かく二つの立場をとらせたそもそもの根源、それは性格と教養の中に求むべきであろう。

ところで、本来本法性、天然自性身ならば、諸先哲は何のために修道に精進したのであるか。真面目に修道を志す者ならば、誰しも直面すべき疑問であり、矛盾である。何も事新しい問題ではない筈だ。しかも叡山の長老達は、その教学に金縛りにされて、こんなことに対してすら修道者らしい素直な答えを発し得ないのである。道元の失望察するにあまりある。そこで彼は決心した。こんなところにいても、真理の体得は愚か、真理への憧憬すらもにぶらされてしまう、一刻も早くこの山から離れよう、幸い、新しいそして力強い宗教運動は続々と起って居る。そうした渦中には、自分の求めて居るものを与えて呉れる人があるかも知れぬ。かく考えてくると、矢も楯もたまらず叡山を辞して、まず当時名声の高かった公胤の門を叩いた。

　公胤についてはなお研究を要すると思うが、本書は研究論文ではないので別の機会に譲って、彼がただの学僧でなかったことだけを一言して置く。従来彼は顕密諸宗の碩学として紹介されて居るが、道元の師事した頃の彼は念仏者であったものの如くである。彼の伝記によれば、「嘗《かつ》て源空専念法を唱ふるを嫌ひ、決疑鈔三巻を作る。一日空と宮中にて相逢ひ、一談して遂に決疑鈔を焼く、爾来しばしば吉水に往いて往生の法を問ふ。胤晩に職を解め、禅林寺側に居して静観欣求、以て凉を送る。」―本朝高僧伝―と、即ち法然の教えに帰して遁世、晩年には、洛東禅林寺側に草庵を結んで念仏に専心していた。ところで彼の示寂したのは建保四年（一二一六）（一八七六）、その齢八十余歳というのであるから、道元の訪ねた建保二年（一二一四）は、つまりその二年前、従ってすでに洛東の草庵に移っていたときのことと思われる。また当時叡山と三井寺との抗争漸くたけなわな時、しかも建保二年にはその抗争が頂点に達し、叡山によって有名な三井寺の焼打ちさえ行われて居る。かくの如き対立の最中に、たとい一修道者とは言え、敵の牙城三井寺に乗り込むことは不可能ではなかったろうか。これを要するに彼が訪ねたとき公胤は、法然に師事して念仏の道にいそしむ一遁世者であったと考うる方が妥当であるようである。しからば、当時浄土教はいかなる発展段階にあったか。以下それについて一言して置くこととする。

　浄土教は、すでに奈良朝の仏教の中にも存在していたことは事実であるが、しかしそれが思想的に展開し始めたのは、平安時代の仏教、特に天台宗に於いてであった。元来この宗に於いては、その鼻祖である天台大師の思想の中にすでに浄土思想の胚子常行三昧が準備されていた。ところで、この国に初めて天台宗を輸入した最澄（一四二五《ママ》—一四八二）（七六五—八二二）は、勿論この常行三昧を紹介したであろうことは、彼が常行三昧のための道場、般舟三昧院を建設して居ることからも推察出来るのである。しかしこの場合の常行三昧の紹介は寧ろ形式的のもので、実質的のものではなかったようである。

常行三昧は、上に述べたように最澄に於いては、単に形式的紹介に止ったようであるが、円仁（一四五四—一五二四）（七九四—八六四）に至っていよいよ本格的になった。即ち諸三昧の中で、常行三昧と法華三昧を特に重視して居る。即ち彼は、常行三昧堂及び法華三昧堂を建立して定時に両三昧を修して居るが、その実修者の定員についてみるに、法華三昧堂の定員が十二名であったと推定出来るのに対して、常行三昧堂のそれは明らかに十四名であり、また一五一一年（八五一）には五台山念仏の方法をそのまま輸入し、更にその臨終に際して高弟相応に、不断念仏の法を始めることを遺嘱して居ることなどを考え合わすれば、常行三昧をより重視していたことは明らかであると思う。

円仁にみる常行三昧重視の傾向は、源信（一六〇二—一六七七）（九四二—一〇一七）に至ってその頂点に達した。即ち彼は、常行三昧を以って諸功徳中第一となす、としてこの三昧に孤高的地位を与え、またその主著往生要集には、この三昧こそ末法相応の修道形式であると言明して居る。四種三昧より法華、常行両三昧へ、更に両三昧より常行三昧へ、この線上に登場し、それを極限まで推し進めた源信の功績は高く評価されねばならぬ。しかし一寸考えると、時代を踏み越えて前進して居るように思われる彼の浄土思想も、実際に於いてはやはり時代のつよい制約を受けていた。以下そのことを少しく検討してみよう。ところで、彼の説く往生極楽のための方法は、礼拝、讃歎、作願、観察、回向等であるが、その中で最も重視したのは観察門であるので、ここにはこの観察門の検討をもって、彼の思想の全貌の推察に代えようと思う。

　ところで彼の説く観察は、仏菩薩の国土を観察するのではなく、単に仏の色相を観察する色相観である。この色相観を更に別相観、総相観、雑略観の三つの方法に分ける。まず別相観に於いては、仏の相好の細部について観相するので、華座から始めて仏身の各細部に及ぶのであるが、特に仏身の観相は入念に行い、上から下、下から上と順逆十六回繰り返し、かくすることによって心想を明澄ならしめ、かくて最後に仏の白毫相を観ずるのである。次に総相観に於いては、仏身の総体について、最後の雑略観に於いては、ただ白毫相について観察するのである。これが彼の観相念仏の概要であるが、単にこれだけの、記述を以ってしても、それがいかに自力的、遊戯的、貴族的なものであるかは明らかであろうから、これ以上の叙述をさし控えることとする。なおかくの如き自力的、遊戯的、貴族的な諸特質こそ、貴族社会それ自体の性格でもあることを注意して置く必要がある。

二

　浄土思想の萌芽は、上に述べたように顕密諸宗の内部に於いて成育しつつあった。が、しかし、かかる成育には自ら一定の限界がある。即ち浄土思想の展開が顕密諸宗の発展に協力すること、少くともその発展を阻害しないことの限界、である。この限界を一歩でも越ゆれば、顕密諸宗から圧迫を加えられることは必定である。ところで浄土思想はいつ頃かくの如き限界にまで到達したであろうか。勿論そうした年時を明確に規定することは困難であるが、少くとも源信の思想、具体的に引証すれば彼の主著往生要集序の次の一節、「それ極楽の教行は濁世末代の目足なり。道俗貴賤誰か帰せざるものあらんや。たゞし顕密の教法はその文一にあらず、事理の業因その行これ多し。利智精進の人はいまだ難しとなさず、予が如き頑魯の者豈《あに》敢てせんや。」には、顕密諸宗の発展に奉仕するどころか、その発展を阻止する思想を含んで居ることを否定出来ない。この文の制作されたのは一六四五年（九八五）、彼としてみれば油の乗りきった四十四歳のときのことである。

彼はなおその後三十余年の余生を保ったのであるが、その間に於ける彼の思想は著しく後退して居る。このことは一体何に原因するものであろうか。察するに顕密諸宗の一員としての彼には、上述した往生要集序の思想的立場を更に展開させることは無論のこと、その立場に留ることすら許されなかったことの無言の告白ではなかろうか。

さて、十世紀の最後の四分の一世紀には、浄土思想はすでに顕密諸宗の許容し得る限界を突破して居るが、この事実は、教会史的にはいかに説明すべきであるか。それは前に述べた如くに、十世紀以後貴族の子弟が寺院に進出するようになるとともに、寺院の生活が貴族化、世俗化してしまったので、真実の修道者は勿論のこと、単に立身出世を目標とする者（貴族でない者）も顕密諸宗寺院の生活に対して希望を失ってしまっていた。従って源信の思想は、単なる彼の恣意にもとづくものでなく、かような客観的情勢に裏付けられていただけに、彼がその晩年にその異端的思想を後退させたからと言って、何も浄土思想者全体がその思想を後退させたわけではなく、寧ろ彼等は曽ての源信の思想を踏台として、その思想を前進させ、遂に彼等は顕密諸教団より分離するに至ったのである。

三

かくて十一世紀の初頭頃から、顕密諸宗より分離する者漸く多きを加えた。ところで、分離することを遁世、分離した者を上人とか聖とか一般に称んで居るが、遁世した者は、顕密諸宗寺院の附近に閑寂の土地を求めてそこに草庵を結び、新しい宗教生活に入るのを普通とした。時代の下るとともに遁世する者の数も次第に多くなったので、従ってそれら草庵の数も増え、後には聚落を形造るようにさえなっていた。そしてかような聚落は別所と名づけられて居るが、こうした別所は全国の各地に散在し、それらの中心とも言うべき大規模な別所が、叡山、南都、高野等の近接地にあった。そして別所での宗教生活は、浄土思想に立脚するものが絶対多数を占め、そしてその宗教生活の重点は、清貧の高唱と信仰の強調に置かれていた。

清貧の高唱は、顕密諸宗が世俗化し、世間的な名利のために行動して居ることに対する一つの消極的抗議である。僧侶がいかに名利に対して強い欲求をもっていたかについては、前に述べた通りであるので今更喋々することは止めて置く。とにかくこのことは、良心的な修道者としては堪え得られない苦痛であったので、そのために教団より分離した者も少くはなかった。従って新しい良心的修道者の集団に於いて、名利の排撃されたことは寧ろ当然のことである。たとえば十二世紀初頭に示寂した永観は、その著往生拾因の中に、「今念仏宗に至っては、公家賞せざれば自ら名位の欲を離れ、檀那祈らざればまた虚受の罪なし。」とまで極言して居る。

次に信仰の強調であるが、これは勿論浄土思想の本来有するものではある。しかし浄土思想が顕密諸宗寺院に寄生して居る間は、一定の限界以上にこの主張を推し進めることは実際上困難であった。と言うのは、僧侶が名利に対して強い憧憬をもち、その獲得のために貴族の要求に対応する祈禱を修し、そして祈禱の効果に対する貴族の信頼を高めるために、内容空疎な宗教生活を後生大事に守り続けて居るときに、信仰を強調することは、これまた顕密諸宗に対する消極的反抗を意味するからである。しかるに今や顕密諸宗より分離したのであるから、思う存分信仰生活に耽溺したのは当然である。

四

遁世者は、宗教生活の再建を目標としていただけに、上に述べた如くその経済的立場を清貧に、その宗教的立場を信仰に置いていた。その限りに於いてこの運動は進歩的と言える。しかし仔細に検討するとき、私どもはそこに過渡的宗教としての特質を見出すであろう。かかる特質として注目すべきものは、その彼岸性と形式性とである。

まず彼岸性、修道者の目標が、信仰を体得し以って現実の生活を豊富にし、社会の発展に寄与するというような性質を全く欠き、現実の社会にはあくまで逃避的で、ただ後世を慕う、ことに置かれて居る。かかる現実逃避の傾向は、極楽に往生することの第一歩としての臨終を重視し、従ってその行儀を偏重し、来迎を憧憬することとなってあらわれて居る。

次は形式性である。つまり信仰を体得するためにはいかなる方法を選択すればよいかということを充分に吟味せず、ただ苦行換言すれば最も困難なる修道形式をとりさえすればそれで目的を達し得る、として居ることである。かかる形式の中彼等の普通に用いたものは、数量念仏、断食、手足献灯、焼身、及び入水等の諸方法である。まず数量念仏とは、どんなものであったか。もともと信仰を量的に測定することは、顕密諸宗でさかんに行われたことで、巻数などはその典型的なものである。しかもかかる方法を、革新者であるべき遁世者は受け継いでいたのであった。たとえば源信は彼の作善目録によれば、長和二年（一〇一三）までに二億遍の念仏を唱えて居る。恐らく彼などは最高記録保持者であろうが、しかし彼の記録に肉迫する者も決して尠くはなかった。いたずらに数量の多きを貴しとする、ここに自力的、苦行的な残滓を認めることが出来るのである。

数量念仏から一歩を進めると、積極的に肉体を虐待するということになる。その第一段階は断食である。つまり穀物や塩味を断ち、そしてその代償として極楽往生を祈るのである。第二段階は明らかに邪道に堕したもので、自分の肉体の一部を仏に捧げ、その代りに極楽往生の特権を得ようとする方法である。たとえば手足の指を燃やして仏に供養したり、または自分の皮膚を剥いでそれに浄土の図を描いたりするのである。

浄土を欣求することなお一層深刻となれば、自殺往生ということになる。自殺の方法としては、切腹、縊死、絶食、焼身、入水等色々あったが、その中で焼身及び入水は最も確実な往生法として広く行われていた。

遁世者の浄土思想がもつかかる致命的欠陥、即ち彼岸性と形式性は、これを一言にして尽せば非現実性であり、換言すれば反社会性である。ところで彼等は、かかる反社会性を何故にとったかと言えば、それは顕密諸宗と完全に絶縁していなかったこと、畢竟ずるに、現実社会の展開に寧ろ逃避的になって居る貴族階層の、支持を受けていたことに起因するのである。

要するに遁世者の新宗教運動は、世俗化した教団生活を修道的な宗教生活の軌道に引き戻した点に於いては進歩的であるが、しかし伝道の対象を、依然として現実社会の進行に寧ろ逃避的とすらなって居る貴族社会に置いたために、その非現実性を清算し切れなかったのである。

五

遁世者の浄土思想のもつ致命的欠陥は、その非現実性にあった。そして浄土思想が、すでに社会の現実的発展に反動的になって居る貴族の立場を、擁護する宗教としての地位に甘んずるのであれば問題は暫く別として、社会の推移とともにその機能を殆んど喪失してしまった貴族に見限りをつけて、新たに覇権を確立しつつある武家の庇護の下に、武士及び農民の宗教として更生するためには、かかる思想的欠陥を一日も早く、清算して、新社会に適応する宗教として再組織することが、絶対的に必要であった。かかる浄土思想界の要求に応じて登場した最初の宗教家として、私は法然の名を挙げることが出来ると思う。そこでまず浄土思想を、非現実性つまり彼岸性、形式性のものから現実性つまり此岸性、実質性のものへ再組織することを、法然はどの点まで果し得たかを検討してみることにする。

非現実的なものを現実的な宗教へ再組織するためには、まず新理論を必要とする。そしてこの国の仏教界に於いては、新理論を発見しようというような場合、第一に経典の再検討から初めるのが普通である。「われ聖教を見ざるの日なし。」という法然の述懐は、この点から注目されねばならぬ。そして彼は遂に彼の現実的立場を支持する理論を、善導の観経疏の一節、「一心専念弥陀称号、行往坐臥不問時節、久近念念不捨者、是名正定業。」に発見し、この専修念仏の理論によって、浄土思想をこの国の実状、その頃の社会に適応するように展開せしめたのである。

かくて専修念仏にその理論的立場を見出した彼は、その点に立脚して既成宗教の形式性、たとえば顕密諸宗の僧侶が戒律に執着し、しかも彼等の現実生活は全く戒律から離れて居ること、また遁世者が表面的には名利の欲望を捨てて清貧の中に行い済して居るが、しかし彼等の内心に立ち入ってみれば、自分こそ名利を捨てた聖者である、とする虚栄に捉われて居ることを暴露して居る。しかし、彼の既成宗教批判は、何も批判のための批判ではなく、究極の目的は真理の宣揚にあった。あるとき彼のところに弟子達が集って、いつものように浄土論を闘わしていたときのこと、談たまたま魚食と往生との関係に触れたので、一座は俄かにどよめき立った。ある人々は、魚食することは破戒である、しかるに破戒者には往生は許されぬ、従って魚食う者は往生は許されぬのだとすれば、他の人は、浄土教は戒律を無視するところにこそその真面目がある、従って戒律を無視して魚食する者こそ往生するのだ、と主張し互に相譲らなかった。傍で静かにこの論争を聴いていた法然は、最後に「食ふにもよらず食はぬにもよらす、たゞ念仏を申すもの往生はする。」と裁断して居る。驀直に真理に肉迫しようとするこの熱意、そして乱麻を断つ快刀の切れ味にも比すべきこの論理、これは畢竟ずるに専修念仏のものである。彼の非凡なる眼光はこの専修念仏を見出し、この卓絶せる理論によって彼の思想は益々豊饒となり、混迷せる浄土教の修道形式を現実社会に適応する実質的なそれへ転化させ得たのである。

次に彼岸性である。これも実例について説明してみよう。法然の信者に東国出身の武士があった。偶々その武士が戦場に出掛けることになったので、法然の許を訪ねて、戦争に参加して軍功を立てることは武士として本懐であるしかしながら念仏者の立場に於いては、それは許されぬことである。自分は一体いかに行動すべきであろうか、と質したとき、彼は、「弓箭の家に生れたる人、たとひ軍陣に戦ひ命を失ふとも、念仏せば本願に乗じ、来迎に預らんことゆめ疑ふべからず。」と答えて居る。遁世者の浄土思想に於いては、現実生活を全く無意義なるものとし、かかる生活から離れることを第一条件とした。つまり武士に例をとれば、戦争するという現実的役割を捨てて、隠遁して念仏することが要求された。しかるに法然に於いては、上に述べたように往生のためには念仏を唱えるだけで充分である。武士は武士のままで、更にまた戦争に参加しても一向差支えないというのである。勿論専修念仏の現実肯定は、後に述べるように必ずしも徹底したものではなかった。しかし従来遁世者が否定し続けていた現実を、とにかく肯定し始めて居ることは、換言すれば法然に於いて、浄土思想が彼岸性《ママ》をとにかく獲得し始めていることの事実は、高く評価されねばならぬと思う。

六

法然の浄土思想は、上に述べたように、新社会の宗教的要求に応じ得る現実的な性格をもっていた。しかし、かかる現実的性格をなおも仔細に検討するとき、われわれはその中に多分に非現実性を包含して居ることを発見するのである。畢竟このことは偏えに、彼の生活した社会環境の未成熟状態に縁由するものであった。実際当時の社会は、新興せる武家がその支配的地位を確立しつつも、未だ既成勢力であるところの貴族、及び顕密諸宗寺院の実力は侮り難いものがあった。なおこの場合忘れてはならぬことは、法然がかかる既成勢力の本拠である京都で、その生涯を終えて居ることである。こうした社会的ならびに個人的事情の存在が、彼の進歩的思想の性格を過渡時代的に規定してしまったのであった。以下その消極性について、吟味することとする。

彼の現実肯定の立場は、遁世者の浄土思想が現実否定をその立場としたのに比すれば、実に格段の進歩である。しかし更に分析するとき、その現実肯定が、むしろ現実無関心とも言うべき極めて消極的なものであることに失望するであろう。即ち何も現実社会に背いて宗教生活を敢行せずとも、現実生活は今暫くそのままにして置いて宗教生活を実践すれば宜しい、とする立場であって、宗教生活によって現実生活を浄化し、以って社会の発展に寄与するというような積極的な立場ではなかった。かかる彼の立場は、「たとひ余事を営むとも念仏を申す申すこれをすると思ひをなせ、余事をしつゝ念仏すとは思ふべからず。」という彼の言葉が如実に示して居る。これを要するに彼に於いては、遁世者のように現実生活と宗教生活は相反撥するものではなく、すでに一応協調はして居る。しかし協調は畢竟協調であって、融合統一を意味するものではなかった。

そのことは、彼がなお臨終の行儀を重視して居るところにもあらわれて居る。彼は遁世者が臨終を偏重していたのを斥けて、平生の念仏に重点を置いていた。それほど、一面に於いて進歩的である彼ではあったが、遁世者と同じく臨終の行儀を捨て兼ねていたこともまた事実である。私は、法然が平生の念仏に重点を置いて、しかも臨終の行儀を単純化して居る功績を認めることにやぶさかではない。しかし畢竟平生の念仏となし切れなかったところに、彼に於いては現実生活と宗教生活との間になお少からぬ間隙のあったことをも、併せて指摘せざるを得ぬ者である。ここにもまた、過渡的思想のもつ二重性、進歩性と消極性の交錯が、つきまとって居るのである。

現実肯定とともに彼の進歩的な立場として挙げられるものに、浄土思想の実質化があった。専修念仏そのものがそうであって、彼はここに自力を否定し他力を徹底して居ることになって居る。しかしながら彼の他力の徹底も、遁世者のそれに比してのことで、決して絶対的のものではなかった。そのことは念仏の数量を貴ぶ、詳言すれば念仏そのものの質のよさよりも、念仏の数量の多きを貴しとする思想に、充分に窺われる。その数量念仏も、一日に百遍とか二百遍とかいう生優しいものではなく、たとえば彼自身平生は六万遍の念仏を、臨終の直前には更に一万遍を加えて実に七万遍の念仏を唱えていたのである。しかもこうした数万遍の念仏は、念仏の指導者として彼一人が唱えただけではなく、念仏行者のすべてに要求した遍数であることに注意せねばならぬ。そしてまたこの日々の念仏の外に、時折不断念仏会をも催していた。かかる念仏の実修は果して純他力であろうか。また純易行であろうか。恐らく何人《なんぴと》と雖《いえど》も、しからずと躊躇なく答えざるを得ぬであろう。しかもなお念仏者にはかかる念仏の外に、浄土教の根本聖典である阿弥陀経の読誦を要求して居る。毎日読誦の標準巻数は十五巻であった。日別六万遍の念仏、時折の不断念仏、日別阿弥陀経十五巻の読誦、それを臨終まで続けて始めて約束される極楽往生の特権、それは決して純粋の他力信仰ではない。なるほど彼は極楽往生の条件として、頭脳の優劣、財産の多少、という制限を撤廃した。その限りに於いて実質的であり、民衆的である。しかし努力の有無の制限は、そのままであったのである。その点に於いて彼の思想はなお形式的であり、特権的である。そしてこの制限のために、民衆は結局浄土思想に接近し得なかったのである。

しかも日別六万遍の念仏、阿弥陀経十五巻の読誦、時折の不断念仏を臨終まで実修することによって、果して一人洩さず極楽往生が許されるのか、然らず、それだけではまだなお疑わしい。絶えず自己を鞭撻しつつ、決死的努力を続けねば極楽往生することは出来ぬのであった。かくて問題は、往生疑いなしと言うのには最低限どれだけの努力をすれば宜しいか、ということになる。そこで彼自身、彼の程度の努力によって、間違なく往生するという確信に果して到達していたか、を検討してみる。あるとき彼が、「あはれこの度しほせばや、」と洩したのを傍で聞いて驚いた弟子が、「上人だにもかやうに不定気なる仰せの候はんには、その余はいかゞ候べき。」と質したのに、彼は次のように答えて居る。「正しく蓮台に乗らんまでは、いかでかこの思ひは絶え候べき。」この会話は彼の浄土思想に於いて、極楽往生の確信に到達することが如何に困難であったかを示すものではないだろうか。

要するに法然は、遁世者の浄土思想のもつ非現実性、即ちその形式性、彼岸性を清算して現実性即ち実質性、此岸性に於いて再組織した。そしてかかる再組織は、一応成功したかにみえる。がしかし仔細に吟味してみると、それは極めて不徹底にしか行われていなかったのである。

七

道元はかかる宗教的立場を守る法然の弟子公胤の門を叩き、即身成仏に関する疑義を質した。公胤は、さすが当時第一流の宗教人と目されていただけに、その答は率直、「この問容易く答ふべからず、宗義ありといへども、恐らく義を尽さざらん。」として居る。彼は正統派の立場、また浄土門の立場に於いては、道元の満足するような回答を与えることは出来ぬ、またこの熱烈な求道者道元に、たとえ正統派や浄土門の即身成仏思想を説いても、結局無駄であるということを充分承知していた。そして実践的な指導者を探して居る道元に対しては、適当な指導者を紹介してやることが、その信頼に酬ゆる最も親切なやり方だと思ったので、建仁寺に行くことをすすめたのであった。公胤は、顕密諸宗を見捨てて浄土宗に投じた言わば宗教的苦労人、叡山の学僧とはさすがに違った味をもって居るではないか。後年道元は、公胤の人となりの一端を、その弟子達に次のように語って居る。

故公胤僧正の云く、道心といふは、一念三千の法門なんどを胸の中に学し入れて持ちたるを道心といふなり。なにとなく笠を頸にかけて迷ひを歩くをば、天狗魔縁の行といふなり。―随聞記―

公胤の門を辞して、彼が直ちに建仁寺に投じたとするのは通説である。が断定にはなお多少躊躇せねばならぬ。というのは、次のように彼自身弟子達に語って居るからである。

われ無常によりて、いさゝか道心を発し、終に山門を辞して、あまねく諸方を訪ひ、道を修せしに、建仁寺に寓せし中間、正師に会はず、善友なき故に、迷ひて邪念を起しき。―随聞記―

予発心求法よりこのかた、わが朝の遍方に知識を訪ひき。

—弁道話—

この文面によれば、叡山を出て建仁寺に入るまでの間に、相当ながい期間雲遊萍寄していたことは事実である。それが公胤を訪れた前か後か、それは不明であるけれども。

三　日本の臨済

一

叡山を見捨て、真理への道を訪ねて諸方を遍歴していた道元は、十八歳のとき、建仁寺明全の門に辿りついた。顕密諸宗から浄土宗へ、更に浄土宗から禅宗へ、かかる径路は一見不自然に見ゆるかも知れぬ。がしかしその頃の宗教界の事情からすれば、寧ろ自然であり、真面目な修道者の誰しもが辿った道順であった。というのは、当時顕密諸宗は新興諸宗に比して、その寺院数に於いて、また社会的地位に於いて、ともに圧倒的に優勢であったし、そしてまた新興諸宗内について見れば、浄土諸宗は、禅宗をはるかに凌いでいたからである。そうした状況に於いては、まず顕密諸宗に投じ、そこで不満を感じた者は浄土諸宗へ、更にここにあきたらぬ者は禅宗への道を辿るのが自然ではないか。それはとにかくとして、道元が京都附近に於ける唯一の禅刹建仁寺を訪ねた時、栄西はすでに示寂していたので、その高弟明全の指導を求めた。従って道元は、ここで明全の人格的影響を受けたことは勿論であるが、しかしどちらかと言えば、栄西の残した家風に、より多く感化されて居るようである。

二

栄西は、新興諸宗の他の宗祖たちと同様に顕密諸宗寺院を見捨て、実践的な仏法を追求し、且つこれを実践した遁世者であった。そして彼の希望を充分に満足させる宗教として見出したのが、当時支那に流行していた禅宗であった。従って彼の禅は、これまでしばしば指摘されて居るように形式的に純不純を論ずれば、なるほど不純なものを含んで居るかも知れぬ。しかし禅の目標とするところは、真理の体得にある。とすれば、彼また傑出せる長老ではないか。ところで彼は法然と多分に共通点をもって居る。即ち法然と同様に、一面新時代的のものをもちながら、しかも他面旧時代のものを清算し切れないのである。勿論その旧時代的制約は同一ではない。法然に於いては隠遁的、貴族的であったし、栄西に於いては密教的、祈禱的に特色づけられていた。しかし、それは畢竟彼等の過渡時代的性格として規定されねばならぬものである。われわれは過去の思想家を論ずるとき、その思想の純不純、徹底不徹底という点から、ともすれば論じ勝ちである。しかし社会の転換期に登場する思想家には、彼等の進歩的な思想を一定の段階にせきとめて居る社会相を、一応分析してやる親切が必要であると思う。これを要するに、栄西の思想は、多分に時代の制約を受けて不純な分子を含んでいたが、しかしまた熱烈な求道者であったことも事実である。この熱烈なる求道精神が、明全を通じて、感受性の人一倍強かった少年道元の脳裡に焼きつけられたのであった。

三

求道者としての栄西の風貌は、道元の著述の中に遺憾なく伝えられて居る。その一つ、以下道元の言葉を借りて彼の面影を描いてみよう。道は清貧にありという、従って彼が清貧についてどんな考えをもち、又どの程度に清貧を実践していたかは、彼の行持《ぎょうじ》が真理的であったか否かを測定する一つの基準であると思うので、以下彼の清貧について観察をすすめることにする。まず布施を受けた場合の用心、

人の供養を得て喜ぶは、仏制に違ふ、喜ばざるは檀越の心に違ふ。この故実用心は、われに供養するに非ず、三宝に供養するなり。かるが故に、かの返事には、三宝定めて納受あるべし、といふべきなり。―随聞記―

以上彼が修道者に示した指導の一節であるが、見上げたものである。その真理体得に対する用意の周到さと、真理に対する信念の鞏固さを思わしめるではないか。進んでこの用意、この信念を彼はどの程度に実践していたか。

建仁寺での出来ごとである。当時まだ禅宗に理解を有する者も少く、また彼自身権勢におもねることも敢えてしなかったので、ひどく貧乏していた。家財道具を売り払っても追いつかず、絶食を余儀なくされることすらしばしばであった。そのころのこと、ある男が彼を突然訪ねて来て、この二三日《にさん》何も食べないので私は勿論、妻子も餓死しようとしています、どうかお助け下さい、と懇願した。しかし今は金に代うべき何物もない。暫く考えていた栄西は、ふと仏像の光背を作るために買って置いた銅板のことを思い出した。早速立ち上ってそれを取り出し、その銅板を束ねて、これを持ち帰って飢えを凌いだらよかろう、と無造作に与えてやった。施しを受けた男が大喜びでもち帰ったことは勿論である。しかしこれを傍で見ていた弟子達は、あまりのことに茫然としていた。やや落ち付いて考えてみると、これは容易ならぬことである。他の物ならとにかく仏像を作るための銅板を施すとは、と思えたので、これは仏物を私の用に供すること、戒律に背きはしませぬか、となかば詰問するような態度で質疑した。そのときの答えがまた素晴しい。

誠に然り。たゞし仏意を思ふに、仏は身肉手足を割きて、衆生に施せり。現に餓死すべき衆生には、たとひ仏の全体を以つて与ふることも、仏意にかなふべし。われは、この罪によりて悪趣に堕すべくとも、たゞ衆生の

飢ゑを救ふべし。　—随聞記—

またこんなこともあった。やはりひどく貧乏して居るときのこと、ある信者が彼を招いて法要を営み、そのお礼にと言って絹一疋を贈った。これで明朝のお粥の代が出来たと喜んだ彼は、人にも持たせず大切に自分の懐中にしまって、大急ぎで寺に帰り早速係のものに与えて、それで米を買って来るように命じた。折も折丁度そのとき一人の男が彼の許を訪れて、困ったことが起り絹二三《にさん》疋急に欲しいのです、もしあったら少しでもいいから用立てて下さい、と絹を所望した。そのとき彼はどうしたか。先刻あれほど喜んで持ち帰った絹、そしてすでに係の者に処分を命じた絹、その絹を係の者から取り寄せて、あっさりその男に与えてしまった。修道者は空腹をかかえて明日こそはと期待していた矢先なので、ひどく失望した。それに第一相手が餓えてでも居るというのならとにかく、ただ単に困って居るというに過ぎぬのにと、失望はいつしか不満とさえなった。早くもかかる動揺をみてとった栄西は諄々と、真理の体得を志す者の心得を説くのであった。

各々は僻事とこそ思はるらん。しかれどもわが思はくは、衆僧は面々仏道の志ありて集れり。一日絶食して餓死するとも苦しかるべからず。世に交れる人のさし当りて事欠ける苦悩をたすけたらんは、各々のためにも利益すぐれたるべし。　—随聞記—

栄西には彼自身の著書が少く、従って彼の伝記は、多く顕密諸宗に属する人々の書いたものによらねばならぬ。ところで顕密諸宗に対して、異端的の態度をとった彼は、常に色眼鏡で見られて居る。というようなわけで、彼に関する資料には、彼の真意を伝えて居るものが少い。たとえば彼は建暦三年（一二一三）僧正に任ぜられて居るが、正統派に属する人々は、彼が野心を満足させるために運動した結果であるとして居る。しかし、上に述べたようなすぐれた心境の持主である栄西の行動としては、受け取り兼ねるのである。やはり無住が、

遁世の身ながら僧正となり給ひけることは、遁世の人をば非人として、いふ甲斐なく名僧の思ひたる故に、仏

法のためと思ひ給ふて、名聞にはあらず、遁世の光を消たじとなり。おほかたは三衣一鉢を持し、乞食頭陀を行ずるこそ、仏弟子の本分にて侍れ、釈尊すでにその跡を残す。釈子として本師の風に背かんや。さるまゝに名僧の振舞大いに仏弟子の義に背けり。然れども末代の人の心、乞食法師とて、いふ甲斐なく思ひ、仏法も軽しむることを悲しみて、僧正となり出仕ありければ世もて軽くせず。菩薩の行は時に従ふ、定まる方なし。これ即ち格にかかはらぬ振舞なり。――沙石集――

と記して居るように、遁世者の権威を社会的に確立するという希望にもとづいて居る、とするのが正しいと思う。実際草創期の新興宗教にとって、その教団に属する人々の権威を確立することは、その真理を社会に布くために絶対的に必要な条件であるからである。従ってこのことは、生涯彼の念頭を去らぬ問題であった。当時鎌倉にいた彼は、余命いくばくもないことを知ったとき、京都で臨終を迎えたいと言って、周囲の人々のすすめをも却けて上京した。そのときの栄西の心境を、無住はまた次のように語って居る。

さてかの僧正鎌倉の大臣殿に暇申して京に上り、臨終仕らんと申し給ひければ、御年長けて御上洛煩はしく侍り、いづくにても御臨終あれかし、と仰せられけれども、遁世ひじりを、世間に賤しく思あひて候ときに往生して、京童べに見せ候はんとて上洛して、年号は覚悟し侍らず六月晦日説戒に、最後の説戒の由ありけり。七月四日明日終るべき由披露し、説法目出たくし給ひけり。人々最後の遺戒《ゆいかい》と哀れに思へり。次の日勅使立ちたりけるに今日入滅すべき由申さる。門徒の僧どもは、よしなき披露かなと、あやぶみ思ひけるほどに、其日倚《い》座《ざ》に坐して、安然として化し給ひけり。勅使道にて紫雲の立つを見けり。――沙石集――

真理をこの国に布かんと、最後の一瞬間まで奮闘して居る栄西の姿を彷彿することが出来るではないか。栄西とは実にこんな人であった。当時の宗教界の情勢は、厳然と彼の思想に、行動に、最後の一線を劃しては居る。しかしその一線の限界内に於いて彼の実践をみる時に、卓越した禅者であった。真理体得に不惜身命であった栄西の家風、それが道元に強い印象を残して居るのである。

四

道元の直接師事した明全は、栄西門下の俊才、恩師の長所のみを受け継いだような人物である。彼は八歳のとき叡山に上った。そして永年そこで仏教を研究したが、当時の叡山の教学の教うる方法によっては、真理を体得することの困難であることを知り、去って栄西の門に投じ、その寂後はその高弟として特に重きをなしていた。道元の記すところによれば、「全公は、祖師西和尚の上足として、ひとり無上の仏法を正伝せり。あへて余輩のならぶべきにあらず。」であった。道元が訪ねたとき、明全は三十四歳で漸く油ののりかかった頃、道元はそれから彼が四十二歳示寂するまでの足かけ九年間師事して居る。この九年間は、道元にすれば十八歳から二十六歳まで、彼の思想の躍進的展開を示した期間である。のみならず道元の思慕した栄西の家風を解説したのも、また道元が支那に渡ったことなどにも、重要な関係をもって居るのでその役割は大きい。かように大きな影響を与えた明全の家風を、彼との対話の中に見出すことにする。

五

それは、明全が支那に留学する準備をしていたときのことである。曽て彼が叡山にいた時、何かにつけ親のように世話になった明融阿闍梨が、危篤の状態に陥ってしまった。驚いて見舞にかけつけた明全に、自分は近い内に必ず死ぬ、どうか留学を暫く猶予して自分の冥福を弔ってからにして呉れないか、と阿闍梨は老の眼に涙を浮べ、手を合せて頼むのであった。老人にしてみれば無理もない話である。しかし問題は、軽々に処理すべき性質のものではない。現代ならともかく交通の不便な当時のこと、一度便船に乗り遅るれば、永久に支那留学は不可能であるかも知れぬ。いたずらに感傷にほだされて居る場合ではない。その場を一応とりつくろって寺に帰り、明全は弟子法類を集めてこのことを相談した。

われ幼少のとき、双親の家を出で丶後より、この師の養育を蒙りて、いま成長せり。その養育の恩最も重し。また出世の門、大小権実の教文、因果を弁へ、是非を知りて、同輩にも超え、名誉を得たること、また仏法の道理を知りて、いま入宋求法の志を起すまでも、偏えにこの師の恩にあらずといふことなし。しかるに今年すでに老極して、重病の床に臥し給へり。余命存じ難し。再会期すべきにあらず。故に、あながちにこれを止め給ふ、師の命も背き難し。いま身命を顧みず、入宋求法するも、菩薩の大悲利生のためなり。師の命を背きて、宋土に行かんこと道理ありや否や。各々の思はる丶ところを述べらるべし。

恩師を思う至情、真理を慕う熱情察すべきである。この諮問に対して一同は、「師命の如く留学を暫く猶予して次の機会を待たれたが穏当であろう。」と答えた。ここで、この意見にそのままでは同意しかねた道元は、「真理とはこんなものだということが大体解って居ると思われるならば、中止されるも宜しかろう。」と条件をつけて賛成した。そのとき明全、「真理を体得したわけではないが、このまま修行を続けて行けば体得することが可能であるという境地にまでは到達して居る。」というので、道元も「それならば中止賛成です。」と答えた。さて一同の意見を聴き終って、徐ろに明全は彼自身の見解を示した。

各々の評議、いづれもとゞまるべき道理ばかりなり。われが所存はしかあらず。今度とゞまりたりとも、決定死ぬべき人ならば、それによつて命を保つべきにもあらず。またわれとゞまりて、看病外護せしによりたりとて、苦痛もやむべからず。また最後にわれ扱ひすゝめしによりて、生死を離れらるべき道理にもあらず。たゞ一旦命に随ひて、師の心を慰むるばかりなり。これ即ち出離得度のためには一切無用なり。あやまりて、わが求法の志をさえ《ママ》しめられば、罪業の因縁ともなりぬべし。しかあるに、もし入宋求法の志を遂げて、一分の悟りをも聞きたらば、一人有漏の迷情に背くとも、多人得道の因縁となりぬべし。この功徳もしすぐれば、即ちこれ師の恩をも報じつべし。たとひまた渡海の間に死して、本意を遂げずとも、求法の志を以て死せば、生々の願尽きるべからず。玄奘三蔵の跡を思ふべし。一人のために失ひ易き時を過さんこと、仏意にかなふべからず。故に今度の入宋、一向思ひ切り畢りぬ。—随聞記—

と、修道者のとるべき道を明らかにして、支那留学を決行することにして居る。私どもは明全の人格を想見すべき資料をもたぬ。しかしこの一つの挿話の中に、彼の真理に対する熱情を充分酌みとることが出来る。足かけ七年の建仁寺の生活、そこで道元は真理を体得したわけではない。しかし清貧の中に真理体得に精進する、この貴重な感化を自分のものとした。真理に対する道元の思慕は、この七年間の生活によって純化され、深化され、そして本場の禅宗に対する思慕はかき立てられたのであった。

四　本場の禅宗

一

道元は、貞応二年（一二二三）二月二十二日、師明全とともに筑前博多に向った。いうまでもなく博多は、当時支那行の商船の抜錨するところである。ときに彼は二十四歳であった。そして三月下旬商船に便乗、早くも四月上旬明州に着いて居る。ところで、その頃本場の禅宗は一体どんな状態にあったのであろうか。その叙述に当って、少し廻りくどいけれども、しかしそれが結局最も理解し易い方法であるので、歴史的に禅林の展開を叙述して、その頃の禅林の現状に及ぶことにする。まず第一に、唐代の禅林はどんな状態のものであったか。

二

この時代に禅林ははじめて独立した。それまでは、律宗寺院の一つの別院としてその一隅に寄生する、という程度に止っていたので、生活様式も多くその束縛を受け、ために、彼等が坐禅を実修する場合多くの不便があったのである。かような状態からその解放を策し、遂に禅林を独立せしめたのが百丈懐海であった。しかし独立してみると、禅林は新しい修道生活の軌範を必要とした。と言ったところで、ここで禅宗の修道規範がはじめて制作されたと考うべきではなく、律宗寺院に寄生していた時代にも、すでに彼等の間には特異な修道形式が発達していたのであるが、独立を機会にそれが成文化され、また純粋化されたと考うべきであろう。とにかくかようにして出来上った清規《しんぎ》が所謂百丈清規である。従ってわれわれはこの清規によって、当時の禅林の真相を描き出すことが出来るわけである。(とは言え、遺憾ながら現在この清規は伝わらぬが、その大綱は、古清規序によって窺い知ることが出来る。)この清規は、大乗律、小乗律に依拠していたが、しかし何も一から十までそれに拘泥していたわけではなかった。当時の禅林は徹底的に坐禅の道場であったので、すべてが坐禅本位に体系づけられて居り、伽藍の形式、職位の種類等、あらゆる方面にそうした傾向がつよくあらわれて居る。

まず伽藍についてみれば、修道者の坐禅するための僧堂、長老即ち指導者の起居する住宅としての方丈、そして長老は釈尊の仏法を一滴も洩らさず相承して居るものとされて居るが、その説法する道場としての法堂、この三つが、その主要なる建物となって居る。更に、この三つの中でどれが最も基本的な建物かと言えば、それは僧堂(その原始型は静室または静処であった。)で、それから便宜長老の住宅としての方丈、またその説法道場としての法堂が、分化したものである。従って百丈のころまでは、僧堂だけのもの、または僧堂の他に方丈を設けたもの、或いはまた法堂をもったもの、等雑然としていたのを、百丈が、この三つを禅林不可闕の建物として規定したのである。この場合注目すべきことは、祈禱の道場としての仏殿が、未だ主要な建物の中に入っていないことである。このことは、当時禅林の行業として坐禅がその全部であり、祈禱など全く問題にされていなかったことを示すものとして、興味ある事実であると思う。

次に職位についてみれば、禅に深い造詣を有するとともに、高潔なる人格を具えた者を仰いで長老として、その下に十務即ち十種類の職位を置いて居る。十務の名称は現在すでに知る由もないが、恐らく五知事、五頭首の原型であろうと思う。知事というのは、坐禅に直接関係の少い、主として経済方面を担当するもので、頭首というのは、直接坐禅に関係の多い仕事、つまり修道方面を担当するものを指すのである。そして五知事とは、寺院経済の主任としての監寺、その副主任としての副寺、人事・法式の主任としての維那、炊事の主任としての典座、労働の主任としての直歳であり、五頭首とは、修道者の主任としての首座、文翰の主任である書記、経蔵の主任である蔵主、接賓の主任である知客、及び浴場の主任である浴主である。かような役目の原型が百丈の頃にすでに出来上っていたのを、百丈が十務と規定したのである。更に溯って、この職位の原始的な形式はどんなものであったかというに、それは、真理の体得者である長老を中心として集った修道者が、交代で雑務に服していた程度のもので、それが次第に分化し、制度化して十務の形をとったものと思われる。

本稿は唐代の禅林を説くことが主目的ではないのでこれ以上立ち入って詳述しないが、上に記した伽藍と職位、この二つだけについてみても、この時代の禅林が修道第一主義に立脚するものであったことは、至極明瞭であろうと思う。そして、真実の修道生活のあるところ、また必ず清貧の生活が伴うものである。そのころ禅林では、一切の労働のことを普請と言っていたが、この普請がかなり徹底的に行われて居るところにも、当時の禅林が清貧生活に終始した面影が偲ばれるではないか。修道第一、そして清貧の生活、しかも自給自足、少くともそれに最も近いもの、原始禅林とは、一言にして尽せば大体そんなものであったようである。

三

しかし北宋に入って、上述したような禅林の風貌は次第に崩れて来た。この時代の初頭に出世した法眼文益は、禅宗界の弊風を指摘して教界人の反省を促して居るが、それによれば、その弊害はかなり深刻なものとなっていたもののようである。特に、長老にして禅宗の真髄を充分に把握していない者のいたこと、党閥の風が盛んになって、自分の所属する分派の立場を固執して論議を許さなかったこと等、真理の体得を目指す禅林として、遺憾に思われる節が少くなかった。しかしそれも前代の禅林と比較してのこと、勿論南宋以後のそれに比すれば、はるかに純粋なものであったことは事実である。そのことは、当時の禅林生活を反映して居る禅苑清規を取り上げてみれば直ちに理解出来ることである。そこで、いまこの禅苑清規について、この時代の禅林生活の実情を観察してみようと思う。

主として、禅林の経済について述べてみる。一般的に言って寺院経済の特質は、檀信の支持の上に立って居るという点にある。しかしその方法は、時代によって、また宗派によって必ずしも同一ではない。禅宗にしたところで原始禅林のそれは、後世のものとは著しくその趣を異にして居る。前に唐代の禅林を述べたときに、一寸普請のことに触れたのであるが、この普請は後世には、労働に違いないにしても非生産的な労働、たとえば寺院内外の掃除、と言うような非常に限定された意味に用いられて居るが、しかしその本原的な意味は、生産労働を指していたもののようである。

なるほど、この時代の禅林は土地を所有していた。しかしながらそれらの土地は、後世のそれのように尨大な面積に亘ったものではなく、従ってまた農民に貸与して小作料をとるというわけでもなく、禅林自身耕作していたものであった。土地の主任である荘主は、修行者たち、時には人夫、を指揮して米麦菜種の耕作に当り、蔬菜園の主任格の園頭は、自ら野菜を栽培していた。かくて収穫された米、菜種は、更に修道者たちによって禅林内の精米所で精白され、製油所で搾油された。かようにして、米は修行者たちの主食に、野菜は副食に、菜種油は灯油として用いられていた。

しかしかように生産に関する活動を営みつつも、しかもこの時代の禅林のように規模が大きくなってしまっては、それのみを以てしてその経済を支えきることは困難であった。従って多くの禅林では、篤志家の寄附によってかかる財政上の欠陥を補足せねばならなかった。その場合に、附近の民家を托鉢する方法が考えられる。しかし、その寺院が民衆の信仰を集めて居るか、またその寺院に、民衆の尊敬に値するような長老が居るとすればともかく、そうでなければ、托鉢のみによっては寺院経営は困難である。そして何しろ零細な寄附のこと、小寺院ならともかく、それを以てして大伽藍を支うることは不可能であった。従ってこの時代には、財力のある特定の信者に巨額の寄附を求めるという方法が一般に行われていた。現在その起源をはっきり決定することは出来ないが、とにかくこの時代に盛んに行われていたことは事実である。寄附勧募の衝に当る者を化主《けしゅ》というのであるが、当時禅林ではこの化主を随時に撰択して、かなり遠隔の地にまで派遣していた。

化主と同じように寄附勧募の衝に当る職位に、街坊《がいぼう》というのがあった。化主の募集した金が禅林の一般経済に支出せられていたのに対して、街坊の集めた財物は、特殊の用途に充てられていた。たとえば粥街坊というのは、修行者の朝粥に用うる米を、米麦街坊というのは昼の食事に用うる米麦を、以下それぞれの用途に充つるため、菜街坊は野菜を、醤街坊は醤油を、炭頭は炭を、灯頭は灯油を、若しくはそれを購うに要する資金を、華厳頭、般若頭、弥陀頭等はそれぞれの法要に要する費用を、鐘頭は鐘の鋳造費一切を、勧募していた。更に驚くべきことには、病院長格の延寿堂主は、病院内で用うる食料品はもとより、薬品、薪炭等一切の費用を集めていた。

北宋に入ってからの禅林が、かように自給経済から遠のいてその支持を富豪に求めたことは、禅林と民衆との接触面を作ることに役立った。しかもこの時代の禅林に於いては、信者はまだ修道の擁護者としての立場に止っていたので、従って禅林が富豪の祈禱のために多くの時間を割き、そのために修道を粗かにするという弊害は、まだそれほど顕著には現われていなかったようである。

四

上に述べたように、北宋に入って禅林の修道生活はかなりの荒廃を示しているが、なお依然として修道が彼等の生活の中心をなしていたことは事実である。しかるに南宋に入ると、すでに禅林生活の中心が修道にあったとは、断言出来ない状態に陥っている。この時代に於いて特に注目すべきことは、禅林と貴族との交渉が著しく密接になった点である。たとえば、王室に於ても高宗は原道論を著してその禅に対する見解を公にしている、という一事からも窺われるように、禅に対する深い造詣をもっている者も少くなかった。上の好むところ下これにならう、というわけで貴族の禅に帰依する者も多く、それとともに、一面禅林の経済的基礎も確立した。こうした一般社会に於ける禅に対する関心の向上は、修道者の数を増大せしめ、一つの禅林に五六百人から千人位の者が居り、中には二千人に達するほどのところさえあった。

然らばかかる尨大なる寺院の経営費は、一体何によったのであるか。それは、国家及び貴族の施入した土地よりの収入によっていた。従ってこの時代には、北宋禅林に活躍した勧募係、即ち化主街坊は、有名無実のものと化していた。そしてそれに代ってこの時代に主として活躍したのは、荘主である。がしかし、それは前代までの荘主とは、著しくその性質を異にするものであった。即ち前代までのそれが、自ら修行者の先頭に立って、鋤鍬をとって耕作に従事していたのに対して、この時代の荘主は、尨大な禅林の所有地からの年貢を収納する総元締という地位に止っていた。ところでかように寺院経済が潤沢になれば、一体修道者の修行は進むものであろうか。然らずである。以下道元の記録について、当時の修道状態を窺ってみる。まずそのすぐれた点から。

五

これは、浙江省慶元府での出来ごとである。そのとき道元は、まだ商船に乗っていた。日本の船が港に着いたというので、多くの商人が交易にやって来た。その中に一人の老僧を見出した道元は、懐しさの余り自室に招じ入れ、「何処から来たのですか。」と尋ねた。老僧は、「阿育王山の典座です、修行に出てから四十年、今年はすでに六十一歳です、その間諸方の禅林を歴訪して、先年阿育王山の禅林に入り、去年の夏から典座の役に充てられて、食事の世話をしています。明日は五月の五日、大した事も出来ないが、せめて麺汁でも馳走したいと思いましたが、困ったことに出汁に使う椎茸がないので、それを求めるためにここまで出掛けて来たのです。お昼の食事を済ますとすぐ山を出ました。道程は三十四・五里（日本の六里弱）もありましょう。今日は、勿論椎茸を買えばすぐに帰ります。」と答えた。そこで、

道元「本日期せずして相会し、且は舶裏にありて説話す。豈《あに》好因縁にあらざらんや。道元、典坐禅師を供養せん。」

典座「不可なり。明日供養、もしわれ管せずんば、すなはちこれ終らざるなり。」

道元「寺裏なんぞ同事の斎粥を理会するなからんや。典座一位あらずとも、なんの欠闕することあらんや。」

典座「われ老年この職を掌る。すなはち耄及の弁道なり。何ぞ以て他に譲るべけんや。また、来るとき一夜の宿暇を請はず。」

道元「座尊年なり、何ぞ坐禅弁道して古人の話頭を看ざる。煩しく典座に充て、ひたすら作務何のよきことかある。」

典座「外つ国の好人、未だ弁道を了得せず、文字を知得せざるあり。」

道元「如何なるかこれ文字、いかなるかこれ弁道。」

典座「問処を蹉過せざれば、豈《あに》その人にあらざらんや。」―典座教訓―

この対話でも解るように、彼はこのときにはその真意を充分に理解することは出来なかった。言葉を換えて言えば、食事の世話をすることと真理を体得するということとは、全く反対の立場に立つものとしか考えられなかったのである。しかしとにかく、支那の土を踏むと早速こうしたことに遭遇した道元は、真理の王国に辿りつい

たことのよろこびを感じた。

次は、灼きつけるような夏のある午後のことであった。道元は天童山の廻廊を歩いていた。ふと仏殿の前庭を見ると、杖にすがりながら、笠をもかぶらず、せっせと海苔を晒している老僧があった。この炎天に、こんな老僧が、こんなくだらぬ仕事を、と思った彼は、老僧の所に近づいて話しかけた。

道元「いかんが行者、人工を使はざる。」

老僧「他はこれ我れならず。」

道元「老人家如法、天日且恁熱、如何恁地。」

老僧「更に何時をか待たん。」

またここでぐっとつまってしまった。しかしこうした老僧に二度も相見すると、冷静に一応考えて見ねばならなかった。

山僧すなはち止め廊を歩く、脚下ひそかにこの職の枢要たるを知る。—典座教訓—

と記している。帰朝して禅林を開くと、彼は先ず最初に典座教訓を書いて、修行者たちに示しているが、その動機は、恐らくはこんなところにあったのではなかろうかと思われる。それはとにかく、かように老僧からこんこんと求道者の心境をきかされた道元は、真理の体得はただ坐禅のみである、と考えていたそれまでの自分の見解の、誤りであったことが次第に解って来た。

ついで宋土の禅林を訪問した道元は、噂には聞いていたものの、その規模の大きいことに驚いた。一つの禅林に千、二千という多くの修道者たちがいた。それらの修道者たちは、支那の各地は勿論のこと、支那と多少でも関係をもつ国々、即ち現在の満洲、朝鮮はもとより、わが国からも少からず出向いていた。そしてそれ等の禅林は、建仁寺のように兼修道場ではなく、純粋に禅のみを修行するところであり、その各々の道場に人格識見ともに卓越した、真理を体得している長老がいて、後進の指導をしているのも、彼には羨ましいことだったし、自分もここで本格的の修行が出来ると思うと、身内がぞくぞくするようにうれしかった。従って長老は勿論のこと、先輩、同輩の一挙一動にも細心の注意を払い、疑問があれば納得出来るまでこれを質した。彼等は道元の質問に対して、いつも親切に答えたばかりでなく、進んで彼等の方から積極的に、突込んだ指導をしてくれるのも、異郷に真理を求めている彼にとっては、いかばかり大きなよろこびであったろう。あるときのこと語録を読んでいると、先輩の一人がこれを見咎めた。

我に問て曰く、語録を見て何の用ぞ。答へて曰く、古人の行履《あんり》を知らん。僧の曰く、何の用ぞ。曰く、郷里に帰りて人を化せん。僧の曰く、何の用ぞ。曰く、利生のためなり。僧の曰く、畢竟して何の用ぞ、と。—随聞記—

こんな調子で、禅林内で長老や先輩達によってなされる指導は、機にのぞみ折にふれて行われ、そしてその方法は、秩序整然として極めて論理的であり、しかも真理に精進する同志としての愛情があふれているものであった。従って、真理の熱情的な思慕者で、しかも明晰なる頭脳の持主であった道元には、その一つ々々が頭の中へ沁み込んで行った。

またこれは入宋当初のことであるが、いよいよ坐禅が始まるというときに、左右の修道者たちが袈裟を捧げ合掌恭敬して、「大哉解脱服、無相福田衣、披奉如来教、広度諸衆生。」の偈を黙誦しているのを、目のあたりに見た道元は、このときの喜悦を次のように記している。

未だ曽て見ざるの思ひを生じ、歓喜身にあまり、感涙ひそかに落ちて衣襟を浸す。—袈裟功徳—

こうした行持が経典の記載通り今もなお伝承されているのを目のあたり見る毎に、嬉しさのあまり感涙にさえむせぶのであった。万里の波濤を蹴って、異郷に真理を求むる修道者の気持が偲ばれて、涙ぐましい気持さえするではないか。こうして一日々々は有意義に明け、そして有意義に暮れて行った。道元の心眼はかくして少しずつ開けて行くのであった。

かように宋土の禅林生活は真理の体得について、彼に新たな知識を供給したばかりでなく、また一面彼の信念を深める機縁ともなったのである。その最たるものは、道は清貧の中にあり、という確信を深めた事であった。名利の巣窟となってしまった叡山を捨て、遁世者の群に投じ、そして栄西門下の明全に師事した道元には、道は清貧にあり、ということは、すでに動かすべからざる信念ですらあった。それだけに清貧の貴さは、他の何人よりもよく知悉していることであった。従って支那でも数千の修道者たちの中には、清貧の中に修道を続けている者がいるのが、何よりも嬉しかった。中にも西川から出て来ている一修道者は、余程生活に窮していたものと見えて、持ち物とては、ただ筆記するための墨二三本《にさん》きりであった。あるとき、その着ている着物が用をなさないまでにぼろぼろになったので、その墨を売って得た僅かの金で、安価な従って粗末な紙の着物を作った。起居に破れるので、見兼ねた他の修道者たちは、郷里に帰って道具や衣服を調えて来られたら、と勧めたが、遠い所から来ているので往復に日数を要する、貴重な時日を空しくすごすことは勿体ない、と言ってそのままで寒さをも凌いで修道を続けていた。また天童山の書記道如上座という人は、高級官吏の子であったが、その衣服は破れて目もあてられないほどであった。貴族の出であるというのに、衣服や所持品があまり貧弱であるので、「何故それ程までに貧乏しているのか、」と道元が質問したら、彼は、「修道者であるからだ。」と答えた。

六

上に述べたように、当時の支那の禅林には原始禅林の俤《おもかげ》がいくつか残っていた。しかし全般的に見れば、当時の禅林は俗化しているものであった。その程度は、勿論日本の寺院の俗化ほどではなかったにしても、先哲の語録、伝記にあらわれているような生活とは、余程の距離があることは少くとも事実であった。

禅林のような修道的な団体に於いては、俗化することはその生命をさえ制する重大問題である。俗化の徴候が多少でもあらわるれば、そのことは直ちにその本質に影響して来るのが、歴史的の事実である。早い話が、坐禅についてみても、その形式だけは保存されていたけれども、坐禅の真髄を会得しているものは、暁天の星のように寥々たるものであった。そうした人々によって書かれているところの、坐禅の方法や注意等を記した入門書にも、すぐれたもののある筈がなかった。

その中心生命であるところの坐禅の、このような衰頽から禅林を救うものは何であろうか。それはただ先哲の修道記録によって現実の生活を批判し、その誤謬を規正するより他に方法はない。そのためには、語録、経典に親しまねばならぬ。しかるに、

大宋国の一二百年の前後に、あらゆる杜撰の臭皮袋曰く、祖師の言句なほ心に置くべからず。況んや経教はながく見るべからず、用ひるべからず。たゞ身心をして枯木死灰の如くなるべし。破木杓脱底桶の如くなるべし。かくの如くの輩徒らに外道天魔の流類となれり。用ひるべからざるを求めて用ひる。これによりて、仏祖の法空しく狂癲の法となれり。—仏経—

勿論それに執着して修行を怠るのは宜しくない。しかし、自分の修道の方法が、邪道に陥っているのを糊塗するために、修行者たちをして、語録、経典から遠ざからしめ、自らも絶対に眼を閉じることは不都合ではないか。先哲の言行こそ、すぐれた長老のいないときに於いては、われわれの行為を批判し、是正する唯一の尺度ではないか。道元は、そのかみ明全の門に投ずるまでの間、つまり良師を得ることの出来なかった時代には、独り静かに経典に目を通していたものであった。そうして先哲の言行に親しむことによって、ともすれば邪道に陥ろうとする修道の方向を、規正し得た貴い経験を、持っている。こうした経験の持主である道元にとって、生活のため

に禅林に入り、富貴栄達のために修行者の指導に当っている長老達の、感激を失った、しかも時と処とをはき違えた請売説法には、侮蔑というよりも寧ろ憤満をさえ感ずるのであった。

問題はこの点、即ち修道者たちが修道のためでなく、自らの富貴栄達のために、禅林に入るところにあった。彼等にとっては、修道はただ単に中間目標として選んだのにすぎず、終局の目標は、常に富貴栄達にあったのである。たとえばさかんに各地の巨山名刹に長老を訪ね歩き、そしてその度毎に、長老の指導を受けたことの証明として、必ずその法語と頂相すなわち肖像画を請いうけ、将来法を相続する権利を確保して置く。そして、幸いに一寺の住職にでもなろうものなら、曽て教えを受けた長老の中で、最も社会的地位が高くなっている者に嗣法し、もしそうした人がなければ彼等には見向きもせず、前に一面識はなくとも、また真理の体得者であるか否か、そんなことには全く無頓着に、当時世間で評判の高い長老、もしくは権勢家と密接な関係を持つ住持の門を叩いてその法を嗣ぎ、栄達のための準備工作とするのであった。

悲しむべし、末法悪時かくの如くの邪風あることを。かくの如くの輩の中に、未だ曽て一人としても、仏祖の道を夢にも見聞せるあらず。—嗣書—

こうした径路を経て名山巨刹の住持となった長老たちであってみれば、権勢家の幇間と化して、その歓心を買うことに専念し、真理を土芥の如く足蹴にして、恬として恥を知らぬのも無理からぬことではある。こうした人達の主宰する禅林に、坐禅を真に了解するものなく、邪義の所得顔に横行するのは勿論のこと、修道の形式さえも次第に湮滅しつつあった。

大宋の諸山諸寺を見るに、僧侶の楊枝を知れるなく、朝野の貴賤同じく知らず。僧家総べて知らざる故に、もし楊枝の法を問着すれば、失色して度を失す。憐むべし、白法の失墜せることを。これを以て推するに、仏祖の大道今陵夷をみるらんこと幾何といふことをしらず。いま、われ等露命を万里の蒼波に惜しまず、異境の山川を渡り凌ぎて、道を訪ふとすれども澆運悲しむべし。幾何の白法か先立ちて滅没しぬらん。惜しむべし、惜しむべし。—洗面—

日本に於いて顕密諸宗の、教団が富貴栄達を目標とする人によって支配されるようになってから、真面目に真理を思慕する人々はこの教団に背き、新しい天地を求めて飛び出したのであった。勿論、道元もそうした径路を辿った中の一人であることはいうまでもない。当時、清貧の生活に甘んじつつ修行に精進していた建仁寺の新教団、に投じたのもそのためであったし、宋土の禅林に憧れて、万里の波濤を蹴って渡支したのも、日本では修道者の生活として最もすぐれている建仁寺の教団よりも、もっとすぐれたものに接することが目的であったのである。しかるに、実際に見る宋土の禅林は、彼が噂に聞き、夢に描いて憧れていたそれとは、天地霄壌の差であった。そこには、程度の差こそあれ彼が最も嫌悪して遠のいた、顕密諸宗の教団と同じ雰囲気が瀰漫していた。そして修道者にとって第一の条件であるところの名利の欲望さえ、捨離されていない。それ位ならまだしものこと、まるでそれは、富貴栄達を希求してやまない亡者共の巣窟ではなかったか。

渡支早々仏祖の行持の三、四に接して、祖道ここにあり、と欣喜した。しかしそれも束の間、その一面空疎な形骸、その形骸すらもが蝕まれつつあるのを知って、あれほど大きな期待をもって支那に渡っただけに、彼は憤懣に近い失望を感じて、今は帰国するの他なしと慨嘆せざるを得なかった。

五　正伝の祖道

一

本場の禅宗すでに学ぶべきものなし、帰国するにしかず、といぅ悲しい結論に到達した道元は、宝慶元年（一二二五）（二八八五）恩師明全に訣別するため、天童山に赴いた。そのとき天童山には、長翁如浄が住持していた。かくて実に偶然の機会から、道元は如浄に師事することになった。かくてここに彼の修道生活は、新しい光明を見出したのであった。

先師古仏を礼拝せざりし先は、五宗の玄旨を参究せんと擬す。先師古仏を礼拝せしより後は、明らかに五宗の乱称なる旨を知りぬ。―仏道―

如浄の道元に与えた影響はかくの如く大きかった。ところで如浄とは一体どんな人物であったか。道元は如浄を評して「明らかに、仏祖の眼睛を抉出し来り、仏祖の眼睛裏に打坐すること、四五百年この方は、たゞ先師一人なり。震旦国に齊肩少し。」―三昧王三昧― また「まことに先師の会は、これ古仏の会なり、叢林の中興なり。」―嗣書― とも言っている。そして如浄自身も、「三百年よりこのかた、わが如くなる知識未だ出でず。」―行持― というように自負していた。この言葉は単に道元が恩師に捧げた讃辞、また如浄自身の自惚れ、といぅ以上の意味をもっている。即ち公平にみて正しくそれに値することは、以下述べるところの彼の言葉、彼の実践の中に充分推察することが出来るであろう。

二

道元は、如浄の伝記を彼らしく、次のように要約している。

先師は、十九歳より郷を離れて、師を尋ね、弁道功夫すること、六十五歳に到りて、なほ不退不転なり。帝者に親近せず、帝者に見えず、丞相と親厚ならず、官員と親厚ならず、紫衣師号を表辞するのみにあらず、一生斑《まだ》らなる袈裟を搭せず。よのつねに上堂、入室、みな黒き袈裟、裰子を用ゐる。—行持—

要するに名利の念を放擲して、真理のために、生涯精進し通した人である。特に坐禅に熱心なことは、物凄い位であった。

われ十九歳よりこのかた一日一夜も、不礙蒲団の日夜あらず。某甲未住院よりこのかた、郷人と物語りせず、光陰惜しきによりてなり。掛錫の所在にあり、庵裏寮舎、すべて入りて見ることなし。況んや、遊山玩水に功夫を費さんや。雲堂公界の坐禅の外、或ひは閣上、或ひは屏処を求めて、独子行きて、穏便のところに坐禅す。常に袖裏に蒲団を携へて、或ひは巌下にも坐禅す。常に思ひき、金剛堂を坐破せんと。これ求むる所期なり。臀の肉の爛壊する時々もありき。この時愈々坐禅を好む。—行持—

真理の体得及びその保持に対する不屈不撓の努力、察すべきである。

そうした彼には当時の宗教界、禅宗までもが俗化してしまっているのが残念でたまらず、真理王国の再建を意図していた。それだけに、その修道者教育も徹底していた。充分に修道に堪え得る人物でなければ、まず第一その道場に入ることを許さなかったのは勿論のこと、一旦道場に入ることを許した者でも、一寸でも修行を怠れば一刻の猶予もなく放逐するという厳格さであった。彼の理想とするところは、多くの門人を養成し、彼等を立身出世させるところにあったのではなく、たとえ一人でもよい、真理の体得者を作り出して、仏法をながく後世に伝えん、とするところにあった。

真理体得者の打出を理想とする彼の指導は、秋霜烈日の如きものがあった。老体であったにもかかわらず、自ら道場に出て直接指導に当った。それも形式的ではなく、来る日も来る日も朝は三時頃から夜は十一時近くまで、ぶち続けの坐禅である。睡眠時間一日僅かに四時間に過ぎぬ。さすがの修道者もこれには参って、つい居眠りをする者もあった。すると如浄は、つかつかと立ち上って行って或いは拳骨で、或いは履物で、力まかせになぐりつけるのであった。

僧堂裡に集りゐて徒らに眠りて何の用ぞ。しかあらば、何ぞ出家して入叢林するや。見ずや、世間の帝王、官人、何人か身を容易くする。君は王道を始め、臣は忠節を尽し、乃至庶民は田を開き、鍬を取るまでも、何人か容易くして世を過す。これを遁れて叢林に入りて、空しく時光を過して、畢竟して何の用ぞ。生死事大なり、無常迅速なりと教家も禅家も、同じくすゝむ。今夕明旦、いかなる死をか受け、いかなる病をか受けん。しばらく存する程、仏法を行ぜず、睡り臥して、空しく時を過すこと、最も愚かなり。かくの如くなる故に、仏法は衰へ行くなり。諸方仏法の盛んなりし時は、叢林みな坐禅を専らにせしなり。近代諸方坐禅を勧めざれば、仏法澆薄し行くなり。——随聞記——

真理王国の再建に精進している如浄の決死的努力をみるがいい。彼の側についている侍者、今の言葉で言えば秘書、は勿論彼の真意を理解出来ぬわけではなかった。しかし無理な修道生活を続けているのであるから、修道者たちが思わず居眠りをするのにも、同情の念を禁じ得なかったし、またこんなことを続けていたら、修道者は病気で倒れてしまうであろうことも懸念されたので、恐る恐る坐禅時間の短縮を申し出た。如浄は言下にその申出を斥けて言うのであった。

しかあるべからず。無道心の者の、かりそめに僧堂に居するは半時片時なりともなほ眠るべし。道心ありて、修行の志あらんは、長からんにつけて、いよいよ喜び修せんずるなり。われ若かりし時、諸方の長老を歴観せしに、ある長老かくの如く勧めて曰く、以前は眠る僧をば、拳もかげなんとする程打ちたるが、今は老後になりて、力弱くなりて、強くも打ち得ざる程に、よき僧も出で来らざるなり。諸方の長老も、坐を緩く勧むる故に、仏法は衰微せるなり。われはいよいよ打つべきなり、とのみ示されしなり。―随聞記―

温情主義の教育は、禅林を堕落させるだけではないか。真理王国の再建を目指す自分は、いままで以上に修道者をたたかねばならぬ。蓋《けだ》し名言である。そしてこの牢固たる決意、比倫を絶せる愛情は、結局修道者の心を動かした。

われすでに老後、今は衆を辞し、庵に住して、老を扶けて居るべけれども、衆の知識として、各々の迷を破り、道を授けんがために、住持人たり。これによつて、或ひは呵責の言葉を出し、竹篦打擲等のことを行ず。これ頗る怖れあり。しかあれども、仏に代りて、化儀を揚ぐる式なり。諸兄弟、慈悲を以てこれを許し給へ、と言へば、衆僧みな流涕しき。―随聞記―

感涙にむせぶのこそ当然である。それまでの久しい修道生活に於いて、生温い教育にあきたらなかった道元は、ここに教育者としても傑出している如浄に相見したことを心から喜んだ。

三

道元は入門早々、一通の書状を認《したた》めて如浄に捧げた。その文は、

道元、幼年にして菩提心を発し、本国にありて、道を諸師に訪ひ、聊《いささ》か因果の所由を識る。しかもかくの如く

なりと雖《いへど》も、未だ仏法僧の実帰を明らめず、徒らに名相の懐幖に滞る。後千光禅師の室に入り、初めて臨済の宗風を聞く。今全法師に従つて、炎宋に入る。航海万里、幻身を波濤に任す。遂に和尚の法席に投ずることを得たり。蓋《けだ》しこれ祝福の慶幸なり。和尚大慈大悲、外国遠方の小人、願ふところは、時候に拘らず、威儀を具せず、頻々と方丈に上り、愚懐を拝問せんと欲す。生死事大、無常迅速、時人を待たず、聖を去れば必ず悔ゆ。本師堂上大和尚大禅師、大慈大悲、道元の問道問法するを、聴許し給へ。伏して冀《こいねがは》くば慈照。小師道元百拝叩頭上覆。―宝慶記―

正師に相見し得た歓びが文面に横溢しているではないか。十三歳叡山に真理を求めてから十四年、その間真理の体得がいかに困難であるか、というより、真理を体得した長老というものがどんなに得難いものであるかを、しみじみ体験した彼、折角本場支那に留学してみても、そうした長老の一人にもめぐり合わなかった彼、その彼が頭の中に描いていた理想の長老に、いま相見し得たのである。そこで十四年の修道その一切を放擲して、虚心に如浄の指導を受けようというのである。

元子が参問、今より以後、昼夜と時候とに拘らず、著衣衩衣、方丈に来り問道すること妨げなし。老僧は親父の子の無礼を恕するに一如す。太白某甲。―宝慶記―

道元の問に対する如浄の答、その間一分の隙もない。道元の純情、如浄の慈愛、この息づまるような魂と魂との接触、これでこそ真理の授受は可能である。道元の修道は、格段の熱意を加えて来た。

たとひ発病して死すべくとも、なほたゞこれを修すべし。病無ふして修せず、この身をいたはりて何の用ぞ。病ひして死せば本意なり。大宋国の善知識の会下にて修し死に、死してよき僧にさばくられたんは、まず勝縁なり。日本にて死せば、これほどの人に、如法仏家の儀式にて沙汰すべからず。修行して、未だ契悟せざらん先に死せば、結縁として、生を仏家に受くべし。修行せずして、身を久しく持ちても詮なきなり。なんの用ぞ。

況んや身を全ふし、病起らじと思はん程に、知らず、また海にも入り、横死にも会はん時は、後悔いかん。かくの如く案じ続けて、思ひ切りて、昼夜端坐せしに、一切に病起らず。—随聞記—

はり切っている道元の姿を彷彿することが出来るではないか。しかもこの精進ぶりをみて、最も喜んだのは如浄であった。

かようにして、短日月の間に道元の修道は著しい進境を示したのであった。ある夜如浄が、道場で一人の修道者が居眠りしているのを見て、例の調子で参禅はすべからく身心脱落なるべし、只管に打睡してなにをなすにか堪えん、と叱陀した刹那に、真理を体得してしまった。五月朔日に如浄の門に投じ、九月十八日にはすでに仏祖正伝の大戒を受けている。従ってこの間僅々四箇月半にすぎぬ。もともと如浄は中々に厳格で、その嗣法者は僅か六人に過ぎぬのに、この短時日を以ってその域に達した道元の非凡さ、そして如浄の期待察するに余りある。ところでこの時道元二十六歳、なお二年如浄会下で修道を続けた。この二年間の修道は、彼の生涯に就いても非常に重要な意義をもつ期間である。言わば彼のそれまでの修道、研究が、ここに点睛されて居る。換言すれば真理的に再組織されて、直ちに彼の血となり肉となっているのである。一二《いちに》の実例をあげてみよう。

勿論道元は、それまでの修道生活に於いて、経典については深く研究していた。(そのことは宝慶記をみればよく解るが)それも物識りになるためではなく、真理体得の立場から仔細に吟味していた。そしてその知識をもってみれば、仏教の名によって行われていることでも、非真理的なことが少くなかった。そんな場合、いつでも一応長老に確めてみたいと思うのであったが、しかし如浄に相見するまでは正直の話、それに値する長老がいなかった。従って彼は自分の到達した結論に、それに相違なしという、太鼓判を押して貰わねばならぬ問題を沢山持っていた。たとえば首楞厳経の問題も、その一つであった。

首楞厳経、円覚経は在家の男女これを読み、以て西来の祖道となす。道元両経を披閲して、文の起尽を推尋するに、自余の大乗諸経と同じからず。未だその意を審かにせざるも、諸経に劣る言句ありといへども、全く諸経に勝るの義勢なし。頗る六師等の見に同じきあり。畢竟いかんが決定せん。

それに対して、

楞厳経は、昔より疑ひあるものなり。謂へらく、この経は後人の構か。先代祖師、未だ曽て言ざるの経なり。近代痴暗の輩、これを読み、これを愛す。円覚経また然り。文相起尽頗る似たり。—宝慶記—

と、如浄は胸のすくような答弁をしている。また当時問題になっていた了義経不了義経の問題を質した時には次のように答えている。

世尊の所説は、広略ともに道理を尽す。たとひ広説するも道理を究尽し、たとひ略説するも道理を究尽す。その義理に於いて究竟せざるなし。乃至聖黙、聖説、みなこれ仏事。故に光明も仏事たり、飯食も仏事たり。生天、下天、出家、苦行、降魔、成道、分衛、涅槃、尽《ことごと》くこれ仏事、見聞の衆生、倶に利益を得るなり。故に須らく知るべし、皆了義なることを。その法中に於いて、そのことを説了するを、了義経と名づく。乃《すなは》ち仏祖の法なり。

真理体得者の立場から従来の俗説を批判し、またその誤謬を指摘し、以てその真意を開顕している。如浄の意見は、一歩も真理の立場から離れていない。そして道元の訪ねあぐんでいたもの、それはかかる真理の立場からする経典の見方であった。この答を得た時の喜びを、彼は次のように如浄に語っている。

誠に和尚慈晦の如く保任すべし。乃ち仏法祖道なり。諸方長老の説、ならびに日本国古来閑人の説、道理なきなり。道元知るところは、不了義の上に、了義を許す。今日、和尚の輪下に於いて、始めて了義経の向上あるを知りて分明なり。億億万劫、難値難遇と謂つべし。—宝慶記—

まことに億億万劫難値難遇である。世の長老には長老としての言い分があろう。しかし修道者としてみれば、そのもつ疑問に明快な解決を与えて呉れる長老、そんな長老には一生かかっても出会うことの出来ぬのが普通である。それ程息の合った長老に相見するのは難かしいものである。またある時教外別伝について、

諸方今、教外別伝と称し、祖師西来の大意を看んとす。その意いかん。

と質問したのに対して、如浄は、

仏祖の大道、何ぞ内外に拘らん。しかるに教外別伝と称す。ただ摩騰等所伝の外、祖師西来して、新しく震旦に至り、道を伝え、《ママ》業を授く。故に教外別伝といふ。世界に二つの仏法あるべからず。祖師未だ東土に来らざる先、東土に行李ありしも、未だ主あらず。祖師すでに東土に至る。たとへば民の王を得るが如し。その時に当り、国土、国宝、国民、皆王に属す。—宝慶記—

如浄の禅に対する理解はわれわれの想像以上である。この深い理解を、彼はそのまま道元に伝えようとしている。経行法を伝授するあたり、如浄の真剣さは物凄い位である。

僧家は僧堂に寓して、功夫すること、最要なり。直に須らく緩歩すべし。近代諸方長老知らざるの人多く、知れる者は極めて少し。緩歩は、息を以て限りとなして、足を運ぶなり。脚跟を観ざれ。しかしくゞまず、仰がずして、歩を運ぶなり。傍らよりこれを見れば、たゞ一処に立つが如し。肩胸等動揺して振るべからず。和尚度々大光明蔵を歩き、東西に向ひ、道元をして見せしむ。便《すなは》ち示して曰く、近日緩歩を知る者、たゞ老僧一人のみ。汝試みに諸方の長老に問ひてみよ。畢竟他未だ曽て知らず。—宝慶記—

われわれは、道元の真理に対する思慕、またその体得に対する精進の、並々でなかったことをよく知っている。しかしなおその上にわれわれは、この如浄の真剣な教育のあったことを忘れてはならぬ。実に道元をあれ程までに仕上げた一半の功績は、実に如浄のものであったのである。

六　諸宗の批判

一

道元が帰朝したのは、嘉禄三（一二二七）（一八八七）年八月、その時彼は年歯僅かに二十八歳でしかなかった。真理王国建設の熱意に燃えて故国の土を踏んだ彼は、早速修道者を集めて、その教育に従事することを欲したのであるが、時機未だ到らず、この以後七年間を京都及びその附近で送ることを余儀なくされた。その頃の彼の心境は、

大宋紹定のはじめ、本郷に帰りし、即ち弘法利生を思ひとせり。なほ重担を肩にかけたるが如し。――弁道話――

という彼の述懐によく窺われる。一日も早く真理体得の道場を開設したい、がしかし、なおそれには多くの障害があって、実現は仲々容易のことではない。ところでこの国の宗教界の実状はどうであったか。真理を目ざして精進している者も決して少くはなかった。がしかし、しっかりした指導者がいないので、そのことごとくが邪道に堕していた。つまり真理体得の道場を開設することは刻下の急務であるが、しかもその実現は不可能という状勢であった。かかる事情に於いて、彼は一体なにをなすべきであったか。それは言うまでもないこと、邪道に堕している満天下の修道者によびかけて、彼等が歩いている道が間違っていることを明らかにし、そして正しい道

を教えてやることであった。道元は道場を開設するまでの七年間を、主としてそのため、言葉を換えて言えば、批判と啓蒙とに捧げたのであった。（勿論、彼は生涯批判と啓蒙のために努力している。がしかし全力をその方面に尽したのはこの時期である。従って便宜上、今暫く批判と啓蒙に関することをまとめて、次に記述することとする。）

二

まず、彼はこの国の仏教界を如何に批判したか。彼は言う。

わが朝、高麗等、仏の正法未だ弘通せず。高麗なほ正法の名を聞く、わが朝未だ曽て聞くことをすら得ず。前来入唐の諸師、みな教網に滞る故なり。仏書を伝へたりと雖《いへど》も、仏法を忘れたるが如し。―学道用心集―

彼の批判は峻烈である。ここでは空海、最澄は勿論のこと、栄西、明全すら問題とされていない。その理由とするところは、彼等が理論だけで実践を伝えて居らず、また実践を伝えている少数の者も、それが中途半端でしかなかったということから来て居る。

わが朝古来の諸師、書籍を篇集し、弟子に訓へ、人天に施す。その言これ青く、その語未だ熟せず、未だ学地の頂に到らず、何ぞ証階の辺に及ばん。たゞ文言を伝へ、名字を誦せしむ。日夜他の宝を数へて、自らは半銭の分なし。或ひは人をして、心外の正覚を求めしめ、或ひは人をして、他土の浄土を願はしむ。―学道用心集―

正法が伝っていないこの国に、しっかりした指導者の居ないのは当然であろう。古来多くの長老が、自分こそ仏教の権威者であるというような顔をして書物を公にし、また修道者を教育している。しかし彼等の知識は要するに頭ででっち上げたもので、体験に立脚する宗教ではない。求道者を誤らしめるものこれより甚しきはない、というのである。実際当時の仏教界に於いては、その民衆化、社会化ともに、たとえば即身成仏思想にしろ、或いはまた浄土思想にしろ、実践を貴ぶ仏教本来の立場よりこれをみれば、著しく距りつつあったことは事実である。

三

仏教の民衆化は、仏教本来の立場を生かして行われねばならぬ。しかし古来一代の名徳高僧と言われる人々の民衆化は別として、普通にはそうではなかった。民衆化を第一とするために、ややもすれば仏教を壊し、それと全く反対のものとすり換えている場合すらも少くない。そしてそれは結局、真理よりも名聞利養を愛することから来ていた。

今世の人の如くんば、仏法修行人、その心、道と遠の遠なり。もし人賞翫せば、たとへ非道と知るも、すなはち修行す。もし恭敬讃歎せざれば、これ正道なりと知ると雖《いへど》も、棄てゝ修せず。痛しいかな。—学道用心集—

もし人賞翫せばたとえ非道なりと知るも即ち修行す、もし恭敬講歎せざれば、これ正道なりと知ると雖《いえど》も棄てて修せず、の一節は蓋《けだ》し人心の機微を穿った名言ではないか。いかなる時、いかなる所に於いても、敢然真理の牙城を護って一歩も譲らざる底の人物は極めて稀である。それにしても、前に述べたような当時の宗教界に於ては尚更であった。その一つのあらわれを造像起塔の中に見出すことが出来る。

当世の人、多く造像、起塔等のことを、仏法興隆と思へり。これまた非なり。たとひ高堂大観、玉を磨き、金をのべたりとも、これによりて、得道の者あるべからず。たゞ在家人の財宝を、仏界に入れて、善事をなす福分なり。また小因大果を感ずることあれども、僧徒のことを営むは、仏法興隆には非ざるなり。—随聞記—

仏像を造り堂閣を建つることをもって仏教興隆となすことは、世間の常識であった。しかし仏教本来の立場に於いてこれを観れば、決して仏教興隆ではない。なんとなれば、真の仏教興隆は真理の体得を中心として考えねばならぬ。しかるに仏像を造り、堂閣を建つることは、必ずしもそれを促進するものとは考えられないからである。

末世の愚人、徒らに堂閣の結構に疲るゝことなかれ。仏祖未だ堂閣を願はず。自己の眼目未だ明らめず。徒らに殿堂精藍を結構する、全く諸仏に仏宇を供養せんとにはあらず、己が名利の窟宅とせんがためなり。—行持—

批判は相変らず辛辣である。この国の僧侶たちはその目標であるべき真理の体得はそっちのけ、漸く初歩の手ほどきを受けただけで早くも理想を忘れてしまい、寺院建立の美名にかくれて、事実は彼等自身の名聞利養のための道場建立をしている、というのである。

仏教本来の立場に於いて眺めるとき、経典を読誦することは、それによって真理体得の方法を探り、かたの如く修行し、以て真理を体得してこそ意義がある。また念仏は、阿弥陀仏を念ずることによって、信仰を獲得してこそ有意義である。当時の宗教界に於いては、経典読誦にしても、称名念仏にしても、明らかに邪道に堕したものが少くなかった。たとえば、菩提を訪うため数百巻数千巻の経典を読誦し、また極楽往生のために日々十万近い念仏を称える等の、所謂巻数、数量念仏等は、明らかに読誦念仏の意義をはき違えているものである。彼は言う、

読経、念仏等の勤めに得るところの功徳を、汝知るや否や。たゞ舌を動かし、声を揚ぐるを、仏事功徳と思へる、いとはかなし。仏法に擬するに、うたゝ遠く、愈々《いよいよ》遥かなり。また、経書を開くことは、仏頓漸修行の儀則を教へけるを明らめ知り、教の如く修行すれば、必ず証をとらしめん、となり。徒らに、思慮念度を費して、菩提を得る功徳に擬せん、とにあらぬなり。愚かに千万誦の口業を瀕りにして、仏道に至らんとするは、なほこれ、轅《ながえ》を北にして越に向はん、と思ふが如し。また、円孔に方木を入れん、とせんと同じ。文を見ながら修する道に暗き、それ医方をみる人の合薬を忘れん、何の益かあらん。口声を隙なくせる春の田の蛙の、昼夜に

鳴くが如し。遂にまた益なし。—弁道話—

単に読経の功徳また念仏の功徳によって、真理を体得しようなどと大それたことを考えても、それは結局無駄である。と言うのは読経念仏だけでは、宛かも春の田の蛙のように、喧噪いたずらに隣人を悩ますだけで、真理の体得とは全く無関係であるからである。

四

造像起塔、読経念仏、この二つの問題が、真理体得をその立場とする彼によって、批判されねばならぬことは勿論であるが、女人禁制及び末法思想にしたところで、充分検討されねばならぬ問題であった。

一体この国に於いて、仏教の女性観は著しく歪められていた。本来仏教には、五障の思想があった。それにこの国に於いては、儒教の三従思想までも取り入れ、女性は罪深きものとして、男子と均等に正法を享受することを許されなかった。かように女性を差別する考え方は、女人禁制に於いてその極に達していた。即ち顕密諸宗の大寺院では、その周囲一定の地域を結界、つまり神聖なる土地として、穢れあるものの出入を拒否し、そして女性こそかかる穢れあるものの最たるものとされていたのである。道元は言う、

日本国に一つの笑ひごとあり。所謂或ひは結界の境地と称し、或ひは大乗の道場と称して、比丘尼、女人等を来入せしめず、邪風久しく伝はれて、人弁ふることなし、稽古の人改めず、博達の士も考ふることなし。或ひは権者の所為と称し、或ひは古先の遺風と号して、更に論ずることなき、笑はゞ人の腸もたえぬべし。権者とは何者ぞ、賢人か聖人か、神か鬼か、十聖か三賢か、等覚か妙覚か。—礼拝得髄—

五障の思想をついに女人禁制にまで展開させたのは、当時の社会のもつ特殊な条件であろう。そしてかくすることによって、仏教は社会化したかも知れぬが、しかし、そのために著しく仏教本来の立場から遠ざかったこと

も、少くとも事実である。一体五障というような考え方にしたところで、真理の立場からは、批判されねばならぬ思想なのである。

いま至愚の甚しき人思ふことは、女流は貧淫所対の境界にてあり、と思ふ心を改めずして、これを見る。仏子かくの如くあるべからず。貧淫所対の境となりぬべし、とて忌むことあらば一切男子も亦《また》忌むべきか。染汚の因縁となることは、男も境となる、女も境縁となる、非男非女も境縁となる、夢幻空華も境縁となる。或ひは水影を縁として非梵行あることあり、或ひは天日を縁として非梵行ありき。神も境となる、鬼も境となる、その縁数へ尽すべからず。しかあれば、淫所対の境になりぬべし、とて嫌はゞ、一切の男子と女子と互に相嫌ふて、更に得道の期あるべからず。この道理仔細に点検すべし。—礼拝得髄—

女性は男性の欲望対象となるからいかぬという。この考えがそもそも誤っているが、暫くそれをそのままにしておいても、男性だって欲望の対象となり得るではないか。(早い話がその頃の寺院に於ける男色の流行は、充分にこのことを裏書している。)単に男性だけではない、夢でも幻でも、神でも鬼でも、同様である。それに、女性だけを取り上げて問題にするのは可笑しいではないか。第一、男性中心に物事を考えてそのように女性を嫌うならば、女性が真理を体得するということは不可能ではないか。真理の前には、男女は勿論のこと、森羅万象すべてこれ平等である。従って真理の立場に於いて、五障の思想は否定されねばならぬし、なおのこと女人禁制の思想は打破されねばならぬ、というのである。かように、真理を唯一の範疇とする道元の女性観は、卓然と時流を抜くものであった。

また当時末法思想が、社会に浸潤していた。もともと三時思想は、古くから存在したもので、釈尊を基点として、その以後を正法、像法、末法に分ち、正法より像法、像法より末法と、時代が下るとともに、漸次修行が困難になるとするのである。日本についてみれば、平安時代の中頃にこの末法時代に入ることになるのであるが、時偶々貴族社会の凋落期に入ったので、従ってこの思想は社会的に勢力を占め、宗教界に於いても、修道生活を全く放擲して、弥陀の大悲にすがって成仏しようというような、つまり実践から（或いは研究から）信仰へと急角度に転回させてしまっていた。そしてまた実践の宗教に憧れて修道生活に入った者までが、いつしかこの時代思潮に捉われて、修行を放棄していた。こうした社会情勢に於いて立ち上った道元は、末法思想の謂れなきことを高唱せねばならなかった。

仏教に、正像末を立つること、暫く一途の方便なり。在世の比丘、必ずしも皆すぐれたるにあらず。不可思議に、希有に、下根なるもありき。故に、仏、種々の戒法等を設け給ふこと、みな悪き衆生、下根のためなり。人々みな、仏法の器なり。必ず、非器なり、と思ふこと勿れ。依行せば、必ず証を得べきなり。すでに心あれば、善悪を分別しつべし。手あり、足あり、合掌、歩行に、かけたることあるべからず。しかあれば、仏法を行ずるには、器を撰ぶべきにあらず。人界の生は、みなこれ器量なり。余の、畜生等の生にては、かなふべからず。　―随聞記―

仏教に正像末を立つることは暫く一時の方便なり、何と明快なる論断ではないか。がしかし末法に怯え極度の感傷に陥っていたその頃の人々には、晴天《ママ》の霹靂の如くに感ぜられ、又異端外道としてしか受け取られなかったかも知れぬ。と言うのは、自ら邪道に堕ちている者は往々にして、正道にある者を邪道に堕ちていると考え勝ちであるからである。

造像起塔、読誦念仏、女人禁制、末法思想等々一聯の思想、それは顕密諸宗凋落の過程にあらわれた病的思想である。しかもそうした既成宗教にあきたらず、新時代の宗教を創唱し、またそれに参加している者までが、すでに少からず部分的にはそれらの思想を摂取し、中には、閣上更に閣を重ぬるの愚を敢えてしている者さえ少くなかった。このようなときに道元は、敢然立ち上ってそれらの一つ一つを分析して、その無意義なることを明らかにし、更に、そのよって来るところまでも正しく追究して修道者達に示したのであった。

五

真理の立場に立って教界を眺めるとき、邪道に踏み迷っているのは、単に既成宗教、新興の諸宗教のみではなかった。最も実践的であるべき、また最も真理的であるべき、禅宗までもが、真理から遠ざかっていた。

本場支那の道場を仔細に見聞してきた彼の眼には、この国の道場は是正せねばならぬものを余りにも多くもっていた。中にも、直接坐禅に関係のない部門にその感は深かった。かかる部門に属する人々には、修道者らしい言動は薬にする程もなかった。たとえば、本場の禅宗ではあれ程やかましく言っていた炊事の主任典座にしても、坐作進退は勿論その心構えに於いても、全くなっていなかった。

かの寺、なまじいにこの職を置く。たゞ名字のみありて、全く人の実なし。未だこれ仏事たるを識らず。豈《あに》敢へて道たることを弁肯せんや。真に憐憫すべし。その人に遇はず、虚しく光陰を度り、みだりに道業を破る。——典座教訓——

彼は支那に遊学した際しばしば典座の枢要な役目であることを聞かされ、そして感激を以てその用心に耳を傾けたものである。それだけに、帰朝してからこの国の典座の所行は、殊更に目について仕方がなかった。

曽てかの寺の、この職僧をみるに、二時の斎粥、すべて事を管せず。一無頭脳、無人情の奴子を帯して、一切大小のこと、すべて他に向って説き、正しきを得たりとなし、不正を得たりとなし、未だ曽て去つてみず。隣家に婦女あるが如きに相似たり。もし去つて見ることを得ば、他すなはち恥とし、すなはち瑕とす。一局を結構して、或ひは偃臥し、或ひは談笑し、或ひは看経し、或ひは念誦し、日久しく月深うして、鍋辺に至らず。況んや、什物を買ひ索め、味数を諦観する、豈《あに》その事を存せんか。況んや、両節の九拝、夢にだにも見るあらず。時至って童行に教ふる、また未だ曽て知らず。憐むべし、悲しむべし。—典座教訓—

そこの典座の有様は既成宗教のそれと何等選ぶところはない。修行と生活は分裂しているし、修道者らしい感謝の気持も、微塵もあらわれていなかった。

しかし典座の、その役目に対する自覚の浅薄さは、何も今にはじまったことではない。すでに彼が支那に渡る前の、健仁寺に於いても目撃していたことで、殊更典座の所行が眼についたのは、彼の修道が、在宋の間に著しく進んだことの証左でもある。がしかし、支那に渡る以前の建仁寺の、修道道場としての美点が、年一年と崩れていたことも事実であった。

近来、仏法の衰微し行くこと、眼前にあり。予、始めて建仁寺に入りし時見しと、後七八《しちはち》年過ぎて見しと、次第にかはり行くことは、寺の寮々に、塗籠を置き、各々器物を持し、美服を好み、財物を貯へ、放逸の言語を好み、問訊、礼拝等の衰微することを以て思ふに、余所も、推察せらるゝなり。—随聞記—

修道者はまず清貧であることが肝要である。何のために物を貯蔵する塗籠を準備するのか。財宝を貯え、盗離《ママ》を恐るるから貯蔵室を設くる必要があるのである。一体そんな気持で修道は出来るものではない。栄西の示寂、弟子達の分散によって、建仁寺が修道道場としての色彩を稀薄にしつつあるさまを彷彿することが出来る。また、次のような事実も見られた。

世間の、男女老少、多く交会、淫色等のことを談ず。これを以て、心を慰むるとし、興言とすることあり。一旦意をも遊戯し、徒然も慰むるに似たりといふとも、僧はもつとも禁断すべきことなり。わが国も、近ごろ、建仁寺の僧正存生の時は、一向あからさまにも、かくの如きの言語出で来らず。滅後にも、在世の時の門弟子等、少々残り留まりし時は、一切に言はざりき。近頃、この七八《しちはち》年より以来、今出の若き人達、時々談ずるなり。存外の次第なり。—随聞記—

かように修道生活の弛緩は各方面に見られた。その結果ここでも、修道者たちは邪道に堕ちて居る。こうした人達を見るにつけ、彼は立ってもいてもいられない焦躁を感ずるのであった。一日も早く、自分の理想するような道場を開いて、修道者たちを再教育せねばならぬと、深く決意するのであった。

七　学人の啓蒙

一

彼は、冷静に批判すればする程この国の宗教界が、真理の立場から離れていることを痛感せざるを得なかった。そして、かように邪道に突入している仏教を、正しい軌道にまで引き戻そうと深く決意するのであった。しかしそうした新しい宗教運動を起すには、まだ彼は余りにも若かったし、それに既成宗教の圧力は余りにも強かった。しかしそれかと言って、徒らに袖手傍観している場合ではない。よって彼はまず、啓蒙運動に手をつけたのであった。実に、普勧坐禅儀、弁道話は、この時代の代表作である。弁道話の冒頭に、

自ら名利に拘らず、道念を先とせん真実の参学あらんか。徒らに邪師に惑はされて、みだりに正解を蔽ひ、虚しく自狂に酔ふて、久しく迷郷に沈まん。何によりてか、般若の正種を長じ、得道の時を得ん。貧道はいま雲遊萍寄をこととすれば、いづれの山川をか訪はん。これをあはれむ故に、まのあたり大宋国にして、禅林の風規を見聞し、知識の玄旨を稟持せしを、記し集めて、参学閑道の人に残して、仏家の正法を知らしめんとす。

ここにわれわれは、彼が今後の宗教界の中堅となるべき青年修道者に、働きかけていることを見出すであろう。そしてそのことは、最も賢明な方策であった。

二

青年修道者に対して、まず何から啓蒙すべきか。彼は言う。

この国、坐禅弁道におきて、未だその宗旨伝はらず。知らんと志さん者悲しむべし。この故に些か異域の見聞を集め、明師の真訣を記しとゞめて、参学の願はんに聞えんとす。この外、叢林の規範、及び寺院の格式、今示すに遑《いとま》あらず。又草々にすべからず。―弁道話―

修道道場の生活規式等のそれは第二段の仕事、まず坐禅弁道を正しく解説することが必要である。ところで彼は、前に述べたように栄西の人格に私淑していた。がそれかと言って密教的な色彩の濃厚な、言葉を換えて言えば、異端的な栄西の禅宗は、正面から罵倒こそしなかったが、決して高く評価していなかった。従って彼には、栄西の歪曲を修正しようとする気持すら微塵もなく、如浄に正伝された正真正銘の仏法を、新規蒔直しにこの土に移植する抱負で一杯であった。

新規に移植するには、一体どんな注意が必要であったか。ここで一応当時の修道者は、禅宗に対してどんな気持でいたかを考えて置かねばならぬ。彼等は禅宗に対して少からざる関心をもち、従って多くの疑問をもっていた。しかし、と言って彼等は虚心坦懐に禅宗をみていたわけではなく、彼等がそれまで修得し来った顕、密、浄土、の知識を土台にする関心であり、疑問であることをくれぐれも注意して置かねばならぬ。その場合、さまざまの宗教生活を経来った道元は、色々の思想経歴をもつ修道者に、彼の立場を充分納得させることが出来た。その点啓蒙者として実に好都合であった。ところで坐禅弁道は正しく解説するには、まず坐禅の正しい方法を教えることが先決問題であり、次にはさまざまの疑問に答えてやることが必要であった。

三

啓蒙の第一の仕事は、坐禅の正しい仕方を教えることであった。偶々修道者に坐禅の指導をして痛感したことは、適当な入門書のないことであった。それは、単にこの国に伝わっていなかったというだけでなく、実は支那にも立派な入門書は殆んど見当らなかった。そこで彼は彼自身の体験や、見聞を集めて、普勧坐禅儀一巻を撰述したのである。即ちこの坐禅儀は、部分的に見れば禅苑清規所収の坐禅儀の影響をかなり受けているが、しかし全体を一貫するものは、正伝の坐法、つまり如浄からの口訣であった。たとえば、「坐禅の時舌を上の齶《はぐき》にかけ、或ひは当門板歯にかくるも亦《また》得たり。」「眼目を閉ぢて、坐禅するも亦《また》妨げなし。初学未だ慣熟せざる者の如きは、常に眼目を開きて坐するなり。」―宝慶記― という如浄の口訣は、「舌は上の腭《あぎと》にかけ、脣歯相著け、目は須らく常に開くべし。」と簡約して摂取されて居る。上の例で明らかであるように、著しく平易化され、大衆化されている。（と言って、要点を逸しているわけでは絶対にない。）正伝の坐法を最初からそのままの形で移植することは、中々に困難なことであるので、精髄のみを捉え来って、この一書の中にもっている。こうしたところにも、彼の親切な用意を知ることが出来ると思う。

四

仏法の大道である坐禅の真髄を、普勧坐禅儀一巻の中に説き示した彼は、次に弁道話を著して、さまざまの修道楷梯にある修道者の疑問に答えたのであった。この一巻は、道元の伝道対象とした当年の修道者の、禅宗に対する理解の程度、そして快刀乱麻を断つが如く疑問を次々にさばいて行く道元の学殖、を見る好箇の一篇である。以下少しくその問答の内容に触れてみる。

まず第一問は、「仏法に多くの門あり。何を以てか、偏へに坐禅を勧むるや。」つまり、真理に到達するにはいくつかの方法があるのに、何故に坐禅瞑想のみをすすむるのか、というのである。それに対する彼の答は極めて簡単、「これ、仏法の正門なるを以てなり。」としている。

坐禅瞑想を正門という、いかなる理由によって、「何ぞ独り正門とする」のか、その答は「大師釈尊、正しく得道の妙術を正伝し、また三世の如来、ともに坐禅より得道せり。この故に、正門なることを相伝へたるなり。しかのみにあらず、西天、東地の諸祖、みな坐禅より得道せるなり。」つまり釈尊が、この坐禅によって真理を体得されたのみならず、その以後の諸祖もことごとくまた同様であったからであるというのである。

質問は攻勢に転ずる。「或いは如来の妙術を正伝し、または祖師のあとを伝ふるによらん。まことに凡慮の及ぶところにあらず。しかあれども、読経念仏は、自ら悟りの因縁となりぬべし。たゞ虚しく坐して、なすところなからんか。何によりてか、悟りを得るたよりとならん。」即ち、坐禅はなる程正伝の仏法であるかも知れぬ。しかし自分達のように凡庸な者には、坐禅の修行は余りにも困難であり過ぎる。いままで通り読経念仏していれば、その功徳によって自然に真理を体得することも出来よう、しかしただ坐禅瞑想しただけで、真理を体得するということは困難と思う、と明らかに坐禅に対して不信の意を表している。それに対して彼は逆手に出た。「読経念仏等のつとめに得るところの功徳を汝知るや否や、たゞ舌を動かし声を揚ぐるを仏事功徳と思へるいとはかなし、仏法に擬するにうたゝ遠く、いよいよ遥かなり。また経書を開くことは、仏頓漸修行の儀則を教へけるを明らめ知り、教の如く修行すれば、必ず証をとらしめんとなり。いたづらに思慮念度を費して、菩提を得る功徳に擬せんとにはあらぬなり。愚かに千万誦の口業をしきりにして、仏道に到らんとするは、なほこれ轅《ながえ》を北にして越に向はんと思はんが如し、また円孔に方木を入れんとするに同じ。文を見ながら修する道に暗き、それ医方を見る人の合薬を忘れん、なにの益かあらん。口声をひまなくせる春の田の蛙の昼夜に鳴くが如し、遂にまた益なし。」

読経念仏の功徳、それは当時に於いては絶対のものと考えられていたのを、全く無意味であると真向から否定した。何故か。それはつまり次のような理由からであった。たとえば読経にしても、それは釈尊在世の説法を偲び、そしてともすれば邪道に堕せんとする修道を規正するところに起原をもっている。しかし修道の荒廃とともに、読経それだけに無限の呪力があると考え、特にこの国の仏教に於いては、読経の遍数に比例してその呪力も大であると考えるようになっていた。このことは念仏の場合も同様であった。しかしそれは、仏教本来の修道的立場から離れてしまっている。在俗の信者が聖語仏名を称えるのは、それは宜しい。しかし真理の体得を目標とする修道者が、それで能事畢れりとしていては困る。この場合道元が、無意味なりとまで極言しているのは相手が修道者であるからである。

その頃、この国の仏教には、新興諸宗の他に、天台、真言、華厳等の諸宗があった。それ等諸宗の思想は、極めて円熟したものであり、特に叡山で展開した即身成仏思想の如きは、日本仏教の極致とも言わるべきものであった。即ちこの思想によれば、われわれは本来仏であるので、つまり真理を体得しているので、ただその自覚さえ得れば修行は全然必要としない、というのである。これほどすぐれた真理体得の方法があるのに、今更煩瑣な修行方法をすすめる必要は毛頭ないではないか、と抗議する者もあった。それに対して道元は次のように答えた。

知るべし、仏家には教の殊劣を対論することなく、法の浅深をえらばず。ただし修行の真偽を知るべし。即身成仏のことは、なほこれ水中の月なり。即坐成仏の旨、更にまた鏡の中の影なり。言葉の巧みにかゝはるべからず。

修行の真偽を知るべし、言葉の巧みにかかわるべからず、の言味わうべきである。即身成仏思想の日本的歪曲をはっきりと看破していた。

すでに自分は真理を体得している、まだ修行中の者には坐禅瞑想は必要かもしれぬ、しかし、自分にはその必要はないではないか、という者もあった。そうした者には、「修証は一つにあらず、と思へる、即ち外道の見なり。仏法には修証これ一等なり。」と正しい仏教の立場を教えてやらねばならなかった。

その頃日本では密教が流行していた。真言宗はもとより、天台宗も華厳宗も密教化していたので、その密教の修行法を兼修して宜しいか、と質問する者があった。当時の仏教では、正規の外に副修行法をとることが、つまり両道かけて置く方が一般に行われていたからである。

在唐の時、宗師に真訣を聞きしちなみに、西天東地の古今に仏印を正伝せし諸祖、いづれも、未だしかの如き行を兼ね修すと聞かず、と言ひき。まことに一事をこととせざれば、一智に達することなし。

勿論、そんなけちな考えで真理の体得は出来るものではない。

また、中には次のような質問をするものもあった。この国の修道者は、その素質が支那のそれに比して劣っているから、どんなに修行しても真理を体得することは不可能ではないか。そのとき彼は答えた。「人まさに正信修行すれば、利鈍を分たず、等しく得道するなり。」と。

その他、坐禅は何故に如来の正法を集めているのか、真理を体得した者には坐禅は無用ではないか、何故以前に入唐した人々は禅宗を伝えなかったか、心性常住の説は正しいのか、坐禅をする者は戒律を守るべきか、在俗の者も坐禅すべきか、また可能か、末代悪世にも真理の体得は可能か、等の質問があった。その中にはかなりの愚問もある。しかし一見愚問と考えられるものにも、またわれわれは、道元の登場した時代の日本宗教界の雰囲気を感ずることが出来る。要するに当時この国の修道生活や信仰生活は、偏見にみちみちていた。その最中に、真理への道を開顕しようとする道元には、それらを説伏するに足る文字通り八面六臂の学殖を必要とした。しかし彼の日本宗教界での、曽ての修道精進の生活経験は、上に述べたように、その人、その時に対応してぴちぴちした解答を与え得たのであった。

八　禅林の開設

一

批判と啓蒙とによって修道者に働きかけつつ、時の至るのを待っていた道元は、一日も早く修道道場を開設して本格的に修道者の教育に従事したい、といつも考えていた。従ってその目標が些々たる殿堂でなかったのは勿論のこと、一宗一派の中心道場というのでもなかった。彼はも少し大きなところを目指していたのである。

大宋国も、後漢よりこのかた、教籍あとを垂れて、一天にしけりと雖《いへど》も、雌雄未だ定めざりき。祖師西来の後、直に葛藤の根源をきり、純一の仏法弘まれり。わが国も亦然《またしか》あらんことを冀《こひねが》ふべし。—弁道話—

支那に仏教の輸入されたのは後漢の明帝永平年間（五八—七五）のこと、でもそれは経典の伝来にすぎぬ。実践の仏教の渡来したのは、梁の武帝の普通年間（五二〇—五二七）達磨の来朝を以て嚆矢とする。換言すれば画竜に点睛したのは、実に達磨であった。転じてこの国を見るに、曽て経典の仏教は輸入されているが、正真正銘の仏教は未到である。幸いにして正法を伝持した自分、この自分の力によって、この国の仏教に点睛せねばならぬ。こうした彼の抱負が、紙面に躍如としているではないか。かかる大抱負を実現する第一歩として、真理体得の道場が絶対的に必要であったのである。彼が道場建設を急いだ理由は、実にこの点にあった。

偶々天福元年（一二三三）（一八九三）つまり彼が三十四歳の春のこと、正覚禅尼等が、宇治深草にあった極楽寺を再興して彼を迎えたので、寺名を観音導利院と改め、ここに移り住んで修道者の教育に専念することとなった。この寺には仏殿があったのでこれを道場に代用して、早速、各地から集って来た修道者達の指導を始めた。しかし仏殿では、修道に不都合な点が少くない。そこで翌々年即ち三十六歳の冬、道場つまり僧堂建設の計画を発表して、篤志家の浄財を集めた。その折の趣意書によって、われわれは道元の建造物に対する理想の一端を窺うことが出来る。彼は、禅林の基本的堂舎を、仏殿、法堂、僧堂とし、その中でも僧堂を最要としているのである。この僧堂を重視している点に、われわれは彼の真理的立場を見出すことが出来ると思う。というのは、元来原始禅林に於いては、堂舎としては、修道者の起居するところであり坐禅するところである僧堂ただ一つであった。この僧堂の他に、長老が修行者に対して説法するための道場法堂が出来たのは、かなり後のことであり、祈禱の道場である仏殿の加わったのは、更にそれよりも遅れている。これを要するに禅林の根本道場は僧堂であり、他は附随的なものに過ぎぬ。しかるにいつしか法堂を堂舎の中心と考え、或いはまた仏殿を最要の堂舎であると考え、禅林を開設する場合にまず仏殿や法堂を建て、僧堂を閑却するのは、真理の体得を唯一の目的とすべき禅林としては、明らかに本末顚倒であり、極言すれば堕落でさえある。従って道元が禅林の開設に当って、敢然僧堂に優先的地位を与えていることは、彼の立場が常に真理第一であることを、示しているものとして興味深い。

二

彼は修道者をして真理を体得させるために、道場の建設を急いでいる。一体何故、真理を体得させるのに道場（叢林）が必要なのか。或るとき彼は、これを竜門の伝説にたとえて、修道者達に次のように解説した。

海中に、竜門といふところありて、洪波しきりに立つなり。もろもろの魚ども、かのところを過ぎぬれば、必ず竜となるなり。故に竜門といふなり。いま思ふ、かのところ洪波も他所に異ならず、水も同じく塩はゆき水なり。然れども、定まれる不思議にて、魚どもかのところを渡れば、必ず竜となる。魚の鱗も改まらず、身も同じ身ながら、忽《たちま》ちに竜となるなり。衲子の儀式も亦《また》かくの如し。ところも他所に異らねども、叢林に入りぬれば、必ず仏となり、祖となるなり。食も人と同じく喫し、衣も同じく服し、飢を除き、寒を禦ぐことも斉しけれども、たゞ髪を剃り、袈裟を着して、食を斎粥にすれば、忽ちに衲子となるなり。成仏作祖、遠く求むべきに非ず。たゞ叢林に入ると、入らざるとは、かの竜門を過ぎると、過ぎらざるとの別の如し。―随聞記―

丁度竜門を通過して、魚がはじめて竜となる如くに、修道者は道場に入って修行する時、はじめて真理を体得することが出来る。と言うのは、道場には、すぐれたる長老、そして又志を同じゅうする修道者が集って居り、衣食住その他環境一切が、修道生活にとって最も好ましい状態に置かれているからである。またある時、この間の消息を、彼は卑近な例をあげて次のように説明した。

宋土には、俗人等の常の習ひに、父母に孝養のために、宗廟にて各々聚会し、泣き真似をする程に、終には実に泣くなり。学道の人も、初めより道心なくとも、たゞ強ひて仏道を好み学せば、終には実の道心も起るべきなり。初心学道の人は、たゞ衆に随うて行道すべきなり。早く用心故実等を、学し知らんと思ふことなかれ。用心故実などのことも、たゞ独り山にも入り、市にも隠れて行ぜん時、あやまりなく、能く知りたるは、好きことなり。衆に随ふて行ぜば、道を得べきなり。たとへば船に乗りて行くには、われは、漕ぎて行くやうをも知らざれども、よき船師に任せて行けば、知りたるも、知らざるも、かの岸に至るが如し。善知識に随つて、衆とともに行じて、私なければ、自然に道人となるなり。―随聞記―

従って私どもは、真理の体得を志すならば、まず道場に入らねばならぬ。そして他の修道者と同じように修道の一日々々を送れば、容易に真理を体得することが出来るのである。がしかし、どの道場でも構わぬというのではない。真理を体得した長老のいる道場を選ぶべきは、勿論である。

仏仏祖祖、道にありて弁じ、道に非ざれば弁ぜず。法ありて生じ、法なければ生ぜず。故に大衆もし坐すれば、衆に随つて坐し、大衆もし臥せば、衆に随つて臥す。動静、大衆に一如し、死生、叢林を離れず。群を抜いて益なく、衆に違ふは未だ儀ならず。これはこれ、仏祖の皮肉骨髄なり。—弁道法—

彼がかように道場生活の必要さを強調するのも、また故なしとしない。当時この国で最も真面目な修道者である遁世者たちは、群居はしていたが、教団の形をなしてはいなかった。ただ、同じ地域に草庵を建て連ねているだけで、経済も別であれば、信仰も異っていた。それに肝腎の指導者がいなかったので、めいめい自分勝手な方法によって修行していた。従って、本人は有頂天になっていても、仏教の立場からみれば、邪道に堕ちている場合が多かった。それに、小人閑居して不善をなすことは古今の通則、この場合とて必ずしもその例外ではなかったからである。

三

嘉禎二年（一二三六）（一八九六）即ち道元三十七歳の時、伽藍も一応完備したので、寺号を観音導利院興聖宝林寺と改称して、いよいよ年来の希望であった正規の修道生活をはじめた。その折の道元の説法は注目すべきものである。

当寺始めて首座を請じ、今日、初めて秉払《ひんほつ》を行はしむ。衆の少きを、憂ふることなかれ。身の初心なることを、顧みることなかれ。汾陽は僅かに六七《ろくしち》人、薬山は十衆に満たざるなり。しかあれども、みな、仏祖の道を行じき。これを、叢林の盛んなる、と言ひき。—随聞記—

彼の許に集った修道者は、必ずしも多くはなく、そしてその水準また必ずしも高くはなかった。しかし指導する者、指導さるる者、ともに真理に対して灼くが如き情熱と意欲に燃えていた。

ここで、彼の叢林に対する理想をみて置く。

なにを喚んで大叢林となし、なにを喚んで小叢林となすか。衆の多く、院闊《ひろ》きを以て大叢林となすべからず、院の小にして、衆の少きを以て小叢林となすべからず。もし衆の寡多、院の大小を以て叢林の量となさば、則ち戯論《けろん》となる。たとひ衆多くとも、抱道の人なければ、則ちこれ小叢林となし、たとひ院小なりと雖《いへど》も、抱道の人あれば、則ちこれ大叢林となす。なほ民繁く、土広きを以て大国となさずして、君に聖あり、臣に賢あるを以て、大国となすが如し。―永平広録―

真理体得者を打出することが、道場の存在理由である。従って、すぐれたる長老が上に控え、真摯なる求道者がその許にいる、それこそ真の大道場である。彼は道場経営に際して、このことを常に念頭に置いていた。修道者の多少、道場の広狭の如きは、全く眼中に置いてはいなかった。

従ってたとえ少数でも、決して教育を粗かにはしなかったし、また多数になったからと言って、決して得意にはならなかった。

ところで彼の教育の態度はどんなであったか。次の一斑を以て全貌を察するに難くはないであろう。

凡そ、大千界のなかに、正嫡の付属稀なり。わが国昔より今これを本源とせん。後を憐みて今を重くすべし。―重雲堂式―

後を憐みて今を重くすべし、言うこと易くして行うこと難い。しかも彼は、この言を終生守り通している。

四

画竜に等しい日本仏教に眼睛を入れようと志していた道元、また後を憐みて今を重くするという道元は、正伝の仏法をそのままこの国に移植した。教外別伝正法眼蔵は勿論のこと、坐禅儀、小参、典座の法、仏誕生会、仏涅槃会、袈裟等に至るまで、新たに、或いは正式のものを将来した。修道生活の細目にしても同様である。

元来禅宗では、釈尊や先哲が、真理を体得したと同じ心構えと、方法とで修行するならば、何人《なんびと》でも真理の体得は可能である、とする。がしかし時代の相異、風土の変化は、同一の修道方法をとることを困難にする。従って方法を模すると言ったところで、先哲の修道精神を酌み、その時代、その風土のもつ特殊の事情を考慮に入れて、詳密な規範つまり清規をつくり、それを基準として修道者たちに精進努力させるのである。従って清規は、支那でもまたこの日本でも、多く制作されているが、語録等よりもより明瞭に作者の立場が反映しているので、その点貴重な研究資料である。ところですべての禅林、すべての長老がそれぞれ清規を制作するわけではないので、そうした場合、それまで世に出たものの中で自分の理想に合致するもの、若しくはそれに近いものを撰択するのが普通である。従って、ある長老の清規に対する態度を知ろうとする場合には、まずその長老がどんな清規を制作しているか、またどんな清規に準拠しているかを検討せねばならぬ。ところで道元は清規の制作者であり準拠者でもあるので、彼の清規に対する態度を知るためには、この二つの場合をともに研究することが必要である。

まず清規制作者としての用意を吟味してみよう。彼は興聖寺に道場を開くと早速翌年春に、所謂永平清規の第一部である典座教訓を、ついで大仏寺に於いて弁道法を、更に永平寺に於いて赴粥飯法、衆寮清規、大己法、及び知事清規を公にしている。ところで彼の清規は、清規の歴史の上では極めて特殊な形式に属するものである。というのは、普通の清規には修道生活の全分野が網羅され、しかもそれは一つの体系にまとめられているが、この清規は、記載修道生活の全部に亙って居らず、また各部の間に有機的統一をもっていないからである。しかし、それだからと言ってこの清規は劣っているのではなく、それだからこそ却ってこの清規は、実に最もすぐれているのである。その理由はこうである。道元は、後述するように一つの清規に依拠していた。しかし環境の相異は、たとえ清規に記載されていることでも、なおつき進んだ解説を必要とすることがあり、また記載されていないことでも、是非教示せねばならぬこともあった。そうした場合、清規の全面的書換えをすることも一つの方法ではあるが、大体これまでの清規に準拠して、この国の修道者向けに解説し、教示せねばならぬ部分だけを急速に完成する、ということは、より緊要な、より賢明な方法である。まず第一に典座教訓を書いていることは、この点から極めて興味あることと思う。当時日本の禅宗に於いては、坐禅することが修道生活のすべてであるとし、現実生活と修道生活とは全く別個のものとして取り扱われていた。彼はまずこの偏見から打破せねばならぬと考えて、典座教訓を書いたのであって、即ち炊事係というような雑役をつとめることの中にも、真理への大道が通じていることを明らかにした。他の諸篇の制作の動機にしても、多くはそうした偏見を是正するためであった。この国の他の諸長老が、支那清規を拙劣に模して得々としているのと対比して、興味ある事実であると思う。清規は形式のために形式を貴しとするのではない、真理への道を開顕するところに意義があるのである。従来の清規に捉われず、驀直に真理への道を示している道元の態度こそ、正しい意味に於ける清規制作者の態度でなければならぬ。

いま私は、彼が主としては一つの清規に準拠し、一方、この国の修道者のもつ特殊な諸問題に対応するために、永平清規を制作した、と言った。とすれば、準拠した清規は何であったか。それはとりも直さず禅苑清規である。最も古い清規といえば百丈清規であるが、この書は早く泯《ほろ》んでしまったので、従って道元の留学した頃、心ある長老たちはこの禅苑清規を用いていた。がしかし彼は、無批判にこの清規を用いたのではなく、批判すべきは飽くまで批判している。それは、次の一つの例でも明らかである。

禅苑清規曽て坐禅儀あり。百丈の古意に順ふといへども、少しく頤師の新条あり。故に略しては、多端の錯りあり。広にしては、昧没の失あり。―普勧坐禅儀撰述由来―

坐禅は修道の核心である。寸毫の誤謬も黙止すべきではない。従って彼は、普勧坐禅儀一巻を撰述し、以てその正しい方法を示したのであった。

また清規に示されていることでも、環境の相異する日本では、そのまま履践することの出来ぬことも少くなかった。彼は無理にそれを修道者に強制しようとはしなかった、のみか除外例すら設けている。

如来曽て雪山僧に裏服衣を許す。当山また雪時の薬石を許す。―示庫院文―

本来禅林では、朝に粥、昼に飯のみで午後の食事は許されていない。従って午後に食事することは、飢渇を医する薬つまり薬石という名目で許されていた。しかし日本、特に山国では空腹だと冷え込みも一入甚だしい。それでこの薬石を許したのであった。

これを要するに彼の清規に対する態度は、果して真理体得にそれが最も好都合であるか否かによって、決せられている。ある時修道者が、仏教では乞食の法を推賞しているが、行った方が宜しいかどうか、と質した。その時彼は次のように答えている。

しかあるべし。たゞしこれは、土風に随つて斟酌あるべし。何にても、利生も広く、わが行も進まんかたにつくべきなり。これらの作法、道路不浄にして、仏衣を着して経行せば、汚れつべし。また、人民貧窮にして、次第乞食もかなふべからず。行道も退きつべく、利益も広からざらんか。たゞ、土風をまもり、尋常に、仏道を行じ居たらば、上下の輩、自ら供養をなし、自行化他成就せん。かくの如きのことも、時に臨み、事に触れて、道理を思慮して、人目を思はず、自らの益を忘れて、仏道利生のために、よきやうに計ふべし。―随聞記―

環境を無視してはいかぬ、環境に応ずる修道法をとることが肝要である、というのである。一般に彼の性格は、厳格である方面のみが高調されて、凡人の近寄り難い人間であるかの如く考えられているが、必ずしもそうではない。真理の体得、この点はあくまで厳格で、一歩も仮借しなかった。しかしそれかと言って、先哲の遺風であるならば、その国、その時の風俗習慣を無視しても強行しようというような、融通のきかぬ人物ではなかった。彼はこの国で修道者に真理を体得させるには、どんな方法をとることが最も適切であるかを、常に慎重に考慮していた。

九　深山の閑居

一

支那から帰朝した嘉禄三年（一二二七）から数えて十七年目、また興聖寺を開創した天福元年（一二三三）からは十一年目の寛元元年（一二四三）（一九〇三）、つまり四十四歳の年の七月、彼は越前国志比庄に移った。この移駐は、彼の修道生活に於いては極めて注目すべき出来事である。と言うのは、この時を一つの劃期として、彼の思想はいよいよ円熟し、その精進は益々徹底しているからである。彼は何故洛南宇治を去って、越前に隠棲したか。これより先彼は、護国正法義を作り、禅宗こそは、他のいずれの宗派よりも、国家性の強烈なるものであることを論証した。偶々そのことが、法王庁的存在である叡山の忌憚に觸れ、遂に叡山の悪僧の手により、興聖寺は焼却、彼自身は追放された。その時の経緯は、叡山側の記録に、「後嵯峨法皇の御時、極楽寺の仏法房、宗門を立て、教家を毀る。……護国正法義をつくる。宗門奏聞に及ぶの時、故法印御房に、是非を判ずべき由仰せ下されけり、護国正法義の心は、二乗中の縁覚の所解なりと下す。仏の教によらず、自ら開解する分尤も相似たり。ものものしく沙汰に及ぶべからずといひて、かの極楽寺を破却し、仏法房を追却し畢んぬ。」―渓嵐拾葉集―とされて居る。破却とあるのは、事実焼却であったことは、永平寺側の史料によって明らかである。ただしそれだけが、理由のすべてではなかった。山林隠棲は、年来の希望であったのである。

彼道元の思想に、最も重大な影響を与えているのは如浄である。それでまず第一に、如浄の考え方を吟味して置く。如浄は、「汝はこれ後生なりと雖《いへど》も、頗る古貌あり。直に須らく深山幽谷に居して、仏祖の聖胎を長養すべし。必ず古聖の証処に至らん。」—宝慶記—と勧め、そして懇々と、「西天東地の仏祖の行履」を説き聞かせ、真理の体得に、いかに山林に隠棲することが必要であるか、を力説したものである。のみならず、彼がいよいよ日本に帰ろうとした時、如浄の贈った餞けの言葉は、「城邑聚落に住することなかれ、たゞ深山幽谷に居して、一箇半箇を接得して、わが宗をして断絶を致さしむることなかれ。」—建撕記—と言うので、くれぐれも山林に隠棲すべきことを、強調したものである。帰朝してからの道元は、この訓誡を忘れたわけではなかった。しかしこの国の宗教界の現実は、彼をして、直ちに山林に隠棲することを躊躇させた。と言うのは、当時の既成宗教は勿論のこと、新興宗教にしたところで、仏教本来の立場からみれば、批判されねばならぬ多くのものをもっていたし、それはとにかくとしても、禅宗がこの国に移植されているというのは実は名のみで、今後根本的に啓蒙することを必要としている。真理王国の建設のために、身命を賭している彼であればあるだけ、迷える衆生のために、批判と啓蒙に努力せざるを得なかったのである。そしてここに十七年間、今や批判すべきは批判し、啓蒙すべきは啓蒙し尽した。更にまた積極的に、理想的な道場を開設して、後継者をも養成した。第一時的の仕事はすべて一段落ついたかたちである。こうした時に彼の脳裡を去来するのは、如浄の訓誡であった。言わば第一次計画を一応完成した今、如浄の言葉の一つ一つが、身に沁みて感じられるのであった。

二

こうした気持に於いて彼は、仁治元年（一二四〇）の二月中旬、先師如浄の続語録を受け取った。彼の隠棲の気持は、ここに於いて、いよいよ決定的となったもののようである。この時道元は四十二歳、如浄の許を去ってからすでに十五年目である。その間道元は一日として如浄のことに思いを馳せぬ日とてはなく、また一と時も彼の訓誡の言葉を念頭から離したことはなかった。この夢寐にも忘れ得ぬ如浄、彼の語録がいまその手許に届いたのである。道元はそのとき、頂戴奉献五体投地した、と自ら記録している。そしてその喜びを修道者に分つべく、早速法堂に於いて一場の説法を行った。それは、彼としては珍らしくながい説法で、語録の編者は「繁詞不録」としてその全文を割愛しているので、今その内容は知る由もないが、しかし「繁詞不録」というこの編者の言葉の中に、彼が嬉しさの余り、修道者も吃驚するような長広舌を試みている感激的な場面を、彷彿することが出来るではないか。説法の後で、語録を捧げ香に薫じて、「これはこれ天童蹉跎を打し、東海に踏飜し竜魚驚く、清浄の大海衆いかんが証明せん。」「海神貴を知りまた価を知る、人天に留在せしめて光夜を照さん。」—永平広録— と結んで居る。彼の感激察するに余りあるではないか。ところで、如浄の法を嗣いだ者は、彼ともに六人に過ぎなかった。しかも他の五人は、すでに禅の伝播している支那で伝道するので、その責任は比較的軽い。しかし道元の伝道地域である日本は、禅にとっては言わば処女地、この国に於ける禅の将来は、全く彼の双肩にかかっていると言っても過言ではない。彼の一挙一動は以後の先例となる、従って慎重の上にも慎重さを要するわけである。彼は、日本の宗教界の情勢に最も適切な伝道地として、洛南宇治の地を選んだ。（城邑京都を捨てて、聚落宇治の地を選んだところにも、彼の苦心の跡を察することが出来るではないか。）しかし宇治は京都の近郊三里余の地点に過ぎぬ。貴族の出入が頻繁でないまでも、彼の門を叩く者の数は必ずしも尠くはなかった。また中には、彼をその私邸に招じて一席の法話を求むる者もあった。啓蒙運動をやっている時には、そうしたことは寧ろ求めてもやることが必要であった。しかし啓蒙運動が一段落ついてみると、自分のそうした生活に不満を感じないわけには行かなかった。一日も早く現在の生活を清算して、如浄の訓誡にもとづいて、「深山幽谷に居して、一箇半箇を接得」しようと思うのであった。そうしたところに、如浄の語録を受け取ったのである。語録を読み終って、彼は跋文を書いている。その中に如浄のことを記し、

山居を好み、出世を望まず。後皇帝より詔を受くるに、二度までもこれを辞す。第三度に至つて、天童山景徳禅寺に住す。

という一節がある。彼の山林隠棲の希望がいよいよ止め難くなっていることを、この一節の背後に酌みとることが出来るではないか。「西天東地の仏祖の行履」、つまり諸先哲の行実に注意を向けはじめたのもそのためで、そうして出来たのが、正法眼蔵行持の巻である。この書は、一種の高僧伝である。この高僧伝を書き終ったとき彼の到達した結論は、

徒らなる声色の名利に馳聘することなかれ。馳聘せざれば仏祖単伝の行持なるべし。すゝむらくは大隠小隠一箇半箇なりとも、万事万縁を投げすてゝ、行持を仏祖に行持すべし。—行持—

かくて彼の山林隠棲の希望は、動かすべからざるものとなった。

三

行持の巻は高僧伝であると言った。しかしそれは、ひからびた高僧伝ではない。烈々たる求道精神に燃ゆる道元の物した高僧伝である。従って事蹟の羅列ではなくて、先哲が、名利を投げ捨てて、いかに真理の体得に精進したか、の叙述が中心眼目になっている。換言すれば欠伸をかみ殺して書きつらねたものではなくて、感激を以って綴り上げた高僧伝である。

たとえば釈尊伝は、次のように記されている。

慈父大師釈迦牟尼仏、十九歳の仏寿より、深山に行持して、三十歳の仏寿に至りて、大地有情同時成道の行持

あり。八旬の仏寿に至るまで、なほ山林に行持し、精藍に行持す。王宮に帰らず、国利を領せず、布僧伽梨を衣持し、在世に一経するに互換せず、一盂、在世に互換せず、一時一日も互換することなし。人天の閑供養を辞せず、外道の訕謗《せんばう》を忍辱す。凡そ一化は行持なり。浄衣乞食の仏儀、しかしながら行持にあらずといふことなし。

これが、彼の書いた釈尊伝である。ここには、釈尊に関する事蹟の百分の一も記されてはいない。それでいて余蘊なきまでに、求道者としての釈尊の真面目が露呈されているのではないか。閑話休題、釈尊伝を検討して、道元は何を学び取ったか。それは、生涯名利に遠ざかり、山林に隠棲して、修道に専念することであった。釈尊のこうした修道生活は、その後継者によって次々に受け継がれている。支那に於いても同様、いな寧ろ一層徹底さえしていた。菩提達磨、太祖慧可の行持は、余りにも有名である。その他の人々では、大医道心、大梅山の法常、芙蓉山の道楷、等も道元の鑽仰した人々であった。

貞観十年（八六八）のことである。唐の太宗は、わざわざ使者を大医道心の許に遣して、その出京を懇請した。ところが大医道心は、この光栄ある招請を辞退した。この名利に恬淡な行為は太宗を喜ばせ、再度三度の使節派遣となった。しかし、もともと懸引きで辞退したのでない道心は、頑として応ぜず、三度目には、病気であるから遺憾ながら御意に応じかねる、ときっぱり断ってしまった。この報告を受け取った太宗は、かんかんに怒り出した。自分の支配する国土に住みながら、しかも自分がこれほどまで礼を尽して迎えんとしているのに、仮病をつかって出京せぬとは怪しからん、もし今度も自分の命に応じないならば、彼の首をたたき斬って来い、というのである。旨を奉じた使者は、太宗の決意のほどをほのめかして、是非出京するように勧めた。しかし絶対に応ずる気配がない、と見てとって使者は、今はこれまでと刀を抜いて威嚇してみた。しかし彼は些かも動ずる気色なく、自らすすんで首の座につき、泰然自若としていた。その態度に驚いた使者は、帰京して一伍一什を皇帝に奏上した。ここに皇帝はその軽挙を恥づるとともに、いよいよ道心の人格に傾倒し、その後は彼の意のままに修道させることにしたのであった。この大医道心伝の後に、道元は次のように感想を記している。

身命を身命とせず、王臣に親近せざらんと行持せる行持、これ千載の一遇なり。太宗は有義の国王なり、相見の物憂かるべきにあらざれども、かくの如く先達の行持はありけると参学すべきなり。人主としては引頸就刃して、身命を惜しまざる人物をも、なほ歎慕するなり。これ徒らなるにあらず。光陰を惜しみ、行持を専一にするなり。上表三返、希代の例なり。

話は少し脇道にそれるが、道元は皇室を厚く尊崇していた。本来祈禱を修することを好まなかった彼が、定時に必ず、聖寿万歳万々歳を祈禱し奉っている一事によっても、このことは察せられる。ただ、世の多くの宗教家たちのように皇室の御信任を得て富貴栄達を謀ろうとすることを、極度に嫌悪した。それは正しい忠誠ではない、忠誠を尽すには、その本務に精進する、つまり修道に専念するのが最も肝要である、と考えていたのであった。

大梅山の法常の行持もまた徹底したものである。彼は大梅山の山奥に草庵を結び、そこで食物は松の実、着物は山の小池にある蓮の葉、というような簡易な生活を三十年も続けていた。そのときのこと、偶々塩官の門下の一修道者が大梅山で道に踏み迷い、思いがけなく草庵のところに出《い》で、ぱったり法常に出会った。そこで驚いた修道者は、この山に入ってからどの位経つか、を尋ねた。すると彼が答えて言うようには、自分は新緑と紅葉によって僅かに時の推移を知るだけであるから、どの位になるか見当がつかぬと答えた。次に、聚落に下る路を尋ねたところ、別に道とてはないから、この池から出ている小川に沿うて下れば宜しいだろう、と教えてくれた。この修道者は、世にも珍しいことがあればあるものだと思って、帰ると事の次第を逐一塩官に話した。このことを聴いていた塩官は、彼が曽て江西で出遇った奇特な一修道者のこと、そしてその消息が不明になっていること、今の話は、確かにあの時の修道者に違いあるまいと思った。そこで早速人を遣して招いたが、法常はこれを辞退し、「一池の荷葉衣とするに尽くることなし、数樹の松実食して余りあり。たまたま世人に住居を知らる、更に茅屋を移して深山に入る。」の一詩を残して、更にその居を山奥に移してしまった。道元はこの伝記の後に次のような賛を加えている。

師の行持、昔今の知識とあるは、同じく讃むるところなり。劣慧の者は讃むべしと知らず。貪名愛利の中に、仏法あらましと強為するは、小量の愚見なり。

芙蓉山の道楷の修行振りも、また素晴しいものであった。彼の高徳を伝え聞いた皇帝が、彼に修道者としての最高の栄誉である禅師号と、紫袍とを贈って、その人格を表旌《ひょうせい》したものである。すると名利に恬淡な彼は、書状を上ってこれを辞退し、芙蓉山の山奥に入り、そこに草の庵を結んで、ひたすら坐禅弁道をこととしていた。それでも真剣な修道者は、文字通り荊棘を分けて彼の庵を訪ね、教えを乞うのであった。勿論そうした特志家の数は、それ程多いものではなかったが、それでもながい間には四五百人にも達した。しかし、かような真剣な修道者たちも、芙蓉山の厳格な教育には参ってしまった。彼の教育方針の一端は、彼の宣言の中に窺うことが出来る。

山僧行業とること無うして、忝《かたじけな》くも山門に主たり。豈《あに》坐して常住を費して、頓に先聖の付属を忘るべけんや。今は即ちほぼ古人の住持たるの体例を学ばんと欲す。諸人と議定す。更に山を下らず、斉に赴かず、化主を発せず。たゞ本院の荘課一歳の所得をもつて、均しく三百六十分となし、日に一分を取つてこれを用ふ。更に人に随つて添減せず。以て飯に備ふべくんば、すなはち飯となし、飯となして足らずんば即ち粥となす。粥となして足らずんば、即ち米湯となす。新到の相見茶湯のみ、更に煎点せず。たゞ一茶堂を置いて、自ら去つて取り用ひ、務めて縁を省いて専一に弁道せんことを要す。

つまり第一は、絶対に山を下りぬこと、第二、絶対に招請に応ぜず、また寄附を求めぬこと、第三は、雑用を出来るだけ省いて、修道に精進すること、の三箇条であった。ところで寺院の経済は、信者に依存するものである。それも古くからある名刹で、すでに寺有財産でもあるならともかく、貧乏な山中の一草庵に於いて信者との関係を絶つのであるから、その結果たるや知るべきである。即ち一日の食物が米湯一杯という貧しさであった。居たたまらなくなって、彼の許を去る修道者も少くなかった。しかし、こうしたことは無論覚悟の前、彼は依然この方針を強行し、自己の完成に努めるとともに、真の修道者を創り出すことの努力をやめなかった。

これ即ち祖宗単伝の骨髄なり。高祖の行持多しといへども、暫くこの一枚を挙するなり。今われ等が晩学なる芙蓉高祖の芙蓉山に修練せし行持、慕ひ参学すべし。これ即ち祇園の正儀なり。

先哲の伝え来った修道の真精神はここにある。そして、とりも直さずこれが釈尊の精神である。

彼の師事した長翁如浄にも次のようなことがあった。寧宗が彼の高徳を讃えて、禅師号と紫衣を贈ったとき、彼は書状を上ってこれを辞退した。

誠にこれ真実の行持なり。その故は愛名は犯禁よりも悪し。犯禁は一時の非なり、愛名は一生の累ひなり。愚かにして捨てざることなかれ、暗くして受くることなかれ。受けざるは行持なり、捨つるは行持なり。六代の祖師おのおの師号あるは、みな滅後の勅諡なり。在世の愛名にあらず。しかあれば速かに生死の愛名を捨てて、仏祖の行持を願ふべし。貪愛して禽獣に等しきことなかれ。重からざる吾我を貪り愛するは、禽獣もその思ひあり、畜生もその心あり。名利を捨つることは、人天も稀なりとするところ、仏祖未だ捨てざるはなし。或ひは曰く、貪名愛利すといふ大きなる邪説なり、附仏法の外道なり、謗正法の魔党なり。汝言ふが如くならば、名利を貪らざるの仏祖は利生なきか。笑ふべし、笑ふべし。また貪らざるの利生あり。またそこばくの利生あることを学せず。利生にあらざるを利生と称する魔類なるべし。汝に利益せられる衆生は、堕獄の種類なるべし。一生の暗きことを悲しむべし。愚蒙を利生に称することなかれ。しかあれば師号を恩賜すとも、上表辞謝する、古来の勝躅なり。

道元は、行持の巻の冒頭釈尊の行持を、ついで順次諸先哲の行持を、そして最後を長翁如浄の行持で結んでいる。かくすることによって彼は、釈尊のすばらしい行持が、そのまま彼の恩師如浄にまで伝えられていることを改めて認識した。しかし自分は如浄の嫡嗣、このすぐれたる行持を後世に伝うる重い責任をもつ、とすれば自分は一刻も早く山林に隠棲して、一向に修道に精進せねばならぬ、と決意をかためた。そこに叡山の追放である。

四

山林隠棲を一挙断行するとして、土地をどこに選定すべきかが次の問題となる。既成宗教が天下の名山という名山を占領している当時、恰好の山林を得ることは仲々容易ではなかった。それでも彼の信者の中には、その私領内の山林を寄進しようという者も尠くはなく、結局彼はその中の一篤信者波多野義重の領府、つまり越前志比庄に隠棲することにしたのである。波多野義重と道元の関係がいつ頃からついたかは詳かでないが、しかしその関係が、他の諸信者に比べて著しく親密であったことは、仁治三年（一二四二）つまり隠棲の前年、寛元元年（一二四三）即ち隠棲の年に、各一回波多野邸に赴いて一場の説法をしていること、それも正法眼蔵に収めるような重大な説法を試みていること、そしてそうしたことは他に例のないこと、等を考え併せる時、一層分明になると思う。かように考えて来ると、道元が隠棲を決行することを知ったとき、波多野義重が土地の寄進を申し出《い》で、道元は親しい間柄であるだけに、この人物なら将来面倒な問題も起るまいと、その申し出でを受け容れて越前に隠棲したであろうことが容易に想像出来る。

寛元元年（一二四三）七月下旬、道元は越前志比庄波多野義重の邸に到着した。義重は、取り敢えず吉峰の古精舎を修理してここに迎え、一方志比庄内市野岡の東傘松峯の西に勝地を得て、新たに寺院の造営を始め、翌年の七月中旬に、この新寺院に迎えている。寺号は傘松峯大仏寺と命名、ついで吉祥山大仏寺、更に吉祥山永平寺と、二

度改称している。吉祥の名を選んだ理由は、

> 諸仏如来の大功徳は、もろもろの吉祥の中にも最も無上なり。諸仏ともに来つてこの処に入る。この故にこの地最も吉祥なり。—永平広録—

の一句の中に窺われる。つまり真理体得の道場として選ばれたこの土地こそ最も吉祥である、というのである。

次に永平の出典であるが、これについては、仏教がはじめて支那に伝わった後漢の明帝の年号によったとする説もあるが、これは恐らく正鵠を得た考え方ではあるまいと思う。というのは、道元は、後漢永平の仏教伝来を次のようにしか観ていなかったからである。

> 仏法参学は、容易なることを得ず、後漢永平名相纔《わず》かに聞え、梁代普通祖師西来す。祖師の西来にあらざるよりは、未だ法の実帰を知らず。いかに況んや能く仏向上の事を知らんや。—永平広録—
> 真丹国には未だ祖師より先に、嫡々単伝の仏子を見ず、嫡々面授の祖面を面授せず、見仏未しかりき。—行持—

つまり後漢の永平の仏教伝来は、仏像経巻が伝わったというだけで、正真の仏法の伝わったのは、梁代の普通年間（五二〇—五二七）、達磨西来を以て嚆矢とする。かような立場に立つ彼が、仏教史上劃期的な年号を選ぶとすれば、当然普通を選ぶべきではないか。日本仏教史上、達磨の役割を果す者は自分であると確信していた彼が、何で永平という年号を選ぶものか。とすれば、彼はどんな気持で永平と言う寺号を選んだのであるか。このことに示唆を与うるものは、永平寺と改称したときの説法の一節である。

> 天は道ありて以て高清なり、地は道ありて以て厚寧なり、人は道ありて以て安穏なり。故に世尊降生して、一手は天を指し、一手は地を指す。周行七歩して曰く、天上天下唯我独尊と。世尊道あり。これ恁麼なりといへども、永平道あり、大家証明せよ。やゝ久しうして曰く、天上天下、当処永平。—永平広録—

道元の脳裡を去来するものは、真理の体得を措いて他にない。思いをここに致せば、真理体得の道場として選

ばれたこの地は、吉祥であるとともに永平でなければならぬのではないだろうか。

五

越前の山奥に隠棲して、修道の場所として山林が如何にすぐれた条件を具備しているかを、道元はしみじみと感じた。そして、「山林に睡眠すれば仏歓喜し、聚落に精進すれば仏喜ばず。」と言う釈尊の言葉、また諸先哲が深山を踏み分けて坐禅弁道したことも、なるほどと肯けるのであった。当時の感想の一端、

須らく知るべし、憒閙を脱し閑静を得る、深山にしくはなし。縦《たと》ひ愚なるも深山に居すべきなり、愚にして聚落に居せばその失を増す。縦ひ賢なるも深山に居すべきなり、賢にして聚落に居すればその徳を損ず。永平壮齢道を西海の西に訪ひ、潦倒《(老齢)》居を北山の北に占む。不肖と雖《いへど》も古縦を慕ふなり。—永平広録—

すでに、修道には山林が便宜であるという程度ではない。修道者はまず山林に入ることが第一条件であるのである。古縦を慕って隠棲した山林ではあったが、それはいつしか離れることの出来ぬものとなってしまった。そうしたことは、彼の詩文の随所に窺われる。

山居六首

西来の祖道われ東に伝ふ　月に釣り雲に耕して古風を慕ふ　世俗の紅塵飛んで到らず　深山の雪夜草庵の中
夜坐更闌けて眠未だ熟せず　情に知る弁道は山林に可なることを　渓声耳に入り月眼に到る　この外更に何の用心をか須ひん
久しく人間に在つて愛惜なし　文章筆硯既に抛ち来る　花を看鳥を聞くも風情少し　時人の不才を笑ふに一任す
三秋気粛清涼の候　繊月叢虫万感の中、夜静かに更闌にして北斗を看れば、暁天まさに東を指すに到らんとす
三間の茅屋すでに風涼　鼻観まづ参ず秋菊の香　鉄眼銅睛も誰か弁別せん　越州に九度重陽を見ることを

前楼後閣玲瓏として起る　峰頂の浮図六七層　月冷かに風高しこの時節　衣は伝ふ半夜坐禅の僧

―永平広録―

十　理想の清貧

一

道元は先哲の行状に従って、越前の山奥に閑居した。山林に閑居することによって彼は、名利の欲望から全く脱却して、清貧の生活を楽しむことも、併せて意図していた。

いま仏祖の大道を行持せんには、大隠小隠を論ずることなく、聡明鈍痴をいふこと勿れ、たゞながく名利を投げ捨てゝ、万縁に繋縛すること勿れ。光陰を過さず頭燃を払ふべし。大悟を持つこと勿れ、大悟は家常の茶飯なり。不悟を願ふこと勿れ、不悟は髻中の宝珠なり。たゞまさに家郷あらんは家郷を離れ、田園あらんは田園を遁れ、親族あらんは親族を離るべし。名利なからんもまた離るべし。すでにあるを離る、なきをも離るべき道理明らかなり。—行持—

名利なからんもまた離るべし、の一句味わうべきである。ところで、彼自身の名利解脱の希望は、深山に閑居することによって充分に達し得た。しかし彼の許に去来する修道者たちの中には、名利を離れたつもりで新しい名利の虜となっている人達が尠くなかった。そのため彼は、たえずそれ等の人々のために、清貧の貴ぶべきことを強調し、また身を以って実践することを必要としたのである。まず名聞についてみる。世間の人から敬意を表され、金銭にも不自由しなくなると、これは自分の修行が円熟して人格光輝を増したためであると、世人も認め、自分でも自惚れる。

未だ聞かず、三国の例、財宝に富み、愚人の帰敬を以て、道徳とすべきことを。道心者といふは、昔より三国皆貧にして、身を苦しくし、一切を省約して、慈あり道あるを、誠の行者といふなり。徳の顕はるゝといふも、財宝に豊かに、供養に誇るをいふにあらず。—随聞記—

世間に人気のあるのと、修行の円熟していることとは全く無関係のことである。修行が円熟したか否かは、その道を同じく学し、同じく行ずるものが出て来たか否か、によって判定すべきである。愚人の帰敬を以って得々としているのは、名聞の虜になっているからに過ぎぬ。

上の場合は、無意識の中に名聞に堕しているのであるが、中には積極的に、自分が、または自分の寺が、高い地位にあることを檀信徒や親族に吹聴して、彼等から尊敬して貰い、金銭を捲き上げようとしている不徳義漢も少くない。勿論、こうした態度が宜しくないことは言うまでもない。とすればわれわれには、一体どんな心構えが必要であるのか。

たゞ身心を仏法に投げ捨てゝ、更に悟道得法までも望むことなく修行するを以つて、これを不汚不染の行人とはいふなり。有仏のところにもとゞまることを得ず、無仏のところをも急に走過するといふは、この心なり。—随聞記—

大死一番、身心を真理の大海の中に投げ込み、その示すところに、従って修行することが肝要であるのである。

二

清貧こそ、彼の理想である。と言ったところで彼とても人間である。満ち足りた生活が決して嫌いではなかっ

た。しかしそれ以上に、そうした生活の怖るべきこと、つまりそれが肝腎の修道生活を蝕むことを知り過ぎていた。彼は言う、

学人おのおの知るべし。人々大なる非あり、驕奢これ第一なり、内外の典籍にこれを等しく戒めたり。外典に曰く、貧ふして諂はざるはあれど、富んで奢らざるはなしといひて、なほ富を制して奢らざらんことを思ふなり。最もこれ大事なり。よくよくこれを思ふべし。―随聞記―

富んで驕らざるはなし、これを恐れたのであった。今少しく具体的に話を進めてみる。金持は、自分が働いて貯えたものであるとして、衣食住に贅を尽して貧乏人に威張り散らす、すると貧乏人は、たとえ心の中では何と思っていても、とにかく表面では、彼等の歓心を買って置く方が自分に有利であるので、お世辞をつかう。すると本人はこれを真に受けて、ほんとに自分は偉い人間であるというような錯覚に陥って、いよいよ驕慢になる。かくして次第に、反省する力も喪い、結局邪道に堕ちてしまう。ところで金持が邪道に堕ちるのは自業自得としても、他面貧乏人をして、自分の貧乏をますます苦痛に感ぜしめるような結果を招来する。つまりこの金持は、小金をもっていたために、自分自身邪道に堕ちるばかりでなく、他人をして同じく邪道に堕ちさせるのである。

またあるとき、道元は次のようなことを修道者達に話している。唐の太宗のところに、ある属国から天下第一の名馬を献上した。しかし彼は少しも喜ばなかった。そして侍臣達を顧みて、自分一人この名馬に乗って、敵陣に斬り込んでみたところで、お前達がこれまで通りの駄馬に乗って出陣するのでは、仕方がないではないか、好意だけ受けて返したら宜しかろうと言って、ついに折角の名馬を送り帰してしまったというのが、その梗概であるが、この話をした後で、それを修道者の用心と結びつけて次のように訓戒した。

世間の帝王だにも、無用のものをば蓄へ給はずして返せり。況んや衲子は衣鉢の外は決定して無用なり。無用のものこれを貯へて何にかせん。俗すらなほ一道を専ら嗜む者は、田苑荘園等を持することを要とせず。―随聞

記―

一国の帝王でも、名君と仰がれる人は、これだけの心遣いをしている。ましてわれわれは名利を放擲した修道者ではないか。土地等持つ必要は寸毫もない、というのである。

またある時一人の修道者が、修道に対する注意を彼に問うた時、次のように答えている。

学道の人は、須らく貧なるべし。財多ければ必ずその志を失ふ。在家学道の者なほ財宝に纏り居処を貪り、眷属に交はれば、たとひその志ありと雖《いへど》も障道の因縁多し。古来俗人の参学する多けれども、その中によしといふもなほ僧に及ばず。僧は三衣一鉢の外財宝をもたず、居処を思はず、衣食を貪らざる間、一向に学道すれば、分々に皆得益あるなり。その故は貧なるが道に親しきなり。―随聞記―

貧なるが道に親しきなり。まず第一に清貧に甘んじなければならぬ。多くの財産をそのままに修行しようとしても、結局真理を体得することは出来ぬ。在俗の者と道場の修道者とを比較して見るが宜しい。同じ目的に向って精進しても、やはり在俗の者は遅れ勝ちではないか。そしてそれは、とりも直さずこの財産に対する執着のためである。勿論、古来在俗の修道者で、真理を体得した者もないではない。しかしそれは極めて稀有の例に過ぎぬ。余程の努力家でなければ不可能のこと、しかもその体得した真理の内容に立ち入ってみれば、道場の修道者のそれとは、かなりの開きがあるのが普通である。それに対して道場の修道者は、二三《にさん》枚の粗末な衣服と食器の外には全く無一物であるので、財宝に対する執着がなく、専心修道することが出来る。従って修道を志す者はまず道場に入り、清貧の生活に甘んじなければならぬと。

在俗の修道者でも、真理を体得したほどの者は誰でも清貧の生活を続けた人である。その適例に龐居士がある。彼は修道生活に入るに当って、財宝を残らず持ち出して海に沈めた。そのときこの有様を見ていた近所の人達は勿体ないことだと思ったので、そんな無茶なことをしないでもそれを貧乏人に呉れてやったらどうだ、彼等はどれほど喜ぶか知れぬ、それが嫌なら道場にでも寄附すれば、修道の結縁にもなるではないか、と言って思い止らせようとした。すると彼は、自分は今、財宝が修道の邪魔をする仇敵だと思っている。仇敵だと知った今これを人に与えるわけには行かぬ、と好意ある忠告をも斥けて財宝を海中に投げ捨てた。そんな調子であったので、新生活に入っても無論生活費などは準備していないので、ざるを作り、それを商ってその生活費を稼ぎ修行に精進した。道元はこの話をした時に、龐居士にはこの位の決心があったからこそ、在俗の修道者でありながら、よく真理を体得すること出来たのである、とつけ加えた。

　在俗の修道者にすらそうした例がある位である。本格的に道場に於いて修行した先哲で、清貧の生活をしない者は絶無であった。彼はあるとき次のような話をした。諸先哲は一人残らず、財宝を貯えてはいけないとし、且つこれを実践して来た。従って清貧は禅宗の特質のようになり、他の宗派の人が禅宗を讃むる場合必ずこのことを指摘し、また儒教等の人達もこのことに注意している。しかし、考えてみれば清貧というのは仏教本来の立場で、禅宗はただそれを正しく継承しているに過ぎぬのである。とにかく禅宗では清貧の生活を重視する。お前達はこの道場に入った以上この家風に従わねばならぬ。単に家風だからというだけでなく、事実清貧は修道生活にとって絶対に必要であるのだ。自分もかつて土地を有《も》ち、また財宝を貯えていたこともあった。しかしその頃の心境と現在のように衣食の資にも窮するような時の心境とを比較してみるに、現在の方が余程真理に対する憧憬が強烈である。この一事を以てみても、自分では執着を離れている積りでいても、財宝をもっていればやはり心の何処かに執着が残っているものと見える。財宝というものは実に怖しいものだ。先哲が清貧清貧と口やかましく強調する理由が、いま身に泌みて解った、と結んである。

　またある時修道者が、寺有財産について次のような意見を述べたことがあった。支那の禅林には必ず財産がついているから、修道者は生活のことを考えず修道に専念することが出来る。またこの国でも、顕密諸宗の寺院には財産がついているけれども、禅林にはそれがない。しかしこれでは、修道者が生活に困るようになることは目に見えている。修道生活の安定のため、今の内に寺有財産の育成に努力すべきではないか、と。その時道元は次のように答えた。

なかなか唐土よりは、この国の人は無理に僧を供養し、非分に人に物を与ふることあるなり。まず人は知らず。われはこのことを行ひて道理を得たるあり。一切一物ももたず、思ひあてがふこともなくして、十余年過ぎ終りぬ。一分も財を貯へんと思ふこそ大事なれ。僅かの命を生くるほどのことは、いかにと思ひ貯へざれども、天然としてあるなり。人みな生命あり、天地これを授く。われ走り求めざれども、必ずあるなり。況んや仏子は如来遺嘱の福分あり、求めずして自ら得るものなり。たゞ一向に捨てゝ道を行ぜば、天然これあるべし。これ現証なり。—随聞記—

自分が禅林経営の衝に当ってから今まで十余年の間、全く無一文で、とにかく修道者を飢え死にさせることもなく過して来た。この自分の経験から考えてみても、寺有財産を貯える必要は毛頭ない、と断言している。

三

清貧なるべしとする道元は、衣服についても極力その奢侈に陥ることを戒めている。彼の衣服に対する理想は、糞掃衣《ふんぞうえ》に最もよくあらわれている。この糞掃衣こそは、全く世人の執着を離れたもの、従って修道者の衣服に最も相応しいものとして、釈尊の推奨措かなかったものである。ところで糞掃衣とは、不浄または弊破等のため使えなくなり、墓場等に捨ててある布帛、言わば襤褸、を拾い集めてきれいに洗濯し、破れているところは修繕し、袈裟に仕立てたものである。襤褸には、四種糞掃、五種糞掃、十種糞掃等の言葉があることによっても解るように色々の種類があった、即ち牛嚼衣、鼠噛衣、火焼衣、月水衣、産婦衣、神廟衣、塚間衣、求願衣、往還衣等である。しかし風俗習慣の相異るこの国には、こうした襤褸は山野に捨ててはいなかった。結局信者の施した布帛、または浄財によって購ったそれによって、袈裟を作らねばならぬ。その場合、どんな点に注意せねばならぬか。絹布よりも細布、細布よりも粗布、要するに出来るだけ世人の執着を離れたものを選ばねばならぬ。そしてまたその染色にしても、感情を刺戟する原色を避けて、壊色即ち木蘭色、茜色、泥色等を以てせねばならぬ。かかる生地、染色を選ぶべしとする本旨は、執着を離れる点にある。この点が肝腎である。ある時彼の高弟が次のような質問をした。

衲子の行履、旧損の衲衣等を綴り補ふて棄てざれば、ものを貪惜するに似たり。また旧きを棄てゝ新しきを随つて用ふれば、新しきを貪求する心あり。二つながら科あり。畢竟していかんが用心すべき。

ぼろぼろの着物をつぎはぎして着ていれば物を惜しむようで良くないし、それかと言ってそれを棄てて新しいのと取り代うれば、新しいのを貪り求めているようで面白くない。こうした場合の修道者の用心いかん、というのである。それに対する道元の答えは、

貪惜貪求の二つをだにも離れなば、両頭ともに失なからん、たゞし破れたるを、綴て久しからしめて、新しきを貪らずんば、可ならんか。—随聞記—

貪惜貪求の二つを離るれば、具体的に言えば、破れているのはこれをつくろってなるべくながく使い、新しい着物を貪り求めなければそれで宜しいではないか、と、この辺全く徹底した、しかも少しの無理もない彼の教えがよく出ていると思う。

四

食に対する彼の理想は清浄食である。清浄食の第一は木の実草の実、第二は托鉢行乞して得た穀物、そして第

三は信者の寄附した穀物、この三つは、釈尊が修道者のために選んだ食物である。ところで第一の木の実草の実は、インドとちがってこの国では、修道者の生活を支うる程豊富ではない。従って托鉢か、信者の寄附に俟つことになるのであるが、農民の零細な喜捨位では中々生活は安定しない。そこでいろいろな問題が起るのである。

ある時一修道者が次のような質問をした。自分はこんな悩みをもっている、なる程托鉢して零細な喜捨を集めて生活することは宜しいかも知れぬ。しかしそれは、すぐれた修道者、それもインドのような土地でこそ可能ではないか。日本には托鉢の法は古来行われていない。なおまた支那の禅林には、寺有財産があるから宜しいが、この国の禅林にはそれすらない。托鉢の法も伝わらず寺有財産もないとすれば、檀信の布施に頼る他方法がないが、それにしたところで、自分達のように布施を受けるに値しないような素質の劣った修道者は、一体どうしたらいいのか。こんなことが次から次に心配になって、修道をつづけることも出来ぬような気持がする。そこで友人にこの話をしたらその男の言うには、君のように物事を几帳面に考えては駄目だ、第一先哲とわれわれとでは素質がまるで異う、それに世はすでに末世じゃないか、先哲の修道をそのままに実行しようと思うのがまず無理だ、われわれ末世の凡庸はそれに相応しい生活の方法を考えねばならぬ、その方法というのは、まず信者とよく接衝して小ぢんまりした草庵をつくり、衣食の面倒もすっかり見て貰うことにして修道するのだ、と。しかし自分はその方法も充分納得出来ぬ。こんな場合どんな用心が必要であるか、というのである。それに対して道元は次のように答えた。

たゞそれ衲子の行履、仏祖の家風を学ぶべし。三国相異りといへども、真実学道の者未だかくの如きのことあらず。たゞ心を世事に執着することなかれ、一向に道を学すべきなり。仏の曰く、衣鉢の外は寸分も貯へざれ、乞食の余分は飢《ママ》えたる衆生に施せ、たとひ受け来るとも寸分も貯ふべからず、況んや馳走あらんや。外典に曰く、朝に道を聞いて夕に死すとも可なりと。たとへ飢え死凍《ママ》へ死すとも一旦一時なりとも仏教に随ふべし。万劫千生、幾回か生じ、幾度か死せん、みなこれ世縁妄執の故なり。今生一度仏前に随ひて餓死せん、これ永劫の安楽なるべし。いかに況んや一大蔵経の中にも、三国伝来の仏祖、一人も飢え《ママ》死凍え死したる人ありときかず。世間衣糧の資具は、生得の命分ありて、求めによつても来らず、求めざれども来らざるにも非ず。たゞ任運にして心に挟むことなかれ。―随聞記―

それほど神経質に考える必要は毛頭ない。インドでも支那でも、また日本でも、修道に精進した先哲で飢え死した者もなければ凍え死した者もない。よしたとえ飢え死しても、真理の体得のために死ぬのなら、寧ろ男子の本懐ではないか、というのである。

彼の真理に対する信念の強さ、彼の清貧に対する愛好の深さを見よ。人或いは彼のこうした経済観念を以て、余りに非常識過ぎるという烙印を押すかも知れぬ。しかしその以前に私どもは、この国の修道者達が常識的に財宝を準備していたために、遂に物にならなかった事実を、顧みて置かねばならぬ。

衣食のことは、かねてより思ひあてがふこと勿れ。もし失食絶煙せば、その時に臨んで乞食せん。その人の用事言はん等思ひ設けたるも、即ち物を貯ふる邪命食にてあるなり。衲子は雲の如く定れる住所なく、水の如くに流れ歩きて、よる処もなきをこそ僧とはいふなり。たとへ衣鉢の外に一物も持たずとも、一人の檀那をも頼み、一類の親族をも頼むは、即ち自他ともに縛住せられて、不浄食にてあるなり。かくの如きの不浄食等を以て、養ひもちたる身心にて、諸仏清浄の大法を悟らんと思ふとも、とてもかなふまじきなり。たとへば藍に染めたる物は青く、蘗《きはだ》に染めたる物は黄なるが如く、邪命食を以て染めたる身心は、即ち邪命身なるべし。この身心を以て仏法に臨まば、沙を圧して油を求むるが如し。たゞ時にのぞみ、とも角道理にかなふやうに計ふべきなり。かねてとかく思ひ貯ふるは、皆違ふことなり、よくよく思慮すべきなり。―随聞記―

特定の保護者の下に修道することは危険である。早い話が、一銭の金、一握りの米を受けるという関係に於いては、信者の意を迎える必要もなければ、またどんな厚かましい信者にしたところで、修道者を自分の意のままに動かしてやろう等とは考えない。これが特定の保護者の下に生活するとなると、その圧力は絶対的である。たとえ表面上はどんな関係にあろうと、事実はその頤使に甘んずるということになる。特にこの国のように、人々が修道よりも、手取り早く効果のあがる祈禱に、より多く関心をもつ場合、修道者は保護者を求めたばかりに、結局御用祈禱坊主に顚落することを余儀なくされる。こうした社会の実状を考慮に入れて、寧ろ非常識と思われる位の、道元の清貧の強調と、それへの沈潜を、も一度嚙みしめて味わってみねばならぬ。

十一　精進の一生

一

山居することによって清貧を楽しむことが出来る。それとともに修道者は、一向精進の生活に入ることも出来るのである。勿論、道元の場合は常精進ではあった。しかし彼に於いてさえ山居以後の精進は、以前のそれとはかなりの逕庭を示している。

ところで彼は、精進の第一歩は出家して修道者となることである、という。ある時一人の男が、彼の許を訪ねて教えを乞うた。自分は健康すぐれず、また素質も劣っている、従って、正規の修道生活を続けることは困難である。肝腎な点だけを聞かせて頂いて、独住隠居して余生を送りたいと思う、と。道元は言下にその非を指摘して、

これは甚だ非なり。先聖必ずしも金骨に非ず、古人豈《あに》よく皆上器ならんや。滅後を思へば幾何ならず。在世を考ふるに人々みな俊なるにあらず、善人もあり、悪人もあり。比丘衆の中に、不可思議の悪行なるもあり、最下品の器量もあり。しかあれども卑下し、やめりなんと称して道心を起さず、非器なりといふて学道せざるはなし。今生にもし学道修行せずんば、何れの生にか器量の人となり、無病の者となりて学道せんや。たゞ身命

を顧みず、発心修行するこそ、学道の最要なれ。—随聞記—

と言い、身命を顧みず発心修行すべし、と教えている。

未だ出家せざる者の、仏法の正業を嗣続せることあらず、仏法の大道を正伝せることあらず。在家僅かに近事男女の学道といへども、達道の先蹤なし。達道の時必らず出家する者なり。出家に不堪なる輩、いかでか仏位を嗣続せん。—三十七品菩提分法—

真理を体得しようと志す者は、そのためにあらゆる好条件を具備している修道道場に入るべきである。現在の生活を修道者向けに改組し得ない者、また道場の生活を苦痛とする者は、彼等がいかに真理を体得しようとあせっても、それは到底及びもつかないことである。

事実を歪げるわけには行かぬ。しかし当時の宗教界には、在家の修道と出家の修道とを、同一とする見解が流行していた。何故にそうした見解が発生したか。それは賢明なる読者諸賢の御推察に任せて置く。道元は、彼等を、「これたゞ在家人の屎尿を飲食とせんがために、狗子となれる族類なり。」と罵倒している。畢竟修道者となることが最も理想的であるならば、そのことを勧告するのが最も親切であるのである。

衆生は親疎を選ばず、たゞ出家受戒をすゝむべし。後の退不退を顧みざれ、修不修を恐るゝことなかれ。これまさに釈尊の正法なるべし。—出家功徳—

道元は、宝治元年（一二四七）（一九〇七）八月から翌二年三月まで、北条時頼の招きを受けて鎌倉に出向いていたが、信憑すべき記録の伝うるところによれば、この時彼は、時頼にまでも出家遁世を勧めているのである。即ち彼は、在家の学道は出家の学道とこれ一等なり、等と、権門に阿諛することなく、真向から、天下を捨てよ、と勧告している。

二

精進の第二の用心は何か。修道者は、教養を高めることを目的としているのではなく、真理を体得することが眼目である。とすれば哲学、文学等の研究に停滞していてはならぬ、驀直に真理の体得に精進することが肝要である。

無常迅速なり、生死事大なり。且存命の際、業を修し学を好まば、たゞ仏道を行じ、仏法を学すべきなり。文筆詩歌等、この詮なきことなれば、捨つべき道理なり。仏法を学し、仏道を修行するにも、なほ多数を兼学すべからず。況んや教家の顕密の聖教、一向にさし置くべきなり。仏祖の言語すら多般を好み学すべからず。一事を専らにせんすら、鈍根劣器の者はかなふべからず。況んや多事を兼ねて心操をとゝのへざらんは不可なり。

—随聞記—

精進とは、名利を求めず、声色を愛せざることなり。所以に孔子、老子の言句を見ること勿れ。楞厳、円覚の経典を見ることなかれ。専ら七仏世尊より今日に至る仏々祖々の因縁を学すべし。—永平広録—

文学を捨てよ、哲学を捨てよ、顕密諸宗を捨てよ。そしてたゞ一向に仏々祖々の因縁を学すべし、というのである。

三

学問を捨て、顕密諸宗を捨てるというだけなら何も新奇なことはない。と言うのは当時遁世者は、すでにそうしたものを捨て切っていたからである。

学道の人、世情を捨つべきについて、重々の用心あるべし。世を捨て、家を捨て、身を捨て、心を捨つるなり。

よくよく思慮すべきなり。世を遁れて山林に隠居すれども、わが重代の家を絶やさず、家門親族のことを思ふもあり。また世をも遁れ、家をも捨てゝ、親族境界をも遠離すれども、わが身を思ひて苦しからんことをばせじ、病ひ起るべからんことは仏道なりとも行ぜじと思ふも、未だ身を捨てざるなり。また身をも惜しまず難行苦行すれども、心仏道に入らずして、わが心に違ふことをば仏道なりともせじと思ふは、心を捨てざるなり。―随聞記―

所謂遁世者の中には、顕密諸宗を捨て、世間を捨つれば、それで能事畢れり、としている向きも少くない。しかしそれだけでは、真理の体得を目標とする修道者の立場としては、不充分である。更に進んで家を捨て、身を捨て、心までも捨てなければならぬ。しかし遁世者の中には、山林に隠棲して修行はしているが、家を捨て得ないで一家一族の事を常に気にしている者がある。また世を捨て家を捨ててはいるがわが身を捨てかねている者もある。なおまた折角世をも家をも、身をもすっかり捨ててはいるが、心即ち自我を捨てかねている者がある。しかし、それではまだ駄目だというのである。

学道の人、身心を放下して一向に仏法に入るべし。古人曰く、百尺竿頭いかんが歩を進めんと。しかあれば、百尺の竿頭に上りて、足を離さば死ぬべしと思ふて、強くとりつく心のあるなり。それを一歩を進めよといふは、よも悪からじと思ひ切りて、身命を放下するやうに、渡世の業より始めて、一身の活計に至るまで、思ひ捨つべきなり。それを捨てざらんほどは、いかに頭燃を払ふて学道するやうなりとも、道を得ることはかなふべからざるなり。たゞ思ひ切りて身心ともに放下すべきなり。―随聞記―

世を捨て家を捨つるのは、容易なことではないが、努力さえすれば誰でもそこまでは行ける。しかしこれだけではたとえて言えば、百尺の竿頭に登りつめたようなものである。修道という点からすれば、これから先が難しい。真理を目指す者は、百尺の竿頭にしがみついていてはいけない。ここから更に一歩を進め我執の最後の一片、わが身わが心までもすっかり投げ捨てて、真理の大海に身を任せねばならぬ。ところで身心を投げ捨てると言っても、決して身心を粗末にせよというのではない。

この生死は、即ち仏の御命なり。これを厭ひ捨てんとすれば、即ち仏の御命を喪はんとするなり。これに止りて、生死に著すれば、これも仏の御命を喪ふなり、仏の有様をとゞむるなり。厭ふことなく、慕ふことなき、この時はじめて仏の心に至る。たゞし心をもてはかることなかれ、言葉をもて言ふことなかれ。たゞわが身をも、心をも放ち忘れて、仏の家に投げ入れて、仏の方より行はれて、これに従ひもて行く時、力をも入れず、心をも費さずして、生死を離れ仏となる。―生死―

つまり身心を投げ捨つるというのは、身心に対する執着、偏見を打破することである。偏見を打破してただ一すじに真理への道を歩むとき、われわれは真理を体得することが出来る。真理の前にわれわれは謙虚でなければならぬ。真理の前に己を虚しくしたわれわれのなすべきこと、それは坐禅に専念することである。

叢林勤学の行履といふはいかん。只管打坐なり。或ひは楼上、或ひは閣下に定を営み、人に交りて雑談せず、聾者の如く唖者の如くにして、常に独坐を好むべきなり。―随聞記―

四

修道者とともに真理への道にいそしみつつあった道元は、建長四年（一二五二）の夏の頃から著しく健康を害し、そしてそれは次第に悪化したようであるが、翌五年（一二五三）（一九一三）正月七日には、それでも病を押して八大人覚の稿を終えたのであった。この八大人覚は、彼の最後の著述となったのであるが、このことは求道者道元の最後を飾るものとして、極めて興味あることと思う。元来八大人覚というのは、仏遺教経に記されているもので、釈尊がその臨終に修道者を集めて、修道の要訣を示したものである。その内容は、第一欲を少くすること、第二足るを知ること、第三寂静を楽しむこと、第四精進をつとむること、第五妄念せざること、第六禅定を修すること、第七智恵を修すること、第八は戯論《けろん》即ち無益の言辞を弄せざること、の八箇条である。釈尊はこの大原則を示し、その各々を詳しく説明してから入寂したのであった。今道元は、自分の病篤く臨終近きにありと思って、この修道の要訣を要約して示し、その後に次の如く附加している。

如来の弟子は、必ずこれを修習し奉る。これを修せざらんには仏弟子にあらず。これ如来の正法眼蔵涅槃妙心なり。しかあるに今知らざる者は多く、見聞せることある者は少きは、魔嬈によりて知らざるなり。また宿殖善根の少きは聞かず見ず。昔正法像法の間は、仏弟子みなこれを知れり。修習し参学しき。今は千比丘の中に一箇両箇の八大人覚を知れる者なし。憐むべし澆季の陵夷、たとふるに物なし。如来の正法、いま大千に流布して、白法未だ滅せざらん時、急ぎ修学すべきなり。緩怠することなかれ、仏法に遇ひ奉ること無量劫にも難し。人身を得ることまた難し。たとひ人身を受くとも、三洲の人身よし。その中に、南洲の人身すぐれたり。見仏聞法、出家得道する故なり。如来の般涅槃より先に先立ちて死せる輩は、この八大人覚を聞かず、習はず。今われ等見聞し奉り、習学し奉る、宿殖善根の力なり。いま習学して生生に増長し、必ず無上菩提に至り、衆生のために、これを説かんこと、釈迦牟尼仏に等しくして異ることなからん。—八大人覚—

この八大人覚こそ、釈尊がその臨終に、われわれ修道者に修道の大原則として残し給ふた金言である。従って真理を体得しようと志す古来の修道者は、みなこの大原則に従って修行したのである。この法則に従って精進しない限り、厳密な意味に於いて釈尊の流れを酌む修道者であるとは言い得ないのである。しかし現在では、自分こそは釈尊の流れを酌むものであると自称する徒輩でも、この八大人覚を知っている者は極めて稀である。釈尊の涅槃直後や、比較的接近した時代の人は誰でも、真理体得の要訣と言えばこの八大人覚である、ということを知っていた。そして法の如くに修行し、真理を体得したものである。しかるに現在では、千人の修道者の中に、この八大人覚のあることを知っている者は僅かに一人か二人、それも覚束ない位である。幸ひに宿縁あってこの道場に入った修道者たちは、この原則をよく承知することが出来ている筈だ。しかし、知っているだけでは何にもならぬ、速かに、この方法に従って修道し、一刻も早く真理を体得せねばならぬ。というのである。

ついでこの年の七月十四日、道場をその高弟懐弉に譲った。病気が悪化するとともに、彼はかように着々と、万一の場合のための準備をすすめていた。八月五日には、弟子達の勧告を容れて療養のため京都に出発した。そして八月二十八日の夜半、京の宿舎で沐浴して、次の詩を書して入寂した。

五十四年、第一天を照らす、この跨跳を打して、大千を触破す。咦、渾身着処なく、活きながら黄泉に陥る。

十二　著作の要旨

宝慶記　一巻

本書は、宋の宝慶年間（一二二五―一二二七）（宝慶元年五月から三年秋まで。）道元が長翁如浄の門に投じて親しくその薫陶を受けた際の聞書（後半は散佚している。）である。几帳面であった道元は、その行旅の間にも、修道に関係ある事柄をば、丹念に備忘録に書きとどめて置いたらしく、（それが彼自身の修道に役立ったのは勿論、後年彼の教育に、また著述に、大いに参考になっているようである。）、本書もそうしたものの一部と思われる。

ところで、多くの聞書の中で本書だけどうして残ったか。その理由は明白である。この聞書が、道元にとっては他のものに比べて特に貴重であったからである。長翁如浄は彼にとっては夢寐にも忘れることの出来ぬ恩師、従ってその慈誨は最後まで座右を離さなかったのであろう。奥書によれば、道元示寂後、遺書整理の際、懐弉がこれを発見したとされているが、このこともこうした推定を根拠づけるものである。

とにかく宝慶年中の記録であるので、彼の著述中では最古のもの、従って色々の点から注目に値するものである。たとえば如浄の指導を受ける以前の道元の思想、如浄の思想及び人格、如浄の道元に及ぼせる感化等、道元に関する基本的な諸問題で、本書の研究に俟つべきものは少くない。

普勧坐禅儀　一巻

本書撰述の時機については、彼自身正法眼蔵弁道話の中に於いて、「その坐禅の儀則は、過ぎぬる嘉禄の頃撰集せし普勧坐禅儀に依行すべし。」としているので、嘉禄年間（一二二五―一二二七）ということがわかり、しかも彼の帰朝したのは嘉禄三年（一二二七）十月五日、そして嘉禄は、同年の十二月十日には、安貞と改元されているので、結局本書は、嘉禄三年十月五日から十二月十日までの間に制作されたこと明らかである。

またその制作の動機については、「教外別伝正法眼蔵、わが朝未だ嘗て聞くことを得ず、いはんや坐禅儀をや。則ち今に伝はるなし。予先に嘉禄中、宋土より本国に帰る。ちなみに参学の請あり。やむことを得ず赴いてこれを撰ぶ。昔日百丈禅師、連屋連床を建て、能く少林の風を伝ふ。従前の葛藤旧窠に同じからず。学者これを知りて、混乱せしむることなかれ。禅苑清規曽て坐禅儀あり。百丈の古意に順ふと雖《いへど》も、少しく頤師の新条を添ふ。ゆえ《ママ》に略にしては多端の錯りあり、広にしては昧没の失あり。言外の領覧を知らず。何人も達せず。今すなはち見聞の真訣を拾ひ、心表の稟受に代ふるのみ。」―普勧坐禅儀撰述由来―としている。

内容は、坐禅の方法、注意、を修道者に示したものであるが、正法をこの土地に布かんとする当時の彼の熱意と抱負が、躍如としている。

本書には流布本と、それとかなり字句の相違する道元自筆本の二種がある。流布本というのは、永平元禅語録や永平広録に収載されているもので、従来も、そして現在に於いても、禅林ではこれが用いられている。しかし現在越前永平寺には、自筆本が所蔵されている。この自筆本は、奥書によって天福元年（一二三三）、即ち彼の三十四歳の年の中元の日に、山城観音導利興聖宝林寺、つまり興聖寺に於いて浄書したことが、知られるのである。恐らくこの自筆本が、嘉禄三年普勧坐禅儀著述当時の面影をそのまま、或いは多分に、伝えるものであって、流布本はその後、彼の在世中に修道者の読誦に適するように、幾度か文句に修正を加えて出来上ったものと思われる。従って流布本も、道元の著作であることは確かであろう。

正法眼蔵　九十五巻

道元の代表的著作集、寛喜三年（一二三一）より建長五年（一二五三）まで、彼について言えば深草閑居の翌年三十二歳の年から、示寂した五十四歳まで二十四年間の講述を集成したものである。全部で九十五巻、その一つ一つが、修道者に真理の本質を理解させ、体得せしめようとする、彼の親切と努力の結晶でないものはない。従って私どもは、その難解さに匙を投げる前にいま一応、言葉で表現することの困難な仏法の真髄を、この程度まで平易に解説している彼の苦心と、表現と理解に最も適切な和文を以てしている彼の用意を考えてみねばならぬ。

その内容は、禅の本質、伝統、及び規範等の各分野に亘り、その対象とする修道者の水準も、必ずしも一様ではない。こうした多様性の中にわれわれは、偉大なる真理体得者としての彼、卓絶せる指導者としての彼の姿を、髣髴せしめ得るであろう。その講述の場所、及び書目は次の如くである。

安養院

弁道話

計一巻

興聖寺

摩訶般若　現成公案　一顆明珠　重雲堂式　即心是仏　洗浄　洗面　礼拝得髄　谿声山色　諸悪莫作　有時

袈裟功徳　伝衣　山水経　仏祖　嗣書　法華転法華　心不可得　後心不可得　古鏡　看経　仏性　行仏威儀

仏教　神通　大悟　坐禅箴　仏向上事　恁麼　行持　海印三昧　授記　観音　阿羅漢　柏樹子　光明　身心学

道　夢中説夢　道得　画餅　都機　空華　菩提薩埵四摂法　葛藤　全機（波多野義重邸）　仏心（六波羅密寺）

計四十六巻

吉峰寺

三界唯心　説心説性　仏道　諸法実相　密語　仏経　無情説法　法性　陀羅尼　洗面　面授　坐禅儀　梅華

十方　春秋　大悟　祖師西来意　優曇華　発無上心　発菩提心　如来全身　三昧王三昧　三十七品菩提分法

転法輪　自証三昧　大修行

計二十六巻

禅師峯

見仏　偏参　眼睛　家常　竜吟

計五巻

永平寺

虚空　鉢盂　安居　他心通　王索仙陀婆　示庫院文　出家　洗面　三時業　八大人覚

計十巻

未　詳

四馬　出家功徳　供養諸仏　帰依三宝　深信因果　四禅比丘　唯仏与仏　生死　道心　受戒

計十巻

従って合計九十八巻となるのであるが、大悟の巻は、興聖寺と吉峰寺の両所に於いて、洗面の巻は、興聖寺、吉峰寺及び永平寺の三箇所に於いて説かれているので、この重複を除けば九十五巻となるのである。正法眼蔵の最後の巻である八大人覚の奥書に、懐弉の記として次の一文がある。

右本は、先師最後御病中の御草なり。仰せに、以前撰むところの仮字正法眼蔵など皆書き改め、並びに新草具御草案等のこと、すべて一百巻撰ぶべし云々。既に草し始め給ひ、この御巻は第十二に当るなり。この後御病漸々に重さを増す。よつて、御草案等のことすなはち止むなり。故にこの御草は、先師最後の教勅なり。我等不幸にして一百巻の御草を拝見せず、最も恨みとするところなり。もし先師を恋慕し奉るの人は、必ずこの巻を書して護持すべし。釈尊最後の教勅にして、且は先師最後の教勅なり。

この奥書によれば、道元には現在九十五巻しか残っていない正法眼蔵を一百巻まで著作する意志のあったこと、更に全部に亘って改訂する希望があったことが、察せられるのである。そしてまた懐弉が、一百巻の御草を拝見せず云々、と遺憾の意を表していることによって、道元示寂当時一百巻揃っていなかったことも明らかであり、従って現存の九十五巻というのが、恐らくは当時残された全部か、或いはそれに近いものであることが察せられるのである。

学道用心集　一巻

本書は天福二年（一二三四）、即ち興聖寺を開創した翌年彼の三十五歳の春著したものである。その内容は、第一、菩提心を発すべきこと、第二、正法を見聞せば必ず修習すべきこと、第三、仏道は必ず行によって証入すべきこと、第四、有所得心あって仏道を修すべからざること、第五、参禅学道は正師を求むべきこと、第六、正師を知るべきこと、第七、仏法を修行して出離を欣求せんとする人は、すべからく参禅すべきこと、第八、禅僧の行履のこと、第九、道に向って修行すべきこと、第十、直下承当のこと、この十箇条である。即ち修道者に修道の大綱を示したものである。しかし、本書によって彼の修道論は尽されているわけではない。本書は、彼が本格的に修道者の指導に当って二年目の著作であることを注意しなければならない。彼の修道の方法論は、実際教育の経験によってこの後益々微に入り細を穿っていることは、その後の述作の中に窺われる。しかし簡潔に修道の要綱を説いている点では、本書は最も重宝である。

日域曹洞初祖道元禅師清規　二巻

本書はまた、永平元禅師清規、永平清規、大清規等ともいう。六部の清規を編輯したものである。

まずその第一部は、典座教訓、この書は嘉禎三年（一二三七）春、彼三十八歳の年洛南宇治興聖寺に於いて著作したものである。内容は、炊事の主任である典座の心得を説いたものであるが、また真理の体得と平生の修行が切り離されたものでなく、つまり修証は不二のものであるということが、よく示されている。従って私どもは本書によって、禅的生活とはどんなものであるかを知ることが出来るとともに、常精進を説く正統派の禅の修養論の核心に触れることが出来る。

第二部は、弁道法、これはその著作年時を詳らかにしないが、寛元二年（一二四四）七月から、寛元四月六月までの間の著作であることは推定出来る。すなわち永平寺が、未だ大仏寺という名称であった頃のものである。従って、彼の四十五歳から四十七歳の間に当る。その内容は、坐禅を中心として毎日の修道生活に必要な知識を圧縮したものである。

第三部は、赴粥飯法であるが、本書もその著作の年時を詳かにしない。永平寺で示したということは明らかであるので、寛元四年（一二四六）から建長五年（一二五三）までの間、彼の四十七歳から五十四歳までの間の著作であることを知り得るにとどまるのである。その内容は、食事の作法を示したものである。

第四部は、衆寮清規で、宝治三年（一二四九）正月、彼の五十歳のときの著作である。その内容は、禅林には坐禅をするための僧堂と、読書をするための衆寮とがある。その衆寮すなわち読書室に関する諸注意である。

第五部は、大己五夏の闍梨に対する法である。本書は寛元二年（一二四四）吉峰寺で著作したもので、全篇六十二箇条よりなり、後輩の先輩に対する礼儀を規定したものである。

第六部は、知事清規で、寛元四年（一二四六）六月十五日四十七歳のときの著作で、その内容は知事の心得を示したものである。

以上の六部が、永平清規の内容をなすものである。がしかし、この六部相互の間に有機的関係がないこと、また修道生活の全部に亘った記述でないこと等が、普通の謂ゆる清規と称せらるるものとかなり趣を異にする点である。しかし、それによって本書の価値は決して減殺されるものでないことは勿論である。道元は修道者の指導に当って常に、巧みに要点をつかんで指導しているが、本書もやはりその通りで、修道生活の全般的の規定は、従来からある清規にまかせて、本書に於いては、修道生活の核心、要点を取り上げて、懇切丁寧に修道者に示しているのである。

永平広録　十巻

本書は、道元示寂の後その高弟懐弉、詮慧、義演等の共同編輯になったものである。その内容は、興聖寺語録第一、大仏寺語録第二、永平寺語録第三、永平寺語録第四、永平寺語録第五、永平寺語録第六、永平寺語録第七、永平寺語録第八、永平寺語録第九、永平寺語録第十、である。従って全十巻中永平寺語録が八巻を占め、しかもなお第二の大仏寺語録も当然、広義の永平寺語録の中に含むべきものであるので、とすれば実に十巻中九巻まで永平寺でのものである。これを正法眼蔵と対比するとき、かれが九十五巻中僅かに十巻にしか過ぎないのと比べて興味深い。従って永平寺時代の円熟せる家風を知るには眺え向きの文献である。（従来道元の思想は興聖寺時代のそれが主として研究されている。しかし事実は越前移駐を一つの劃期として、飛躍的の展開を示していることに注意せねばならぬ。）元来日本人の述作になる語録には、史料的価値をもち、その点から歴史家に珍重されるものは少くない。しかし禅宗本来の立場に於いてすぐれた語録は極めて乏しい時、本書のもつ意義は重大である。つまり正法眼蔵その他の著者と同様に、本書もまた真理への道を開顕している点に於いてすぐれている。

永平元禅師語録　一巻

文永元年（一二六四）、寒巌義尹、永平広録十巻を携えて入宋し、長翁如浄の法嗣つまり道元の兄弟子である瑞巌の無外義遠に示して、その較正を乞うた。よって義遠は、全編の中から特に卓出したものを撰択して一巻とした。かような手続を経て出来上ったのが本書である。義遠の後序「大海汪洋、眇として涯涘なし、一滴を嘗むれば、則ち百川の異流この滴中に具はる。義尹禅人、乃師の志を忘れず、その広録を持して、較正をなさんことを需む。百千の十一を得たり。その権実照用、敲唱激揚、この録中に具はれり。なほ海の一滴の如きのみ。技葉を脱落して、孤危を立せず、自ら一家をなす。趙州のいはゆる諸方は見難くして識り易く、わが這裡は見易くして識り難きもの、われこの老に於いても亦云ふ。」に、這般の消息を察することが出来る。内容は、興聖寺語録、永平語録、小参、法語、坐禅箴、自賛、偶頌の七部より成って居る。

正法眼蔵随聞記　六巻

道元の言葉を、懐弉が筆録したものである。ところで筆録はその性質上、その人とその時を得なければその価値は零に近い。本書はその点に於いても実にすぐれている。まず筆録者についてみる。懐弉が道元の高弟で、且つ最も信頼されていたことは、今更喋々する必要もあるまい。ただこれだけのことは充分注意して置かねばならぬ。彼懐弉は最初叡山に学び、そこを見すてて達磨宗覚晏上人の門に投じ、更にそこをも見捨てて道元の会下に投じた修道者である。換言すれば道元の門に投じたのは三十七歳であるが、その年まで真理を尋ねて、しかも満たされなかった、言わば修道者としての苦労人であることである。そのためにその筆録は、かゆい所へ手の届くように細心の注意が払われ、しかも要旨を尽している。次に筆録の時期についてみる。ただ嘉禎年中の記録とされているので、その期間にもいくつかの場合が考えられるわけである。しかし懐弉が道元の門に投じたのは、嘉禎元年（一二三五）の前年文暦元年冬であるので、この筆録もその時を以て開始されたと見るべきで、その以後暦仁に改元される嘉禎四年（一二三八）十一月二十三日まで、足掛け五年の間になったとすべきであろう。この時期は筆録される道元についてみれば、三十五歳より三十九歳までの間、待望の修行道場を漸く開設し、新規蒔直しに禅宗をこの国に移植しようという希望に燃えていた時であり、また筆録する懐弉について言えば三十七歳から四十一歳まで、はじめて辿りついた真理の王国、道元の一言一句はぴちぴちした新鮮さを以て感受されている時である。こうした双方ともに張り切っている時に出来たこの書物、悪かろう筈がない。私共が如浄の家風を知ろうとする場合、まず宝慶記を繙かねばならぬと同じように、道元の思想、人格はまずこの書につかねばならぬ。幸い文章も極めて平易である。

十三　道元年譜（概要）

正治二年（一二〇〇）一歳

正月二日　京都に生る。

※十二月十八日　前年の正治元年源頼朝薨じ、幕府やや動揺、この日、梶原景時及びその一族、駿河清見関に誅せらる。

建仁二年（一二〇二）三歳

※七月二十三日　源頼家征夷大将軍となる。

十月二十一日　父久我通親を喪う。（父の死後、叔父通具に養育さる。）

※この歳　栄西、建仁寺を創建す。

建仁三年（一二〇三）四歳

※九月二日　源実朝征夷大将軍となる。

この冬　李嶠雑詠を読む。

元久元年（一二〇四）五歳

※七月十八日　源頼家、修善寺にて殺さる。

元久二年（一二〇五）六歳

※三月二十六日　藤原定家、新古今和歌集を奏覧す。

※閏七月十九日　北条時政伊豆に退く、義時代って執権となる。

建久元年（一二〇六）七歳

※この歳　毛詩、左伝を読む。

承元元年（一二〇七）八歳

※二月十八日　源空（法然）土佐に流され、門弟遵西、住蓮房罪せらる。

この冬　母（九条基房の女）を喪う。

承元二年（一二〇八）九歳

この春　倶舎論を読む。

建暦二年（一二一二）一三歳

この春　比叡山の麓の良観（母の兄）を訪う。ついで横川般若谷千光房に入る。

建保元年（一二一三）一四歳

四月九日　天台座主公円について剃髪し、翌十日戒壇院に於て受戒す。

建保二年（一二一四）一五歳

四月十五日、延暦寺僧徒園城寺を焼く。

建保五年（一二一七）一八歳

この春　叡山を下り、公胤（園城寺長史）に教えを乞う。（建撕記によれば、ついで栄西に参ず。）

八月二十五日　建仁寺に赴き明全に参ず。

承久元年（一二一九）二〇歳

※正月二十七日　源実朝、鶴岡八幡に右大臣の拝賀を行い、公暁に殺さる。北条義時、三浦義村をして公暁を殺さしむ。

承久三年（一二二一）二二歳

※五月十四日　後鳥羽上皇、北条義時追討のため兵を集め給う。十五日、京都守護伊賀光季を誅す。二十二日、幕府、北条時房、同泰時等をして東海、東山、北陸三道より、兵を京都に進ましむ。六月十五日、幕府の兵、京都を陥る。七月十三日、後鳥羽上皇を隠岐に、二十日、順徳上皇を佐渡に、閏十月十日、土御門上皇を土佐に遷し奉る。八月七日、官軍卿相武士の所領を没収して、戦功の将士に与う。この戦争の結果幕府の基礎確立す。

九月十二日　明全に師資の許可を受く。

貞応二年（一二二三）二四歳

二月二十二日　明全、廓然、亮照等とともに京都を発し、入宋の途に就く。

三月下旬　博多を出発す。

四月初旬　明州に着す。

五月四日　明州に於いて、阿育王山の典座に相見す。

七月　明州天童山景徳禅寺に掛錫し、無際丁派に見ゆ。

この秋　隆禅により竜門仏眼派の嗣書を見る。

この秋　阿育王山広利寺に詣ず。

この歳　惟一西堂により法眼派の嗣書を、宗月長老により雲門派の嗣書を見る。

元仁元年（一二二四）二五歳

正月十一日　智庾により、了然寮に無際了派の嗣書を見る。

十月　明州慶元府に於いて高麗僧智元、景雲等に見ゆ。

※この歳　親鸞、教行信証を執筆す。

嘉禄元年（一二二五）二六歳

五月一日　如浄に面謁し、その弟子となる。参随記録が宝慶記である。

※五月二十七日　明全、明州天童山景徳寺了然寮に寂す。

この夏　阿育王山広利寺に詣で、西蜀の成桂知客と語る。

七月二日　如浄の室に入って法要を問う。

九月十八日　如浄より仏祖正伝菩薩戒を受く。

この歳　杭州徳山の浙翁如琰、並びに台州翠岩の盤山思卓等の門を訪ふ。

この歳　平田の万年寺に嗣書を見る。

この歳　台山より天童山への帰路、大梅山護聖寺の旦過に宿し、法常の梅花を授くる霊夢を感ず。

嘉禄二年（一二二六）二七歳

三月　如浄より大梅法常住山の因縁、霊山釈迦牟尼仏安居の因縁等の法要を聴く。

安貞元年（一二二七）二八歳

※七月六日　延暦寺の訴により、隆寛、空阿等を流し、ついで専修念仏を停止せしむ。

この秋　如浄より、芙蓉道楷の法衣、宝鏡三昧、五位顕訣並びに自賛頂相等を受けて、明州天童山を辞して、肥後河尻に帰着す。ついで京都建仁寺に入る。

十月五日　明全の遺骨将来記を撰す。
十月　覚心の需めにより、紀伊西方寺の額の篆字を書す。
この歳　如浄より嗣書を受く。
この歳　普勧坐禅儀を撰す。
寛喜二年（一二三〇）三一歳
この歳　京都建仁寺より山城深草に移る。
寛喜三年（一二三一）三二歳
七月　山城深草安養院に於いて、了然尼に法要を説く。
八月十五日　正法眼蔵第一巻弁道話一巻を撰す。
貞永元年（一二三二）三三歳
※八月十日　幕府、式目（貞永式目）五十一条を制定す。
天福元年（一二三三）三四歳
この春　藤原教家及び正覚尼等の請により、山城観音導利院興聖宝林寺を開く。
四月　越前妙覚寺鎮守勧請の文を草す。
この夏　山城興聖寺に於いて、正法眼蔵摩訶般若波羅蜜一巻を示す。
八月　正法眼蔵現成公案一巻を書し、鎮西の俗弟子楊光秀に与う。
文暦元年（一二三四）三五歳
三月九日　学道の用心を示す。
この冬　懐弉、道元に参ず。

嘉禎元年（一二三五）三六歳
八月十五日　明全所伝の戒脈を理観に授く。
八月十五日　仏祖正伝菩薩戒法を懐弉に授く。
十二月　山城興聖寺僧堂建立の勧進をはじむ。
この冬　三百則序を撰む。
嘉禎二年（一二三六）三七歳
十月十五日　山城興聖寺に祝国開堂を行う。
十二月二十九日　懐弉を興聖寺首座に充て、秉払《ひんほつ》せしむ。
嘉禎三年（一二三七）三八歳
この春　典座教訓一巻を撰す。
この歳　出家授戒作法一巻を撰す。正法眼蔵随聞記なる。
暦仁元年（一二三八）三九歳
四月十八日　興聖寺に於いて、正法眼蔵一顆明珠一巻を示す。
十月　参禅学道の法話一篇を草す。
延応元年（一二三九）四〇歳
四月二十五日　興聖寺に於いて、正法眼蔵重雲堂式一巻を示す。
五月二十五日　興聖寺に於いて、正法眼蔵即心是仏一巻を示す。
十月二十三日　興聖寺に於いて、正法眼蔵洗浄及び正法眼蔵洗面各一巻を示す。
仁治元年（一二四〇）四一歳

この春　興聖寺に於いて、正法眼蔵礼拝得髄一巻を記す。
十月十八日　興聖寺に於いて、正法眼蔵山水経一巻を示す。
十月　正法眼蔵有時一巻を書し、正法眼蔵袈裟功徳一巻を示し、また正法眼蔵伝衣一巻を記す。
この冬　興聖寺に於いて、正法眼蔵谿声山色及び正法眼蔵諸悪莫作各一巻を示す。

仁治二年（一二四一）四二歳

正月三日　興聖寺に於いて、正法眼蔵仏祖一巻を示す。
三月七日　興聖寺に於いて、正法眼蔵嗣書一巻を記す。
この春　天童如浄禅師続語録跋を撰む。
この春　懐鑑、義介、義尹、義演等、道元の門に投ず。
この夏　興聖寺に於いて、正法眼蔵法華転法華第一巻を書し、慧達に授く。
この夏　興聖寺に於いて、正法眼蔵心不可得を示し、また正法眼蔵後心不可得一巻を書す。
九月九日　興聖寺に於いて、正法眼蔵古鏡一巻を示す。
九月十五日　興聖寺に於いて、正法眼蔵看経一巻を示す。
十月十四日　興聖寺に於いて、正法眼蔵仏性一巻を示す。
十月　興聖寺に於いて、正法眼蔵行仏威儀一巻を記す。
十一月十四日　興聖寺に於いて、正法眼蔵仏教一巻を示す。
十一月十六日　興聖寺に於いて、正法眼蔵神通一巻を示す。

仁治三年（一二四二）四三歳

正月二十八日　興聖寺に於いて、正法眼蔵大悟一巻を示す。

三月十八日　興聖寺に於いて、正法眼蔵坐禅箴一巻を示す。
三月二十三日　興聖寺に於いて、正法眼蔵恁麼一巻を示す。
四月五日　興聖寺に於いて、正法眼蔵行持一巻を書す。
四月十二日　近衛某、道元に謁し法要を問う。
四月二十日　興聖寺に於いて、正法眼蔵海印三昧一巻を記す。
四月二十五日　興聖寺に於いて、正法眼蔵授記一巻を記す。
五月一日　義尹に大事を授く。
五月十五日　興聖寺に於いて、正法眼蔵阿羅漢一巻を示す。
五月二十一日　興聖寺に於いて、正法眼蔵柏樹子一巻を示す。
六月二日　興聖寺に於いて、正法眼蔵光明一巻を示す。
八月五日　如浄の語録宋より到来。翌六日上堂。
九月一日　一葉観音画賛を撰す。
九月九日　山城興聖寺に於いて、正法眼蔵身心学道一巻を示す。
九月二十一日　山城興聖寺に於いて、正法眼蔵夢中説夢一巻を示す。
十月五日　山城興聖寺に於いて、正法眼蔵道得一巻を示す。
十一月五日　山城興聖寺に於いて、正法眼蔵画餅一巻を示す。
十一月七日　山城興聖寺に於いて、正法眼蔵仏教一巻を示す。
十二月十七日　山城六波羅蜜寺側雲州刺史幕下に、正法眼蔵全機一巻を示す。
この歳　覚心、道元に参じ、菩薩戒を受く。

寛元元年（一二四三）四四歳

正月六日　興聖寺に於いて、正法眼蔵都機一巻を書す。
三月十日　興聖寺に於いて、正法眼蔵空華一巻を示す。
四月二十九日　六波羅蜜寺に於いて、正法眼蔵古仏心一巻を示す。
五月五日　正法眼蔵菩提薩埵四摂法一巻を記す。
七月七日　興聖寺に於いて、正法眼蔵葛藤一巻を示す。
七月十六日　これより先護国正法義を著し、朝廷に献上す。叡山怒って興聖寺を焼却す。所持の聖教烏有に帰す。この日、越前志比庄に向う。
閏七月一日　越前禅師峯に於いて、正法眼蔵三界唯心一巻を示す。
九月十六日　越前吉峰寺に於いて、正法眼蔵仏道一巻を示す。
九月二十日　越前吉峰寺に於いて、正法眼蔵密語一巻を示す。
九月　吉峰寺に於いて、正法眼蔵諸法実相及び正法眼蔵仏経各一巻を示す。
十月二日　吉峰寺に於いて、正法眼蔵無情説法一巻を示す。
十月二十日　吉峰寺に於いて、正法眼蔵面授一巻を示し、重ねて正法眼蔵洗面一巻を示す。
十月　吉峰寺に於いて、正法眼蔵仏性一巻を示す。
十一月六日　吉峰寺に於いて、正法眼蔵梅華一巻を示す。
十一月十三日　吉峰寺に於いて、正法眼蔵十方一巻を示す。
十一月十九日　禅師峰に於いて、正法眼蔵見仏一巻を示す。
十一月二十七日　禅師峰下の茅庵に於いて、正法眼蔵偏参一巻を示す。

十一月　吉峰寺に於いて、正法眼蔵坐禅箴一巻を示す。
十一月　吉峰寺に於いて、正法眼臓坐禅儀一巻を示す。
十二月十七日　禅師峰に於いて、正法眼蔵眼睛及び正法眼蔵家常各一巻を示す。
十二月二十五日　禅師峰に於いて、正法眼蔵竜吟一巻を示す。
この歳　吉峰寺に於いて、正法眼蔵説心説性及び陀羅尼各一巻を示す。

寛元二年（一二四四）四五歳

正月二十七日　吉峰寺に錫を駐め、正法眼蔵大悟一巻を示す。
二月四日　越宇深山裏に、正法眼蔵祖師西来意一巻を示す。
二月五日　吉峰の天神社に参詣す。
二月十二日　吉峰寺に於いて、正法眼蔵優曇華一巻を示す。
二月十四日　吉峰寺に於いて、正法眼蔵発無上心一巻及び正法眼蔵発菩提心一巻を示す。
二月十五日　吉峰寺に於いて、正法眼蔵如来全身一巻及び正法眼蔵三昧王三昧一巻を示す。
二月十九日　志比庄に大仏寺法堂造営の工を起す。
二月二十四日　吉峰寺に於いて、正法眼蔵三十七品菩提分法一巻を示す。
二月二十七日　吉峰寺に於いて、正法眼蔵転法輪一巻を示す。
二月二十九日　吉峰寺に於いて、正法眼蔵自証三昧一巻を示す。
三月九日　吉峰寺に於いて、正法眼蔵大修行一巻を示す。
三月二十一日　吉峰寺に於いて、対大己五夏闍梨法一巻を撰す。
四月二十一日　大仏寺立柱。翌日上棟。

七月十七日　如浄の諱辰に当り、門弟等をして、身心脱落の話を講ぜしむ。
七月十八日　大仏寺開堂供養。
九月一日　大仏寺法堂竣工し、開堂法会あり。
十一月三日　大仏寺僧堂上棟。
この歳　越宇山奥に、再び正法眼蔵春秋一巻を示す。
この歳　義介を永平寺典座に充つ。

寛元三年（一二四五）四六歳

三月六日　大仏寺に於いて、正法眼蔵虚空一巻を示す。
三月十二日　大仏寺に於いて、正法眼蔵鉢盂一巻を示す。
四月　大仏寺に結夏す。
五月　法語を波多野広長に与う。
七月四日　大仏寺にて正法眼蔵他心通一巻を示す。
九月二十五日　初雪の歌を詠ず。
十月二十三日　大仏寺に於いて、正法眼蔵王索仙陀婆一巻を示す。

寛元四年（一二四六）四七歳

※三月二十三日　北条時頼執権となる。
六月十五日　大仏寺を永平寺と改称。
六月十五日　日本国越前永平寺知事清規一巻を撰す。
七月十日　永平寺仏前斎粥供養侍僧の順位を定む。

八月六日　永平寺に於いて、正法眼蔵示庫院文一巻を示す。
九月十五日　正法眼蔵出家一巻を示す。
※この歳　宋僧道隆（大覚禅師）来る。

寛治元年（一二四七）四八歳
正月十五日　永平寺に於いて、布薩説戒を行う。
この春　立春大吉文一篇を草す。
この夏　義介を永平寺監寺に充つ。
八月三日　鎌倉に向い、北条時頼に菩薩戒を授く。
十月　宋僧道隆の送簡に答う。
この歳　弘法大吉文一篇を草す。
この歳　相模鎌倉に於いて、北条時頼の請により和歌十首を詠ず。

宝治二年（一二四八）四九歳
二月十四日　相模鎌倉名越の白衣舎に、阿闍世王六臣の法語を草す。
三月十四日　鎌倉より永平寺に帰る。
この夏　これより先、山城生蓮房妻室の寄するところの細布を以て、自ら袈裟一領を縫ふ。この夏袈裟袋を縫うてこれを納む。
十一月一日　傘松峯を吉祥山と名づく。（一説寛元二年（一二四四）七月十八日）
十二月二十一日　永平寺庫院制規五箇条を草す。

建長元年（一二四九）五〇歳

正月一日　羅漢供法会を行う。
正月　吉祥山永平寺衆寮箴規一巻を撰す。
八月　観月画像に自賛を題す。
九月十日　尽未来際吉祥山を離れざるを誓う。
十月十八日　永平寺住侶心得九箇条を制定す。

建長二年（一二五〇）五一歳

正月十一日　永平寺に於いて、重ねて正法眼蔵洗面一巻を示す。
八月十二日　永平寺山下居住の輩に法語十八条を説く。
この歳　波多野義重、一切経を書写し永平寺に寄す。
この歳　後嵯峨院より紫衣を賜う。（一説建長元年）

建長三年（一二五一）五二歳

正月五日　志比庄霊山院の庵室に、花山院宰相入道某と仏法を談ず。

建長四年（一二五二）五三歳

この秋　道元病む。

建長五年（一二五三）五四歳

正月六日　これより先、永平寺に於いて仏遺教経を提唱し、この日正法眼蔵八大人覚一巻を輯成す。
四月二十七日　霊山院庵室に於いて、懐鑑終焉のことを義介に問う。
※四月日蓮、安房より鎌倉に移り、法華経を弘む。
七月八日　病重ねて増発す。

七月十四日　永平寺住持職を懐弉に譲り、併せて自縫の袈裟一領を附す。
八月三日　八斎戒の印板を義介に与う。
八月五日　六波羅波多野義重の勧説により、懐弉、義介等を伴い療養のため上洛の途につく。
八月十五日　中秋の和歌を詠ず。
八月二十八日　高辻西洞院覚念の邸に寂す。ついで東山赤辻に於いて荼毘に附す。
九月六日　懐弉等道元の舎利を収め、京都を発し、越前に向う。
九月十日　懐弉等永平寺に着す。
九月十二日　懐弉等、入涅槃の儀式を行う。

圭室諦成（たまむろ・たいじょう）

1902年熊本県生まれ。東京帝国大学文学部国史学科卒業。東京帝国大学史料編纂所所員、駒澤大学、熊本女子大学教授を経て、明治大学教授。著書に『葬式仏教』、『日本仏教史概説』、『西郷隆盛』、『横井小楠』、『明治維新　廃仏毀釈』（復刻新版『廃仏毀釈とその前史』書肆心水刊）などがある。1966年歿。

道元伝　第一作第二作合冊版

刊　行　2018年10月
著　者　圭室　諦成
刊行者　清　藤　洋
刊行所　書　肆　心　水

135-0016 東京都江東区東陽 6-2-27-1308
www.shoshi-shinsui.com
電話 03-6677-0101

ISBN978-4-906917-84-6 C0015

書名	副題・著者等	仕様
廃仏毀釈とその前史	檀家制度・民間信仰・排仏論　圭室諦成著	A5上製 二五六頁 本体六三〇〇円+税
他力の自由	浄土門仏教論集成　柳宗悦著	A5上製 三二〇頁 本体五二〇〇円+税
仏教美学の提唱	柳宗悦セレクション	A5上製 四〇八頁 本体六九〇〇円+税
柳宗悦宗教思想集成	「一」の探究　柳宗悦著	A5上製 四〇〇頁 本体七〇〇〇円+税
現代意訳　華厳経	新装版　原田霊道訳著	A5上製 三五〇頁 本体五〇〇〇円+税
現代意訳　大般涅槃経	原田霊道訳著	A5上製 二八〇頁 本体三五〇〇円+税
維摩経入門釈義	加藤咄堂著	A5上製 二八〇頁 本体六〇〇〇円+税
仏教哲学の根本問題	大活字11ポイント版　宇井伯寿著	A5上製 二八八頁 本体六九〇〇円+税
仏教経典史	大活字11ポイント版　宇井伯寿著	A5上製 一五四頁 本体五四〇〇円+税
東洋の論理　空と因明	宇井伯寿著（竜樹・陳那・商羯羅塞縛弥著）	A5上製 五〇四頁 本体六三〇〇円+税
仏教思潮論	仏法僧三宝の構造による仏教思想史	A5上製 二一〇頁 本体三五〇〇円+税
禅者列伝	僧侶と武士、栄西から西郷隆盛まで　宇井伯寿著	A5上製 二八〇頁 本体三五〇〇円+税
インド哲学史	宇井伯寿著	A5上製 六三〇頁 本体六三〇〇円+税
インド思想から仏教へ	仏教の根本思想とその真髄　高楠順次郎著	A5上製 二八〇頁 本体二八〇〇円+税
清沢満之入門	絶対他力とは何か　暁烏敏・清沢満之著	A5上製 六九二頁 本体六九〇〇円+税
華厳哲学小論攷	仏教の根本難問への哲学的アプローチ　土田杏村著	A5上製 六一六頁 本体六七〇〇円+税
仏　陀	その生涯、教理、教団　H・オルデンベルク著　木村泰賢・景山哲雄訳	A5上製 六五〇頁 本体五八〇〇円+税
仏教統一論	第一編大綱論全文　第二編原理論序論　第三編仏陀論序論　村上専精著	A5上製 一六〇〇頁 本体一二〇〇〇円+税
綜合日本仏教史	橋川正著	A5上製 五五〇頁 本体五〇〇〇円+税
日本仏教文化史入門	辻善之助著	A5上製 六二八頁 本体六〇〇〇円+税
上世日本の仏教文化と政治	導入・展開・形式化　辻善之助著	A5上製 七一八頁 本体六四〇〇円+税
明治仏教史概説	廃仏毀釈とその後の再生　土屋詮教・辻善之助著	A5上製 三五六頁 本体二八〇〇円+税
語る大拙1・2	鈴木大拙講演集　1禅者の他力論　2大智と大悲	A5上製 三八四頁 本体四七〇〇円+税 各
和辻哲郎仏教哲学読本1・2		A5上製 五五四頁 本体五〇〇〇円+税